Debarim

M. Pudlik

Wolfgang Schneider

DEBARIM

דְּבָרִים

EIN ÜBUNGSBUCH FÜR DEN HEBRÄISCH-UNTERRICHT

Claudius

Bibliografische Information Der Deutschen Bibliothek
Die Deutsche Bibliothek verzeichnet diese Publikation in der Deutschen Nationalbibliografie; detaillierte bibliografische Daten sind im Internet über <http://dnb.ddb.de> abrufbar.

3. Aufl. 2006

(Neubearbeitung von »Übungsbuch für den Hebräischunterricht«)

Druck: Buch- und Offsetdruckerei Sommer, Feuchtwangen

ISBN 10 3-532-71150-8
ISBN 13 978-3-532-71150-7

Debarim

Das sind Wörter und Worte. „Debarim“ heißen im Biblischen Hebräisch sowohl die Wörter, Sätze und Texte, die aufgeschrieben sind, als auch die Sachen, von denen in diesen Texten die Rede ist, die Themen, die besprochen und die Geschichten, die erzählt werden.

„Debarim“ ist also der naheliegende Titel für ein Lehrbuch, das zu der Sprache und den Texten der Hebräischen Bibel, des christlichen Alten Testaments, hinführen soll.

Dieses Buch ist nicht neu. Es ist als „Übungsbuch für den Hebräischunterricht“ 1976 erschienen und hat sich in über zwanzig Jahren im Unterricht an Schulen und Hochschulen bewährt. Es ist z.B. in Nordrhein-Westfalen das einzige, das an Höheren Schulen eingeführt ist, weil es den Richtlinien genügt.

An didaktischer Konzeption und methodischer Durchführung war grundsätzlich nichts zu ändern. Dazu habe ich mich inzwischen noch an anderer Stelle* ausführlich geäußert. Wenn wir uns nun entschlossen haben, dem Buch ein moderneres Gesicht zu geben, so liegt das keineswegs allein an den Möglichkeiten des Computers.

* z.B. in: Narrative and Comment, Contributions presented to Wolfgang Schneider, Eep Talstra ed., Amsterdam/Kampen 1995

Es sind von Lehrenden und Lernenden mancherlei Erfahrungen mit diesem Lehrbuch gemacht worden: in der täglichen Praxis des Unterrichts wie auch beim Hebräisch-Fernstudium der Evangelischen Kirche in Deutschland, das auf diesem Buch beruht. Diese Erfahrungen sind aufgenommen worden und zeigen sich in den zahlreichen „Praxistips“ und in vielen neuen Übungen und Texten, die sich im Unterricht als nützlich erwiesen haben.

Dankbar bin ich Alexander B. Ernst, meinem Nachfolger als Lektor für Hebräisch an der Kirchlichen Hochschule Wuppertal, für Kritik und guten Rat und für die Hilfe bei der Erstellung der Druckvorlage.

Einen ganz besonderen Dank sage ich der Kirchenleitung der Evangelischen Kirche im Rheinland, die durch einen namhaften Druckkostenzuschuß dafür gesorgt hat, daß dieses Buch wieder mit dem gesonderten Beiheft und zum alten Preis erscheinen kann.

Mönchengladbach, im Februar 1999 Wolfgang Schneider

Aus dem Vorwort zur 1. Auflage

Dieses Übungsbuch ist aus dem Hebräischunterricht an der Kirchlichen Hochschule Wuppertal erwachsen und soll dem Unterricht in Hochschule und Schule das nötige Material bieten.

Das Bemühen um die Sprache geht immer aus von der sprachlichen Wirklichkeit in originalen Texten. Dabei stehen die erzählenden Texte im Vordergrund; aber ich habe mich bemüht, möglichst viele Gattungen der alttestamentlichen Literatur zu repräsentieren.

An den Texten werden die jeweils neuen grammatischen Phänomene erarbeitet, an ihnen wird Analysieren, Verstehen und Übersetzen geübt. In ganz wenigen Fällen sind die Texte stillschweigend behutsam erleichtert (aber nie ohne Rückhalt in der Textüberlieferung).

An den Einführungsteilen jeder Lektion kann der Lernende den neuen Stoff selbständig erarbeiten. Diese Anleitungen, wie überhaupt die Arbeitsanweisungen, die allen hebräischen Texten beigegeben sind, sollten nicht so mißverstanden werden, als wolle der Autor den Lehrenden auf seine Methode festlegen. Das angebotene Material ist vielmehr von der Art, daß jeder Lehrer mit ihm auf seine eigene methodische Weise arbeiten kann.

Das Buch ist konzipiert für einen Semesterkurs von mindestens 50 Unterrichtseinheiten. Der angebotene Stoff ist so bemessen, daß zu jeder Lektion für den Dreischritt: Einführen - Üben - Vertiefen genügend Material zur Verfügung steht. Wer aus zeitlichen oder didaktischen Gründen kürzen muß, kann das (in gewissen Grenzen) ohne Schaden tun. Wer zusätzliches Material braucht, findet es, besonders gekennzeichnet, bei den meisten Lektionen aufgeführt.

Für einen dreijährigen Grundkurs in der Schule ergibt sich zwar eine andere Zeiteinteilung, doch wird die Arbeit mit diesem Buch im Prinzip die gleiche sein und um die Mitte des zweiten Jahres nahtlos zur Lektüre größerer Textabschnitte überleiten können.

Das Sprachlehrbuch steht nicht isoliert da. Seine Erarbeitung ist kein Selbstzweck. Ich sähe meine Arbeit als Autor reichlich belohnt, wenn es ihm gelänge, Freude zu wecken an den Texten des Alten Testaments, an seiner Sprache und an dem Bemühen um beides.

Wuppertal, im April 1976 — Wolfgang Schneider

Inhaltsverzeichnis

BEIHEFT

Hinweise auf Grammatikparagraphen sind zu beziehen auf:
Wolfgang Schneider, Grammatik des Biblischen Hebräisch (Neubearbeitung 2001), Claudius Verlag München.

Mit einem Stern * versehene Übungen können auch ausgelassen werden, weil sie keinen neuen Stoff und keine neuen Lernvokabeln enthalten.

0 Vorkurs: Lesen und Schreiben

- Nach diesem Vorkurs sollen Sie die Grundfertigkeiten im Lesen und Schreiben der hebräischen Schrift erworben haben. Das bedeutet im einzelnen, Sie werden
- das Konsonanten-Alphabet in der richtigen Reihenfolge hersagen und schreiben können,
- bekannte hebräische Wörter schon in der unpunktierten Schreibweise buchstabieren und lesen können,
- das tiberische Vokalisationssystem kennen und dadurch auch unbekannte Wörter richtig aussprechen können,
- das Qeré perpetuum beim Gottesnamen erkennen und umsetzen können,
- die Texte Zef 3,8f und Gen 1,1-5 nach Vorsprechen richtig lesen können.

0.1 Alef-Bet

א ב ג ד ה ו ז ח ט י כך ל מם נן ס ע פף צץ
ק ר שׂ שׁ ת

Schreiben Sie die einzelnen Buchstaben, sprechen Sie dabei die Namen aus, lernen Sie die Reihe auswendig, schreiben Sie sie auswendig auf.

0.1.1 ähnliche Zeichen

ה ח ת - ד ר - ב כ פ - ס ם - ד ך ן ו ז - נ ג
- ע ץ צ - ט מ

Üben Sie ähnliche Zeichen nebeneinander.

0.2 Konsonantenschrift ohne Vokalbuchstaben (defektiv)

0.2.1 Biblische Namen

אדם אסתר בלעם בנימן דוד דנאל הגר מרים
נבכדנצר נתן נתנאל ארם אררט גלעד כרמל

Buchstabieren und identifizieren Sie die Namen. Schreiben Sie sie auch ab.

סדם עדן אסף יסף יפת למך תל־אבב

אפרים אשדד בת־שבע חם ישׂראל רחל

0.2.2 Fremdwörter

בנק בר בס גנרל דקל טבק טנק מגנט מטר

סלט פנתר פרק פרקט צמנט צנטנר קברט

קנצלר שח שק שמלץ

0.3 Konsonantenschrift mit Vokalbuchstaben (plene)

0.3.1 Biblische Namen

אדום אור ברוך גדעון חרמון יואל יונתן יוסף

Lesen Sie Waw als u oder o.

ירחו ירושלם לוט עמוס רות שמואל

אליעזר בית־אל מיכאל עלי תל־אביב

Lesen Sie Jod als i oder e.

זכריה לאה עזרא צפניה שׂרה שלמה

Lesen Sie Alef und He im Auslaut als langen Vokal.

0.3.2 Fremdwörter

קפה תה קקאו אלכוהול רום קוניק ניקוטין

פיקניק מקרוני שניצל שוקולדה מרציפן טניס

שפורט פינג־פונג קונצרט פילם הומור קיטש

גורילה שׁימפנזה פינגוין קנגורו יגואר גולף

פולקסוגן וולוו מרלבורו קונסול בישוף

דוקטור פרופסור רקטור אידיאל אידיוט

דיפלומט טרמוסטט דמוקרט טרוריסט

סוציאליסט פסימיסט ריאליסט נודיסט

0.4 Der Tag des HERRN

Zef 3,8f

לָכֵן חַכּוּ־לִי נְאֻם־יְהוָה	(8)	Darum wartet auf mich - Spruch JHWHs -
לְיוֹם קוּמִי לְעַ֑ד		auf den Tag, da ich mich erhebe zur Beute.
כִּי מִשְׁפָּטִי לֶאֱסֹף גּוֹיִם		Ja, mein Recht ist es, Völker zu sammeln,
לְקָבְצִי מַמְלָכוֹת		Königreiche zusammenzubringen,
לִשְׁפֹּךְ עֲלֵיהֶם זַעְמִי		auszugießen über sie meinen Fluch,
כֹּל חֲרוֹן אַפִּי		die ganze Glut meines Zorns.
כִּי בְּאֵשׁ קִנְאָתִי		Ja, durch das Feuer meines Eifers
תֵּאָכֵל כָּל־הָאָרֶץ׃		wird verzehrt die ganze Erde.
כִּי־אָז אֶהְפֹּךְ אֶל־עַמִּים	(9)	Dann aber gebe ich den Völkern eine andere,
שָׂפָה בְרוּרָ֑ה		gereinigte Sprache,
לִקְרֹא כֻלָּם בְּשֵׁם יְהוָה		daß sie alle den Namen JHWHs anrufen,
לְעָבְדוֹ שְׁכֶם אֶחָד׃		daß sie ihm dienen mit *einer* Schulter.

Diese beiden Verse enthalten alle Konsonanten- und fast alle Vokalzeichen.

0.5 Schrift mit Vokalisation

0.5.1 Biblische Namen - defektiv

אָדָם אֶסְתֵּר בִּלְעָם בִּנְיָמִן דָּוִד דָּנִאֵל הָגָר מִרְיָם
נָתָן נְתַנְאֵל אֲרָרַט כַּרְמֶל סְדֹם עֵ֫דֶן אָסָף יֶ֫פֶת
יֹסֵף לֶ֫מֶךְ תֵּל־אָבִב

Das Zeichen < zeigt die Betonungsstelle an, wenn nicht die letzte Silbe betont ist.

0.5.2 Weitere biblische Namen - plene

אֱלִיעֶ֫זֶר תֵּל־אָבִיב אוּר בָּרוּךְ זְכַרְיָה לֵאָה לוֹט
רוּת שְׁמוּאֵל אֱדוֹם גִּדְעוֹן בֵּית־אֵל מִיכָאֵל אָמוֹץ
עֵלִי שָׂרָה שְׁלֹמֹה חֶרְמוֹן יוֹנָתָן יוֹסֵף עֶזְרָא

0.5.3 Propheten

יְשַׁעְיָה יִרְמְיָה יְחֶזְקֵאל הוֹשֵׁעַ יוֹאֵל עָמוֹס
עוֹבַדְיָה יוֹנָה מִיכָה נָחוּם חֲבַקּוּק צְפַנְיָה חַגַּי
זְכַרְיָה מַלְאָכִי

0.6 Praxistips

0.6.1 Schwa mobile

nach der A - 2 - D - L - Regel:

A: am **A**nfang : זְכַרְיָה דְּלִילָה לְבָנוֹן סְדֹם שְׁלֹמֹה

2: von zweien das **zweite**: יִרְמְיָה אַשְׁקְלוֹן יְרַחְמְאֵל

D: bei einem Konsonanten
mit **D**agesch: בְּאֵר־שֶׁ֫בַע כַּרְכְּמִישׁ תַּתְּנַי דַּבְּרוּ מִפְּנֵי

L: nach **langem** Vokal: נְוֵה אָסְפוּ כֹּתְבִים יִירְאוּ

0.6.2 Qamez Chatuf

in unbetont geschlossener Silbe: עָמְרִי כָּל־יִשְׂרָאֵל
יָכְנְיָה

0.7 Ein Tanzlied

הָבָה נָגִילָה וְנִשְׂמְחָה
הָבָה נְרַנְּנָה וְנִשְׂמְחָה
עוּרוּ אַחִים בְּלֵב שָׂמֵחַ

Wohl an wir wollen jauchzen
und wir wollen fröhlich sein
tanzen
und uns freun
wacht auf Brüder mit
einem fröhlichen Herzen

0.8 Am Anfang — Gen 1,1-5

(1) בְּרֵאשִׁית בָּרָא אֱלֹהִ֑ים אֵת הַשָּׁמַ֫יִם וְאֵת הָאָֽרֶץ׃

(2) וְהָאָ֫רֶץ הָיְתָה תֹ֫הוּ וָבֹ֫הוּ וְחֹ֫שֶׁךְ עַל־פְּנֵי תְה֑וֹם

וְר֫וּחַ אֱלֹהִים מְרַחֶ֫פֶת עַל־פְּנֵי הַמָּֽיִם׃

הַמָּ֫יִם: Dehnung unter starkem Ton „Pausa“ ➔ Gr § 10.5

(3) וַיֹּ֫אמֶר אֱלֹהִים יְהִי א֑וֹר וַֽיְהִי־אֽוֹר׃

(4) וַיַּ֫רְא אֱלֹהִים אֶת־הָאוֹר כִּי־ט֑וֹב

וַיַּבְדֵּל אֱלֹהִים בֵּין הָאוֹר וּבֵין הַחֹֽשֶׁךְ׃

(5) וַיִּקְרָא אֱלֹהִים לָאוֹר יוֹם וְלַחֹ֫שֶׁךְ קָ֫רָא לָ֑יְלָה

וַֽיְהִי־עֶ֫רֶב וַֽיְהִי־בֹ֫קֶר יוֹם אֶחָֽד׃

0.9 Übungen zum Text Gen 1,1-5

0.9.1 Lassen Sie sich den Text vorlesen und üben Sie, ihn (laut) richtig und fließend zu lesen.
Lesen Sie ihn auch in der Biblia Hebraica.

0.9.2 Vergleichen Sie parallel zum Lesen eine bekannte Übersetzung (z.B. Lutherbibel).

0.9.3 Eine Anleitung zur grammatischen Analyse folgt in der nächsten Lektion. Sie können aber auch hier schon Einblicke in einige grammatische Phänomene gewinnen:

0.9.3.1 Suchen Sie die hebräischen Entsprechungen für deutsche Partikeln wie „am", „und", „der" (zu אֵת ➔ Gr.§ 50.1).

0.9.3.2 Versuchen Sie, die hebräischen Wörter für „Gott", „Himmel", „Erde", „Finsternis", „Wasser", „Licht", „Tag", „Nacht", „Morgen", „Abend" zu identifizieren.

0.9.3.3 Finden Sie die Verbformen ab Vers 3 heraus: Welche Elemente sind Bildungszusätze, welche jeweils das eigentliche Verb?

0.9.4 Lernen Sie die Bedeutungen der wichtigsten Vokabeln (➔ Vokabular 0).

לָאוֹר: Präposition ל mit Artikel vor Nomen אוֹר, לַחֹשֶׁךְ: dasselbe beim Nomen חֹשֶׁךְ

Grammatik-Paragraphen

Den grammatischen Stoff zu diesem Vorkurs finden Sie in den Paragraphen:

01.2 (Schriftzeichen für Konsonanten),
02.1 (Vokale),
03.1 (Vokalbuchstaben),
03.2 (Punktation),
04 (Schwa),
05.2 (Dagesch),
07.1, 07.2, (Ketib und Qeré),
08 (Silbenbau),
09.4 (Patach furtivum),
10.5 (Pausa).

Lektion Eins

Wenn Sie diese Lektion bearbeitet haben, sollen Sie

- Verbalsätze und Nominalsätze unterscheiden können,
- die Verbformen des Imperfectum consecutivum (Narrativ) an den formalen Merkmalen erkennen können,
- Constructus-Verbindungen erkennen und übersetzen können,
- den Text Gen 1,1-8 in punktierter und unpunktierter Schreibweise richtig und fließend lesen können.

1.1 Zur Einführung: Grammatische Analyse von Gen 1,1-5

בְּרֵאשִׁית בָּרָא אֱלֹהִים אֵת הַשָּׁמַיִם וְאֵת הָאָרֶץ׃	(1)	Am Anfang schuf Gott den Himmel und die Erde.
וְהָאָרֶץ הָיְתָה תֹהוּ וָבֹהוּ	(2)	Aber die Erde war wüst und leer,
וְחֹשֶׁךְ עַל־פְּנֵי תְהוֹם		und Finsternis (war) über der Tiefe,
וְרוּחַ אֱלֹהִים מְרַחֶפֶת עַל־פְּנֵי הַמָּיִם׃		und der Geist Gottes (war) etwas Schwebendes über dem Wasser.
וַיֹּאמֶר אֱלֹהִים	(3)	Da sprach Gott:
יְהִי אוֹר		Es werde Licht!
וַיְהִי־אוֹר׃		Und es wurde Licht.
וַיַּרְא אֱלֹהִים אֶת־הָאוֹר	(4)	Und Gott sah das Licht,
כִּי־טוֹב		ja, (es war) gut.
וַיַּבְדֵּל אֱלֹהִים בֵּין הָאוֹר וּבֵין הַחֹשֶׁךְ׃		Und Gott trennte zwischen dem Licht und der Finsternis.
וַיִּקְרָא אֱלֹהִים לָאוֹר יוֹם	(5)	Und Gott nannte das Licht Tag;
וְלַחֹשֶׁךְ קָרָא לָיְלָה		die Finsternis aber nannte er Nacht.

וַֽיְהִי־עֶ֫רֶב	Und es wurde Abend,
וַֽיְהִי־בֹ֫קֶר	und es wurde Morgen; -
יוֹם אֶחָֽד׃	ein Tag.

1.2 Aufgaben zu 1.1

1.2.1 Der Text 1.1 ist hier noch einmal nach Sätzen gegliedert abgedruckt. Beschreiben Sie den Satzbau in den ersten vier (Typ I) und in den übrigen Sätzen (Typ II). Welche Sätze in den Versen 3 - 5 lassen sich noch dem Typ I zuordnen?

1.2.2 Schreiben Sie eine Liste der Verbformen auf, die in den Sätzen vom Typ II an der Spitze stehen. Vergleichen Sie die Formen und identifizieren Sie die Elemente: Personzeichen, Tempuszeichen, eigentliches Verb.

1.2.3 Sätze, an deren Spitze kein finites Verb steht (Typ I), werden in diesem Buch als Nominalsätze (NS) bezeichnet, die vom Typ II als Verbalsätze (VS).
Beschreiben Sie den Satzbau der NS in der dritten und vierten Zeile, vergleichen Sie damit den Bau des zweiten Satzes.

➔ Gr § 44.1

1.2.4 Vergleichen Sie die Nomengruppe רוּחַ אֱלֹהִים mit ihrer deutschen Übersetzung. Welche Unterschiede fallen auf?

➔ Gr § 45.1 und 2

1.3 Einzelsätze

(1) וַיֹּ֫אמֶר אָכִישׁ אֶל־הַפְּלִשְׁתִּים הֲלוֹא־זֶה דָוִד עֶ֫בֶד שָׁאוּל מֶ֫לֶךְ־יִשְׂרָאֵל (1 Sa 29,3)

Namen: Akisch, Philister, David, Saul, Israel

(2) וַיֹּ֫אמֶר חִזְקִיָּ֫הוּ אֶל־יְשַׁעְיָ֫הוּ טוֹב דְּבַר־יְהוָה (Jes 39,8)

Namen: Hiskia, Jesaja

(3) וַיְהִי דְבַר־יְהוָה אֵלַי בַּבֹּ֫קֶר לֵאמֹר (Ez 12,8)

JHWH-enthaltene

אֵלַי = אֶל־ + Pronomen: „zu mir". בַּבֹּקֶר ➔ Gr § 12.3

(4) כִּי־אֲנִי יְהוָה קָדוֹשׁ בְּיִשְׂרָאֵל׃ (Ez 39,7)

[כִּי־אֲנִי יְהוָה קְדוֹשׁ יִשְׂרָאֵל]

construct
Vokalreduktion

(5) יוֹם יְהוָה הוּא חֹשֶׁךְ וְלֹא אוֹר׃ (Am 5,18)

(6) מִי זֶה מֶלֶךְ הַכָּבוֹד ... יְהוָה צְבָאוֹת הוּא מֶלֶךְ הַכָּבוֹד׃ (Ps 24,8 u. 10)

זֶה ist hier kein Adjektiv.

(7) כִּי אֵל גָּדוֹל יְהוָה וּמֶלֶךְ גָּדוֹל עַל־כָּל־אֱלֹהִים׃ (Ps 95,3)

(8) וַיֹּאמַר עֶבֶד אַבְרָהָם אָנֹכִי׃ (Gen 24,34)

(9) וַיֹּאמֶר הָעֶבֶד הוּא אֲדֹנִי (Gen 24,65)

אֲדֹנִי „mein Herr"

1.4 Übungen zu 1.3

1.4.1 Lassen Sie sich die Sätze vorlesen und üben Sie das Lesen. Achten Sie besonders auf die Lesung des Gottesnamens.

1.4.2 Bestimmen Sie Verbalsätze, Nominalsätze und Zusammengesetzte Nominalsätze.

1.4.3 Bestimmen Sie die Nomina, die miteinander eine Constructus-Verbindung bilden.

1.4.4 Beschreiben Sie den Satzbau in den beiden Varianten von 4: Woran ist die Constructus-Verbindung zu erkennen?

1.4.5 אֵל גָּדוֹל und מֶלֶךְ גָּדוֹל in 7 sind keine Constructus-Verbindungen. Was sonst?

➔ Gr § 46.3

1.4.6 Überlegen Sie bei den Sätzen 8 und 9, ob es nicht verschiedene Möglichkeiten gibt, die Satzglieder zu gruppieren. Schlagen Sie die Verse in der Biblia Hebraica nach und beobachten Sie, wie Akzente und Vokalzeichen die Zuordnung eindeutig machen.

➔ Gr § 06.3

1.5 Der zweite Schöpfungstag — Gen 1,6-8

(6) וַיֹּאמֶר אֱלֹהִים

יְהִי רָקִיעַ בְּתוֹךְ הַמָּיִם

zu יְהִי vgl. Gen 1,3

וִיהִי מַבְדִּיל בֵּין מַיִם לָמָיִם׃

וִיהִי = וְ und יְהִי: „daß werde"

(7) וַיַּעַשׂ אֱלֹהִים אֶת־הָרָקִיעַ
וַיַּבְדֵּל בֵּין הַמַּיִם אֲשֶׁר מִתַּחַת לָרָקִיעַ
וּבֵין הַמַּיִם אֲשֶׁר מֵעַל לָרָקִיעַ
וַיְהִי־כֵן׃
(8) וַיִּקְרָא אֱלֹהִים לָרָקִיעַ שָׁמָיִם
וַיְהִי־עֶרֶב
וַיְהִי־בֹקֶר
יוֹם שֵׁנִי׃

הָרָקִיעַ: Artikel vor ר mit Qames (langem a)
לָרָקִיעַ: Artikel und Präposition ל kombiniert

Lassen Sie sich auch diesen Text vorlesen und üben Sie, ihn (laut) richtig und fließend zu lesen. Lesen Sie ihn auch in der* Biblia Hebraica. Und übersetzen Sie ihn!
Wiederholen Sie den Text 0.8. Wenn Sie gut mit beiden Texten vertraut sind, lesen Sie sie auch in der unpunktierten Fassung (1.6). Vielleicht können Sie sie schon auswendig?!

*Eigentlich ist „Biblia Hebraica" ein Plural, eine griech.- lat. Mischform: „die hebräischen Bücher". Es hat sich aber eingebürgert, den Buchtitel als einen Singular zu gebrauchen.

1.6 Gen 1,1-8 unpunktiert

(1) בראשית ברא אלהים את השמים ואת הארץ׃
(2) והארץ היתה תהו ובהו וחשך על־פני תהום
ורוח אלהים מרחפת על־פני המים׃
(3) ויאמר אלהים יהי אור ויהי אור׃
(4) וירא אלהים את־האור כי־טוב
ויבדל אלהים בין האור ובין החשך׃
(5) ויקרא אלהים לאור יום ולחשך קרא לילה
ויהי־ערב ויהי־בקר יום אחד׃
(6) ויאמר אלהים יהי רקיע בתוך המים

ויהי מבדיל בין מים למים׃
(7) ויעש אלהים את־הרקיע ויבדל בין המים אשר מתחת
לרקיע ובין המים אשר מעל לרקיע
ויהי־כן׃
(8) ויקרא אלהים לרקיע שמים
ויהי־ערב ויהי־בקר יום שני׃

Grammatik - Paragraphen:

Den grammatischen Stoff der Lektion können Sie nachlesen in den §§:

16.1, 45.1 und 2 (Constructus-Verbindung),
25.4 (Imperfectum consecutivum),
27.1 (Perfekt),
44.1 (Verbal- und Nominalsätze).

Lektion Zwei

Wenn Sie diese Lektion bearbeitet haben, sollen Sie

- Plural- und Feminin-Zeichen erkennen können,
- Constructus-Verbindungen an Endungen und Determination erkennen und übersetzen können und
- Nominalsätze mit Partizipien in ihrer Konstruktion erfassen und angemessen ins Deutsche übertragen können.

2.1 Zur Einführung: aus Psalm 136

כִּי לְעוֹלָם חַסְדּוֹ׃	הוֹדוּ לַיהוָה כִּי־טוֹב	(1)	Dankt JHWH, ja, er ist gütig! Ja, ewig währt seine Huld.
כִּי לְעוֹלָם חַסְדּוֹ׃	הוֹדוּ לֵאלֹהֵי הָאֱלֹהִים	(2)	Dankt dem Gott der Götter, Ja, ewig währt seine Huld -
כִּי לְעוֹלָם חַסְדּוֹ׃	לְעֹשֵׂה נִפְלָאוֹת גְּדֹלוֹת לְבַדּוֹ	(4)	(dem,) der große Wunder getan allein - Ja, ewig währt seine Huld -
כִּי לְעוֹלָם חַסְדּוֹ׃	לְעֹשֵׂה הַשָּׁמַיִם בִּתְבוּנָה	(5)	der den Himmel gemacht mit Geschicklichkeit - Ja, ewig währt seine Huld -
כִּי לְעוֹלָם חַסְדּוֹ׃	לְרֹקַע הָאָרֶץ עַל־הַמָּיִם	(6)	der die Erde gefestigt über dem Wasser - Ja, ewig währt seine Huld -
כִּי לְעוֹלָם חַסְדּוֹ׃	לְעֹשֵׂה אוֹרִים גְּדֹלִים	(7)	der große Lichter gemacht hat - Ja, ewig währt seine Huld -
כִּי לְעוֹלָם חַסְדּוֹ׃	אֶת־הַשֶּׁמֶשׁ לְמֶמְשֶׁלֶת בַּיּוֹם	(8)	die Sonne zur Herrschaft am Tage - Ja, ewig währt seine Huld -
כִּי לְעוֹלָם חַסְדּוֹ׃	אֶת־הַיָּרֵחַ וְכוֹכָבִים לְמֶמְשְׁלוֹת בַּלָּיְלָה	(9)	den Mond und Sterne zu Herrschern in der Nacht - Ja, ewig währt seine Huld.
כִּי לְעוֹלָם חַסְדּוֹ׃	הוֹדוּ לְאֵל הַשָּׁמָיִם	(26)	Dankt dem Gott des Himmels! Ja, ewig währt seine Huld.

2.2 Aufgaben zur Einführung

2.2.1 Lesen

Lassen Sie sich den Text 2.1 vorlesen und üben Sie, ihn richtig und fließend zu lesen. Wenn Sie so gut mit ihm vertraut sind, daß Sie ihn fast auswendig können, dann lesen Sie ihn auch in der unpunktierten Fassung (2.7).

2.2.2 Genus- und Numerus- Endungen

2.2.2.1 Welche Nomina stehen im Plural? Welche Elemente sind Plural-Endungen?
Welche Nomina stehen im status constructus? Wo erkennen Sie eine besondere Endung für den st c ?
Beim Vergleich von V.8 und V.9 erkennen Sie in V.8 eine Singular-Endung.

2.2.2.2 Unter der Voraussetzung, daß die Form des masculinum singular endungslos ist, können Sie nun die Endungen in einer Tabelle nach folgendem Muster anordnen:

	maskulinum		femininum	
Singular	∅		st abs	st c
Plural	st abs	st c		

2.2.2.3 Vergleichen Sie Ihre Tabelle mit Gr § 16.2 („Dual" wird später besprochen), und ergänzen Sie sie um die Femin-Singular-Endungen. Jetzt können Sie noch ein weiteres feminines Nomen in Vers 5 ausmachen. ➔ Gr § 16.2

2.2.3 Artikel

Vergleichen Sie hebräischen und deutschen Artikelgebrauch
1. in Constructus-Verbindungen (Verse 2 und 26) und ➔ Gr § 45.2 und
2. zusammen mit Präpositionen (Verse 8 und 9) . ➔ Gr § 12.3

2.2.4 Zur Syntax:

Die Verse 4 bis 7 beginnen mit Partizipien von den Verben עשה „machen" und רקע „befestigen". Sie bilden mit den folgenden Nomina Constructus-Verbindungen.

Beschreiben Sie den Satzbau, indem Sie die hebräische

Fügung im Deutschen imitieren („Täter großer Wunder“).
Beachten Sie, wie die Partizipien in den großen Satz von V.2 bis V.9 eingefügt sind, und beschreiben Sie die Satzkonstruktion.

2.3 Einzelsätze

(1) עֹשֵׂה צְדָקוֹת יְהוָה וּמִשְׁפָּטִים לְכָל־עֲשׁוּקִים׃ (Ps 103,6)

zu כָּל־ → Übung 0.6.2

(2) יְהוָה נֹתֵן שֶׁמֶשׁ לְאוֹר יוֹמָם
חֻקֹּת יָרֵחַ וְכוֹכָבִים לְאוֹר לָיְלָה
יְהוָה צְבָאוֹת שְׁמוֹ׃ (Jer 31,35)

שְׁמוֹ „sein Name“

(3) וַיִּתֵּן יְהוָה אֶת־הַמְּלוּכָה בְּיַד אַבְשָׁלוֹם בְּנֶךָ ...
כִּי אִישׁ דָּמִים אָתָּה׃ (2 Sam 16,8)

PN: Abschalom
בְּנֶךָ „dein Sohn“

(4) כִּי כֵן מִצְוַת דָּוִיד אִישׁ־הָאֱלֹהִים (2 Chr 8,14)

(5) וּלְלָבָן שְׁתֵּי בָנוֹת שֵׁם הַגְּדֹלָה לֵאָה
וְשֵׁם הַקְּטַנָּה רָחֵל׃ (Gen 29,16)

שְׁתֵּי (zu lesen: „schtee“ → Gr § 08.1 mit Anm)
PN: Laban, Lea, Rahel

(6) וַיְדַבֵּר שְׁמוּאֵל אֶל־הָעָם אֵת מִשְׁפַּט הַמְּלֻכָה
וַיִּכְתֹּב בַּסֵּפֶר (1 Sam 10,25)

PN: Samuel

(7) כִּי כָּל־אֱלֹהֵי הָעַמִּים אֱלִילִים
וַיהוָה שָׁמַיִם עָשָׂה׃ (Ps 96,5)

zu וַיהוָה → Gr § 13.1

(8) מִשְׁפְּטֵי יְהוָה אֱמֶת (Ps 19,10)

(9) וַיַּעַשׂ יְהוָה תְּשׁוּעָה גְדוֹלָה לְכָל־יִשְׂרָאֵל (1 Sam 19,5)

(10) וַיִּכְתֹּב יְהוֹשֻׁעַ אֶת־הַדְּבָרִים הָאֵלֶּה בְּסֵפֶר תּוֹרַת אֱלֹהִים
וַיִּקַּח אֶבֶן גְּדוֹלָה וַיְקִימֶהָ שָּׁם (Jos 24,26)

PN: Josua
וַיְקִימֶהָ „und stellte ihn auf“

(11) וַיִּתֵּן יְהוָה לְיִשְׂרָאֵל מִשְׁפָּטִים יְשָׁרִים וְתוֹרוֹת אֱמֶת

חֻקִּים וּמִצְוֹת טוֹבִים׃ (Neh 9,13)

(12) וַיהוָה אֱלֹהִים אֱמֶת הוּא אֱלֹהִים חַיִּים
וּמֶלֶךְ עוֹלָם (Jer 10,10)

2.4 Übungen zu 2.3

2.4.1 Lesen

Bemühen Sie sich jetzt selbständig bei jedem Satz um das richtige Lesen, und üben Sie (laut!), bis Sie es fließend können.

2.4.2 Analysieren

Überlegen Sie bei allen unbekannten Wörtern, ob sie vielleicht eine Endung oder Vorsilbe haben. Versuchen Sie, sich vorzustellen, wie das Wort ohne diese(s) Element(e) lautet, und suchen Sie es erst dann im Vokabelverzeichnis auf.
Bestimmen Sie bei allen Nomina, ob sie im Singular oder Plural stehen, femininum oder maskulinum sind.

2.4.3 Nomengruppen

Beachten Sie in allen Constructus-Verbindungen die Determination des letzten Wortes. Setzen Sie in der Übersetzung den Artikel richtig.
Wie sind Nomina zu beurteilen, die zwar offensichtlich zusammengehören, aber ebenso offensichtlich keine Constructus-Verbindung bilden? (z.B. in 2.3.9 und 2.3.10; ➔ Gr §§ 46.1 und 3)

דְּבַר מֶלֶךְ	<u>ein</u> Königswort
דְּבַר הַמֶּלֶךְ	<u>das</u> Wort <u>des</u> Königs
מֶלֶךְ גָּדוֹל	<u>ein</u> großer König

2.4.4 Partizipien

Bestimmen Sie in 2.3.1 und 2.3.2 die Partizipien; beschreiben Sie den Satzbau; übersetzen Sie mit deutschen Verbalsätzen.

2.5 Aus der priesterlichen Schöpfungserzählung - Vierter Tag — Gen 1, 14-15

(14) וַיֹּאמֶר אֱלֹהִים
יְהִי מְאֹרֹת בִּרְקִיעַ הַשָּׁמַיִם — יְהִי vgl. Gen 1,3
לְהַבְדִּיל בֵּין הַיּוֹם וּבֵין הַלָּיְלָה — הַבְדִּיל „scheiden“ (inf)
וְהָיוּ לְאֹתֹת וּלְמוֹעֲדִים וּלְיָמִים וְשָׁנִים׃ — וְהָיוּ „und sie sollen werden“
(15) וְהָיוּ לִמְאוֹרֹת בִּרְקִיעַ הַשָּׁמַיִם
לְהָאִיר עַל־הָאָרֶץ וַיְהִי־כֵן׃ — הָאִיר „ leuchten“ (inf)

2.6 Übungen zur Wortkunde

2.6.1 Sachgruppen

Bilden Sie zum Vokabellernen bzw. zur Wiederholung Sachgruppen. Stellen Sie z.B. alle Lernvokabeln zusammen, die mit der Natur, der Schöpfung zu tun haben.

2.6.2 Zur Funktion der Partikel לְ

Bestimmen Sie jeweils die Funktion der Partikel לְ in den unten aufgeführten Beispielen. Versuchen Sie, alle Verwendungsweisen auf eine gemeinsame Grundfunktion zurückzuführen.

(1) הוֹדוּ לַיהוָה (2.1.1)

(2) וַיִּתֵּן יְהוָה לְיִשְׂרָאֵל מִשְׁפָּטִים (2.3.11)

(3) יְהוָה נֹתֵן שֶׁמֶשׁ לְאוֹר יוֹמָם (2.3.2)

(4) לְלָבָן שְׁתֵּי בָנוֹת (2.3.5)

(5) וַיִּקְרָא אֱלֹהִים לָאוֹר יוֹם (1.1.5)

(6) וְהָיוּ לִמְאֹרֹת ... לְהָאִיר עַל־הָאָרֶץ (2.5.15)

2.7 Einige Verse aus Psalm 136, unpunktiert

(1)	הודו ליהוה כי־טוב	כי לעולם חסדו׃
(2)	הודו לאלהי האלהים	כי לעולם חסדו׃
(4)	לעושה נפלאות גדולות לבדו	כי לעולם חסדו׃
(7)	לעושה אורים גדולים	כי לעולם חסדו׃
(8)	את־השמש לממשלת ביום	כי לעולם חסדו׃
(9)	את־הירח וכוכבים לממשלות בלילה	כי לעולם חסדו׃
(26)	הודו לאל השמים	כי לעולם חסדו׃

Grammatik-Paragraphen

Den grammatischen Stoff dieser Lektion können Sie in den folgenden Paragraphen nachlesen:

16.2 (Nomen-Formen),
45.2 (Determination),
49.1 (Partizipien).

Lektion Drei

Wenn Sie diese Lektion bearbeitet haben, sollen Sie

- von Nomen-Formen, in denen die ursprünglichen Vokale reduziert sind, auf die lexikalische Form zurückschließen können,
- die verschiedenen Nomengruppen (Subjekt und Prädikat, Constructus-Verbindung, Nomen und Attribut) unterscheiden und richtig übersetzen können,
- außer den Narrativ-Formen auch Perfekte und Partizipien des regelmäßigen Verbs erkennen können.

3.1 Zur Einführung: Aus der priesterlichen Schöpfungserzählung

Gen 1,16-19

(16) וַיַּעַשׂ אֱלֹהִים אֶת־שְׁנֵי הַמְּאֹרֹת הַגְּדֹלִים
אֶת־הַמָּאוֹר הַגָּדֹל לְמֶמְשֶׁלֶת הַיּוֹם
וְאֶת־הַמָּאוֹר הַקָּטֹן לְמֶמְשֶׁלֶת הַלַּיְלָה
וְאֵת הַכּוֹכָבִים׃

(17) וַיִּתֵּן אֹתָם אֱלֹהִים בִּרְקִיעַ הַשָּׁמָיִם
לְהָאִיר עַל־הָאָרֶץ׃

(18) וְלִמְשֹׁל בַּיּוֹם וּבַלַּיְלָה
וּלְהַבְדִּיל בֵּין הָאוֹר וּבֵין הַחֹשֶׁךְ
וַיַּרְא אֱלֹהִים כִּי־טוֹב׃

(19) וַיְהִי־עֶרֶב וַיְהִי־בֹקֶר יוֹם רְבִיעִי׃

אֹתָם : אֵת m.Suffix: „sie“
הָאִיר „leuchten“ (inf)
מְשֹׁל בְּ „herrschen über“ (inf)
הַבְדִּיל „scheiden“ (inf)

3.2 Aufgaben zur Einführung

3.2.1 Vergleichen Sie

הַמְּאֹרֹת	mit	הַמָּאֹר	קְטַנָּה	mit	קָטָן
הַגְּדֹלִים	mit	הַגָּדֹל	יְשָׁרִים	mit	יָשָׁר
דְּבָרִים	mit	דָּבָר	זְקֵנִים	mit	זָקֵן

Welche Vokale stehen jeweils in der vorletzten Silbe, welche in der drittletzten?

3.2.2 Vergleichen Sie die Constructus-Form: mit der Absolutus-Form:

Welche Vokale stehen jeweils in der vorletzten Silbe?

בִּרְקִ֫יעַ (V.17) — בְּרָקִ֫עַ

nehmen Sie hinzu:

דְּבַר mit דָּבָר

מִשְׁפְּטֵי mit מִשְׁפָּטִים

דִּבְרֵי mit דְּבָרִים

זִקְנֵי mit זְקֵנִים

3.2.3 Beachten Sie die Formen:

לִמְאֹרֹת (2.5.15)

בִּרְקִ֫יעַ (3.1.17)

לִמְשֹׁל (3.1.18)

Wie verändern sich Präpositionen vor Schwa mobile ?

3.2.4 Analysieren Sie also:

*בִּדְבָרִים - לִזְקֵנִים - בִּדְבַר

לִבְנֵי - לִפְנֵי

* Reihen hebräischer Wörter sind von rechts nach links angeordnet.

3.2.5 Formulieren Sie eine Regel über die Stellung der veränderlichen Vokale a und e, indem Sie die folgenden Sätze ergänzen:

Analyseregel

- Steht ein Wort im status absolutus, so sind die veränderlichen Vokale in der .... - letzten Silbe erhalten, aber in der .... - letzten Silbe reduziert.
- Steht ein Wort im status constructus, so sind die veränderlichen Vokale schon in der ....- letzten Silbe reduziert.

3.3 Einzelsätze

Samaria Söhne 70 Ahab Dem

(1) וּלְאַחְאָב שִׁבְעִים בָּנִים בְּשֹׁמְרוֹן

wajiwtow

וַיִּכְתֹּב יֵהוּא סְפָרִים

sᵉfārim jehu

Und er (Jehu) schrieb Bücher

PN: Ahab, Jehu

ON: Schomeron (= Samaria)

וַיִּשְׁלַח שֹׁמְרוֹן אֶל־שָׂרֵי הָעִיר וְאֶל־הַזְּקֵנִים
וְאֶל־הָאֹמְנִים אֶת־בְּנֵי אַחְאָב (2 Kön 10,1)

zu שֹׁמְרֹן ➔ Gr § 50.2
הָאֹמְנִים (ptz אָמֵן) ➔ Gr § 49.1

(2) וַיִּכְתֹּב מֹשֶׁה עַל־הַלֻּחֹת אֵת־דִּבְרֵי הַבְּרִית עֲשֶׂרֶת
הַדְּבָרִים׃ (Ex 34,28)

PN: Mose
zu עֲשֶׂרֶת הַדְּבָרִים ➔ Gr § 47.2

(3) בְּרוּכִים אַתֶּם לַיהוָה עֹשֵׂה שָׁמַיִם וָאָרֶץ׃
הַשָּׁמַיִם שָׁמַיִם לַיהוָה וְהָאָרֶץ נָתַן לִבְנֵי אָדָם׃ (Ps 115,15f)

zu לַיהוָה
➔ Gr §§ 12.3 und 47.1

(4) וְאֵלֶּה יְמֵי שְׁנֵי־חַיֵּי אַבְרָהָם אֲשֶׁר־חָי
מְאַת שָׁנָה וְשִׁבְעִים שָׁנָה וְחָמֵשׁ שָׁנִים׃ (Gen 25,7)

אֲשֶׁר חָי „die er lebte"
zu מְאַת שָׁנָה ➔ Gr § 47.2

3.4 Übungen zu 3.3

3.4.1 Schließen Sie von Nomen-Formen, die in der vorletzten oder drittletzten Silbe einen reduzierten Vokal haben, zurück auf die lexikalische Form, indem Sie a oder e einsetzen. (zu 3.3.1 s. nächste Aufgabe)
Schlagen Sie unbekannte Wörter erst dann im Vokabular nach.

3.4.2 zu 3.3.1:
שִׁבְעִים und סְפָרִים lassen sich so nicht analysieren;
zu הָאֹמְנִים ➔ Gr § 10.1.

(Näheres erst in Lektion 6)

3.4.3 Wie lauten die Constructus-Formen zu folgenden Absolutus-Formen?

בָּנוֹת - יְשָׁרָה - כּוֹכָבִים - דָּמִים - כָּבוֹד -
מִשְׁפָּטִים

3.4.4 Und wie lauten umgekehrt die Absolutus-Formen zu den folgenden Constructus-Formen?

צִדְקַת - צִבְאוֹת - פְּנֵי - שְׁנַת

3.5 Einzelsätze

(1) וְהָאֲנָשִׁים טוֹבִים לָנוּ מְאֹד (1 Sam 25,15)

לָנוּ : לְ + Suffix 1.pl. „für /zu uns“

(2) הֵמָּה הָלְכוּ עִם דָּוִד כִּי־גִבּוֹרֵי־חַיִל כֻּלָּם
וַיִּהְיוּ שָׂרִים בַּצָּבָא׃ (1 Chr 12,22)

הָלְכוּ [הלך] „(sie) gingen“
כֻּלָּם : כֹּל + Suffix 3.pl. „sie alle“; וַיִּהְיוּ : pl. zu וַיְהִי

(3) וַיִּשְׁמַע דָּוִד וַיִּשְׁלַח אֶת־יוֹאָב וְאֵת כָּל־הַצָּבָא
הַגִּבּוֹרִים׃ (2 Sam 10,7)

PN: Joab

(4) מִי יוּכַל לַעֲמֹד לִפְנֵי יְהוָה הָאֱלֹהִים הַקָּדוֹשׁ הַזֶּה (1 Sam 6,20)

מִי יוּכַל לַעֲמֹד „wer kann bestehen?“
zu הָ vor אֱלֹהִים ➔ Gr § 12.1

(5) וַיֹּאמֶר יְהוֹשֻׁעַ אֶל־הָעָם לֹא תוּכְלוּ לַעֲבֹד אֶת־יְהוָה
כִּי־אֱלֹהִים קְדוֹשִׁים הוּא (Jos 24,19)

לֹא תוּכְלוּ לַעֲבֹד „ihr könnt nicht dienen“

3.6 Übungen zu 3.5

3.6.1 Analysieren Sie auch hier sorgfältig Formen von Nomina mit veränderlichen Vokalen wie in 3.3.

3.6.2 Im Vordergrund des Interesses steht aber die Unterscheidung der verschiedenen Nominalgruppen: Subjekt - Prädikat, Constructus - Absolutus, Nomen mit Attribut. Beachten Sie: Endungen, Determination, reduzierte Vokale.

3.6.3 Kontrollieren Sie Ihr Verständnis, indem Sie jeweils nachprüfen, warum eine andere Möglichkeit ausgeschlossen ist.

3.6.4 Im übrigen gilt hier wie überall:
Wenn Quatsch rauskommt, war was falsch!

Nominalgruppen

1. Subjekt - Prädikat
טוֹב הַדָּבָר das Wort ist gut

2. Constructus-Verbindung
דְּבַר מֶלֶךְ ein Königswort
דְּבַר הַמֶּלֶךְ das Wort des Königs

3. Nomen - Attribut
דָּבָר גָּדוֹל ein großes Wort
אֶרֶץ טוֹבָה ein gutes Land
הָאָרֶץ הַטּוֹבָה das gute Land

*3.7 Weitere Übungssätze

(1) וַיַּרְא יִשְׂרָאֵל אֶת־בְּנֵי יוֹסֵף וַיֹּאמֶר מִי־אֵלֶּה׃ (Gen 48,8)

(2) וַיֹּאמֶר מֹשֶׁה אֶל־יְהוָה בִּי אֲדֹנָי לֹא אִישׁ דְּבָרִים אָנֹכִי (Ex 4,10)

PN: Mose
בִּי „ach"

(3) וְדָוִד הוּא הַקָּטָן וּשְׁלֹשָׁה הַגְּדֹלִים הָלְכוּ אַחֲרֵי שָׁאוּל׃ (1 Sam 17,14)

הָלְכוּ „(sie) gingen"
PN: Saul

(4) וַיְהִי רָעָב בִּימֵי דָוִד שָׁלֹשׁ שָׁנִים שָׁנָה אַחֲרֵי שָׁנָה וַיְבַקֵּשׁ דָּוִד אֶת־פְּנֵי יְהוָה (2 Sam 21,1)

בִּימֵי : יְמֵי + ב ➔ Gr § 12.3

(5) וַיִּזְבַּח אֲדֹנִיָּהוּ צֹאן וּבָקָר ... וַיִּקְרָא אֶת־כָּל־אֶחָיו בְּנֵי הַמֶּלֶךְ וְאֶת־כָּל־אַנְשֵׁי יְהוּדָה עַבְדֵי הַמֶּלֶךְ׃ (1 Kön 1,9)

Namen: Adonija, Juda
אֶחָיו „seine Brüder"

3.8 Übung zur Wortkunde - Verben

3.8.1 Stellen Sie aus dem Vokabular einige besonders häufige, bisher gelernte Verben zusammen, und tragen Sie sie in eine Liste ein nach folgendem Muster:

Perfekt	Partizip	Narrativ	Bedeutung
נָתַן	נֹתֵן	וַיִּתֵּן	geben

3.8.2 Tragen Sie von den Verben, die „schreiben", „sagen", „rufen", „schicken", „hören", „tun" und „nehmen" bedeuten, die entsprechenden Formen ein. Beachten Sie Gr § 09.4.

3.8.3 Prägen Sie sich die Merkmale ein, an denen Sie Perfekt und Partizip erkennen können.

3.9 Gen 1,14-19 unpunktiert

(14) ויאמר אלהים
יהי מאורות ברקיע השׁמים
להבדיל בין היום ובין הלילה
(15) והיו לאותות ולמועדים ולימים ושׁנים:
והיו למאורות ברקיע השׁמים להעיר על־הארץ
ויהי־כן:
(16) ויעשׂ אלהים את־שׁני המאורות הגדולים
את־המאור הגדול לממשׁלת היום
ואת־המאור הקטון לממשׁלת הלילה ואת הכוכבים:
(17) ויתן אתם אלהים ברקיע השׁמים להעיר על־הארץ:
(18) ולמשׁל ביום ובלילה ולהבדיל בין האור ובין החשׁך
וירא אלהים כי־טוב:
(19) ויהי־ערב ויהי־בקר יום רביעי:

Grammatik-Paragraphen:

Den grammatischen Stoff zu dieser Lektion können Sie wiederfinden in den folgenden Paragraphen:

10, besonders 10.4, und
12.3, 23.2 (veränderliche Vokale),
24.1, 24.4 (Verbformen),
28.2 (Partizip),
45.2 (Determination),
46.3 (Attribute).

Lektion Vier

Wenn Sie diese Lektion bearbeitet haben, werden Sie

- die Suffixe der 3. Person (mask.) an Nomina und Partikeln identifizieren können,
- die Pluralendung וּ an Verbformen erkennen können,
- einfache אֲשֶׁר-Sätze ausgliedern und als Relativsätze übersetzen können,
- Narrativ- und Perfektformen einiger häufiger unregelmäßiger Verben einander zuordnen können und
- erste Erfahrungen mit den Funktionen der Tempora in der Erzählung gemacht haben.

4.1 Zur Einführung

4.1.1 Aufruf zum Gotteslob

Ps 148,1-3

הַלְלוּ יָהּ	(1)	Lobt Jah!
הַלְלוּ אֶת־יְהוָה מִן־הַשָּׁמַיִם		Lobt JHWH vom Himmel her!
הַלְלוּהוּ בַּמְּרוֹמִים׃		Lobt ihn in den Höhen!
הַלְלוּהוּ כָל־מַלְאָכָיו	(2)	Lobt ihn, alle seine Boten!
הַלְלוּהוּ כָּל־צְבָאוֹ׃		Lobt ihn, all sein Heer!
הַלְלוּהוּ שֶׁמֶשׁ וְיָרֵחַ	(3)	
הַלְלוּהוּ כָּל־כּוֹכְבֵי אוֹר׃		

4.1.2 Jakobs Aufbruch nach Ägypten

Gen 46,6f

וַיִּקְחוּ [בְּנֵי יִשְׂרָאֵל] אֶת־רְכוּשָׁם	(6)	Da nahmen die Söhne Israels ihren Besitz,
אֲשֶׁר רָכְשׁוּ בְּאֶרֶץ כְּנַעַן		den sie im Land Kanaan erworben hatten,
וַיָּבֹאוּ מִצְרָיְמָה		und kamen nach Ägypten.
יַעֲקֹב וְכָל־זַרְעוֹ אִתּוֹ׃		Jakob und seine ganze Nachkommenschaft mit ihm.
בָּנָיו וּבְנֵי בָנָיו אִתּוֹ	(7)	
בְּנֹתָיו וּבְנוֹת בָּנָיו וְכָל־זַרְעוֹ הֵבִיא אִתּוֹ מִצְרָיְמָה׃		הֵבִיא „brachte er“

4.2 Aufgaben zur Einführung

4.2.1 Formen der Suffixe

4.2.1.1 Lesen Sie den Text 4.1.1, vergleichen Sie schon beim Lesen die Übersetzung und beobachten Sie, wie die pronominalen Elemente „ihn“, „seine“, „sein“ im Hebräischen sprachlich verwirklicht sind.

4.2.1.2 Beachten Sie, wie sich die Suffixe, die alle auf eine dritte Person, maskulinum, Singular zurückverweisen, unterscheiden, je nachdem, ob sie an einen Singular, einen Plural oder eine Verbform angehängt sind.
Übersetzen Sie selbst Vers 3.

4.2.1.3 Lesen Sie Text und Übersetzung 4.1.2, Zeilen 1 bis 4. Nennen Sie die hebräischen Äquivalente für „ihnen“, „seine“, „ihm“.
Wie ist das Wort אִתּוֹ zu analysieren?
Worauf verweist das Suffix ֵם zurück?

Welche Verbformen stehen im Plural? Welches ist die Plural-Endung?

4.2.1.4 Übersetzen Sie selbst den Rest von 4.1.2. Achten Sie bei der Analyse der Nomen-Formen darauf, ob das Nomen im Singular oder im Plural steht.

4.2.2 Relativsätze

Vergleichen Sie den Satz in der zweiten Zeile von 4.1.2 mit der Übersetzung. Im deutschen Relativsatz verweist das einleitende Pronomen („den“) zurück auf das maskuline Beziehungswort im Singular („der Besitz“).
Können Sie im hebräischen Satz ein solches rückwärts verweisendes pronominales Element erkennen?

4.3 Einzelsätze

(1) בָּרוּךְ יְהוָה אֱלֹהִים אֱלֹהֵי יִשְׂרָאֵל
עֹשֵׂה נִפְלָאוֹת לְבַדּוֹ׃
וּבָרוּךְ שֵׁם כְּבוֹדוֹ לְעוֹלָם
וְיִמָּלֵא כְבוֹדוֹ אֶת־כֹּל הָאָרֶץ אָמֵן וְאָמֵן׃ (Ps 72,18f)

וְיִמְלָא [מלא] „und (es) erfülle“

(2) בָּרֲכוּ יְהוָה מַלְאָכָיו גִּבֹּרֵי כֹחַ עֹשֵׂי דְבָרוֹ
בָּרֲכוּ יְהוָה כָּל־צְבָאָיו מְשָׁרְתָיו עֹשֵׂי רְצוֹנוֹ׃
בָּרֲכוּ יְהוָה כָּל־מַעֲשָׂיו בְּכָל־מְקֹמוֹת מֶמְשַׁלְתּוֹ
(Ps 103,20-22a)

בָּרֲכוּ (Imperativ) „lobt“
עֹשֵׂי [עשׂה] ptz pl st c

(3) זֶה סֵפֶר תּוֹלְדֹת אָדָם בְּיוֹם בְּרֹא אֱלֹהִים אָדָם
בִּדְמוּת אֱלֹהִים עָשָׂה אֹתוֹ׃
זָכָר וּנְקֵבָה בְּרָאָם וַיְבָרֶךְ אֹתָם וַיִּקְרָא אֶת־שְׁמָם אָדָם
בְּיוֹם הִבָּרְאָם׃ (Gen 5,1f)

בְּרֹא [ברא] inf „als (er) schuf

הִבָּרְאָם [ברא] inf passiv
„ihrer Schöpfung / als sie geschaffen wurden“

(4) וַיִּקַּח אַבְרָהָם אֶת־עֲצֵי הָעֹלָה וַיָּשֶׂם עַל־יִצְחָק בְּנוֹ
וַיִּקַּח בְּיָדוֹ אֶת־הָאֵשׁ וְאֶת־הַמַּאֲכֶלֶת וַיֵּלְכוּ שְׁנֵיהֶם יַחְדָּו׃
(Gen 22,6)

PN: Abraham, Isaak

(5) וַיהוָה הֹלֵךְ לִפְנֵיהֶם יוֹמָם בְּעַמּוּד עָנָן לַנְחֹתָם הַדֶּרֶךְ
וְלַיְלָה בְּעַמּוּד אֵשׁ לְהָאִיר לָהֶם (Ex 13,21a)

לַנְחֹת „um zu führen“ (inf + ל)
לְהָאִיר „um zu leuchten“ (inf + ל)

(6) [וַיָּבֹזּוּ הָעִיר] וְאֶת־צֹאנָם וְאֶת־בְּקָרָם וְאֶת־חֲמֹרֵיהֶם וְאֵת
אֲשֶׁר־בָּעִיר וְאֶת־אֲשֶׁר בַּשָּׂדֶה לָקָחוּ׃ (Gen 34,28)

4.4 Übungen zu 4.3

4.4.1 Achten Sie in allen Sätzen auf suffigierte Nomina und Partikeln.

4.4.2 Verfahren Sie bei der Analyse von Suffix-Formen wie in der Übung 3.4.1: Wenn in der drittletzten Silbe Vokale reduziert sind, versuchen Sie zuerst, diese Vokale wieder einzufügen und so die lexikalische Form wiederherzustellen. Erst dann können Sie in Ihrem Vokabelgedächtnis oder im Vokabular nachschlagen.

4.4.3 Hinweise zu den einzelnen Sätzen:

Satz 3: Hier gehen viele Wörter auf „am“ aus. Das ist nicht immer ein Suffix.
Zu אֹתוֹ und אֹתָם sowie zu אִתּוֹ ➔ § 12.4/5.

Satz 4: An einer Stelle, an der der hebräische Satz kein Suffix enthält, verlangt die deutsche Übersetzung ein Pronomen ➔ Gr § 50.1.
Satz 5: Wie ist לָהֶם zu analysieren? ➔ Gr § 12.2 / 12.3.

4.5 Es war sehr gut — Gen 1,31 - 2,4

Schluß der ersten Schöpfungserzählung

(31) וַיַּרְא אֱלֹהִים אֶת־כָּל־אֲשֶׁר עָשָׂה
וְהִנֵּה־טוֹב מְאֹד
וַיְהִי־עֶרֶב וַיְהִי־בֹקֶר יוֹם הַשִּׁשִּׁי׃
(2,1) וַיְכֻלּוּ הַשָּׁמַיִם וְהָאָרֶץ וְכָל־צְבָאָם׃ — וַיְכֻלּוּ [כלה] „und es wurden vollendet“
(2) וַיְכַל אֱלֹהִים בַּיּוֹם הַשְּׁבִיעִי מְלַאכְתּוֹ
אֲשֶׁר עָשָׂה
וַיִּשְׁבֹּת בַּיּוֹם הַשְּׁבִיעִי מִכָּל־מְלַאכְתּוֹ — מִן + כָּל־ : מִכָּל־
אֲשֶׁר עָשָׂה׃
(3) וַיְבָרֶךְ אֱלֹהִים אֶת־יוֹם הַשְּׁבִיעִי
וַיְקַדֵּשׁ אֹתוֹ
כִּי בוֹ שָׁבַת מִכָּל־מְלַאכְתּוֹ
אֲשֶׁר בָּרָא אֱלֹהִים׃
(4) אֵלֶּה תוֹלְדוֹת הַשָּׁמַיִם וְהָאָרֶץ בְּהִבָּרְאָם — בְּהִבָּרְאָם s.oben 4.3.3

4.6 Übungen zum Text 4.5

4.6.1 Lesen und übersetzen Sie den Text, und analysieren Sie dabei alle Suffix-Formen wie in 4.3.

4.6.2 Beachten Sie, in welchen Sätzen statt des Narrativs Perfekte auftreten und warum. Welche Sätze müssen vorzeitig verstanden und auch so übersetzt werden, welcher Satz nicht?

4.6.3 Vergleichen Sie Satzbau und Tempusgebrauch am Anfang dieser Schöpfungserzählung (Gen 1,1-5). Versuchen Sie, eine allgemeine Aussage zu machen über die Rolle der Satztypen und der Tempora in der Erzählung. (➔ Gr § 44.2, 48.2.)

*4.7 Die Beisetzung Sauls — 1 Sam 31,11-13

Nach ihrem Sieg über Israel hatten die Philister die Leichen Sauls und seiner Söhne auf dem Schlachtfeld gefunden, enthauptet und auf der Stadtmauer von Bet-Schan zur Schau gestellt.

(11) וַיִּשְׁמְעוּ יֹשְׁבֵי יָבֵשׁ גִּלְעָד

Namen: Jabesch in Gilead, Philister, Saul

אֵת אֲשֶׁר־עָשׂוּ פְּלִשְׁתִּים לְשָׁאוּל׃

עָשׂוּ [עשׂה] Perf pl

(12) וַיָּקוּמוּ כָּל־אִישׁ חַיִל

וַיֵּלְכוּ כָל־הַלַּיְלָה

וַיִּקְחוּ אֵת גְּוִיַּת שָׁאוּל וְאֵת גְּוִיֹּת בָּנָיו מֵחוֹמַת בֵּית שָׁן

-מֵ : מִן vor Guttural
ON: Bet-Schan

וַיָּבֹאוּ יָבֵשָׁה

zu יָבֵשָׁה ➔ Gr § 16.3. und 50.2

וַיִּשְׂרְפוּ אֹתָם שָׁם׃

(13) וַיִּקְחוּ אֶת־עַצְמֹתֵיהֶם

וַיִּקְבְּרוּ תַחַת־הָאֶשֶׁל בְּיָבֵשָׁה

וַיָּצוּמוּ שִׁבְעַת יָמִים׃

4.8 Übung zur Wortkunde: Schwache Verben

4.8.1 Ergänzen Sie Ihre Liste aus 3.8 um die entsprechenden Formen der Verben הלך, קוּם und בּוֹא.

4.8.2 Prägen Sie sich außer diesen vor allem die Formen von עשׂה, נתן und לקח so ein, daß Sie jeweils den Narrativen auch die Perfekt- und Partizip-Formen zuordnen können und umgekehrt.

4.9 Psalm 148,1-3 unpunktiert

הללו יה
הללו את־יהוה מן־השמים
הללוהו במרומים׃
הללוהו כל־מלאכיו
הללוהו כל־צבאו׃
הללוהו שמש וירח
הללוהו כל־כוכבי אור׃

Grammatik-Paragraphen:

Den Stoff dieser Lektion können Sie nachlesen in den Paragraphen:

11.2 (Suffixe),
25.4. (Narrativ),
27.1 (Perfekt),
48.2 (Tempora in der Erzählung),
50.1 (Pronominale Objekte),
53.4 (אֲשֶׁר-Sätze).

Lektion Fünf

Wenn Sie diese Lektion bearbeitet haben, sollen Sie

- Vokalisations-Besonderheiten von Wörtern mit Gutturalen erklären und für die Analyse von Wortformen berücksichtigen können,
- den Artikel auch in Verbindung mit Präfixen und vor Gutturalen erkennen können,
- die Präposition מִן auch in der assimilierten Form und vor Gutturalen erkennen können,
- die Funktion von Nominalsätzen in einer Erzählung kennen und für die Übersetzung berücksichtigen können,
- adverbiale Nomina auch ohne Präposition im Text erkennen und in ihrer Funktion verstehen können und
- die verschiedenen Bedeutungen der Präposition מִן je nach Kontext und durch Rückgriff auf die Grundbedeutung richtig anwenden können.

5.1 Zur Einführung

5.1.1 Gutturale - Artikel - Präfixe

(1) וַיַּבְדֵּל אֱלֹהִים בֵּין הָאוֹר וּבֵין הַחֹשֶׁךְ׃
וַיִּקְרָא אֱלֹהִים לָאוֹר יוֹם וְלַחֹשֶׁךְ קָרָא לָיְלָה
(Gen 1,4b.5a)

Und Gott schied zwischen ( ) Licht und ( ) Finsternis. Und Gott nannte ( ) Licht Tag, ( ) Finsternis nannte er Nacht.

(2) וַיִּקַּח יִשְׂרָאֵל אֵת כָּל־הֶעָרִים הָאֵלֶּה
וַיֵּשֶׁב יִשְׂרָאֵל בְּכָל־עָרֵי הָאֱמֹרִי (Num 21,25)

Und Israel nahm ( ) Städte ein, und Israel ließ sich in ( ) Städten ( ) Amoriter nieder.

(3) וַיַּעַשׂ שְׁלֹמֹה בָעֵת־הַהִיא אֶת־הֶחָג (1 Kön 8,65)

Und Salomo machte zu ( ) Zeit ( ) Fest.

(4) יְהוָה הֹלֵךְ לִפְנֵיהֶם בַּדֶּרֶךְ בָּאֵשׁ לַיְלָה וּבֶעָנָן יוֹמָם׃
(Dtn 1,33)

JHWH geht vor ihnen her auf ( ) Weg; ( ) Feuer nachts und ( ) Wolke tags.

(5) וַיַּרְא גַּעַל אֶת־הָעָם וַיֹּאמֶר אֶל־זְבֻל הִנֵּה־עָם
יוֹרֵד מֵרָאשֵׁי הֶהָרִים וַיֹּאמֶר אֵלָיו זְבֻל
אֵת צֵל הֶהָרִים אַתָּה רֹאֶה כָּאֲנָשִׁים׃ (Ri 9,36)

Gaal sah ( ) Volk und sagte zu Sebul: Sieh! ( ) Volk kommt herunter von ( ) Gipfeln ( ) Berge. Da sagte Sebul zu ihm: ( ) Schatten ( ) Berge siehst du für ( ) Männer an.

(1) וַיָּבֹא אַבְנֵר אֶל־דָּוִד חֶבְרוֹן וְאִתּוֹ עֶשְׂרִים אֲנָשִׁים
וַיַּעַשׂ דָּוִד לְאַבְנֵר וְלָאֲנָשִׁים מִשְׁתֶּה׃ (2 Sam 3,20)

Abner kam zu David nach Hebron und mit ihm ( ) 20 Männer. Und David veranstaltete für Abner und ( ) Männer ( ) Festessen.

5.1.2 Präposition מִן

מִן־הַשָּׁמַיִם - מִבֹּקֶר עַד עֶרֶב - מֵעֶרֶב עַד בֹּקֶר

5.2 Aufgaben zur Einführung

5.2.1 Besonderheiten der Gutturale

Lesen Sie zur allgemeinen Orientierung Gr § 09, danach die Textbeispiele 5.1.1, und achten Sie auf folgendes:

5.2.1.1 Entscheiden Sie jedesmal, ob ein Nomen einen Artikel hat oder nicht.
Beobachten Sie, welche Formen der Artikel haben kann und wie sich andere Präfixe mit dem Artikel verbinden.

5.2.1.2 Vergleichen Sie die Formen in der folgenden Liste: Wie weichen in der 2. und 3. Zeile Wörter mit Gutturalen von den „normalen" in der 1. Zeile ab?

דִּבְרֵי	לִדְבָרִים	דְּבָרִים	דְּבַר	דָּבָר
חַכְמֵי	*לַחֲכָמִים	חֲכָמִים	חֲכַם	חָכָם
נַהֲרוֹת	לִנְהָרוֹת	נְהָרוֹת	נְהַר	נָהָר

* Hat diese Form einen Artikel? Woran kann man das erkennen?

5.2.2 Präposition מִן

Beobachten Sie in 5.1.2, welche verschiedenen Formen die Präposition מִן annehmen kann. Versuchen Sie, eine Erklärung für ·מִ und מֵ zu geben.

➔ Gr §§ 09.2 und 12.4

5.2.3	Ergänzen Sie die folgenden Sätze: **Praxistips**
5.2.3.1	In der Umgebung von Gutturalen steht häufig anstelle von kurzem i der Vokal ......
5.2.3.2	Statt Schwa mobile steht bei Gutturalen ein ....
5.2.3.3	Statt eines Dagesch forte ist vor einem Guttural ein .... Vokal (Ersatzdehnung) oder eine scheinbar offene Silbe mit .... Vokal (virtuelle Verdoppelung) zu erwarten.
5.2.3.4	Geschlossene Silben können ....sein.

Ätiologie αἰτία

5.3 Bericht über den Edomiter Hadad — aus 1 Kön 11,14ff

Aus mehreren Berichten über Gegner Salomos kann man den über Hadad rekonstruieren:

(14)	וַיָּקֶם יְהוָה שָׂטָן לִשְׁלֹמֹה אֵת הֲדַד הָאֲדֹמִי מִזֶּרַע הַמֶּלֶךְ הוּא בֶּאֱדוֹם׃	וַיָּקֶם (קום) „ließ aufkommen" Name: Edom
(15)	וַיְהִי בְּהַכּוֹת דָּוִד אֶת־אֱדוֹם וַיַּךְ כָּל־זָכָר בֶּאֱדוֹם׃	וַיְהִי בְּהַכּוֹת „als (er) schlug"
(17)	וַיִּבְרַח הֲדַד הוּא וַאֲנָשִׁים אֲדֹמִיִּים מֵעַבְדֵי אָבִיו אִתּוֹ לָבוֹא מִצְרָיִם וַהֲדַד נַעַר קָטָן׃	לָבוֹא „zu kommen"
(18)	וַיָּקֻמוּ מִמִּדְיָן וַיָּבֹאוּ פָּארָן וַיִּקְחוּ אֲנָשִׁים עִמָּם מִפָּארָן וַיָּבֹאוּ מִצְרַיִם אֶל־פַּרְעֹה מֶלֶךְ־מִצְרַיִם וַיִּתֶּן־לוֹ בַיִת וְלֶחֶם אָמַר לוֹ וְאֶרֶץ נָתַן לוֹ׃	ON: Midian, Paran אמר hier: „zúsagen"
(19)	וַיִּמְצָא הֲדַד חֵן בְּעֵינֵי פַרְעֹה מְאֹד וַיִּתֶּן־לוֹ אִשָּׁה אֶת־ אֲחוֹת אִשְׁתּוֹ אֲחוֹת תַּחְפְּנֵיס הַגְּבִירָה׃	PN: Tachpenes
(20)	וַתֵּלֶד לוֹ אֲחוֹת תַּחְפְּנֵיס אֵת גְּנֻבַת בְּנוֹ ... וַיְהִי גְנֻבַת בֵּית פַּרְעֹה בְּתוֹךְ בְּנֵי פַרְעֹה׃	וַתֵּלֶד „und (sie) gebar" PN: Genubat
(21)	וַהֲדַד שָׁמַע בְּמִצְרַיִם כִּי־שָׁכַב דָּוִד עִם־אֲבֹתָיו וְכִי־מֵת יוֹאָב שַׂר־הַצָּבָא וַיֹּאמֶר הֲדַד אֶל־פַּרְעֹה שַׁלְּחֵנִי וְאֵלֵךְ אֶל־אַרְצִי׃	מֵת Perf von מות „sterben" PN: Joab „Entlaß mich, daß ich nach Hause kann!"
(25)	וַיָּשָׁב לְאַרְצוֹ ... וַיִּמְלֹךְ עַל־אֱדֹם׃	

5.4 Mose und Aaron

Ex 4,27-31

(27) וַיֹּאמֶר יְהוָה אֶל־אַהֲרֹן לֵךְ לִקְרַאת מֹשֶׁה הַמִּדְבָּרָה
וַיֵּלֶךְ וַיִּפְגְּשֵׁהוּ בְּהַר הָאֱלֹהִים וַיִּשַּׁק־לוֹ׃
(28) וַיַּגֵּד מֹשֶׁה לְאַהֲרֹן אֵת כָּל־דִּבְרֵי יְהוָה אֲשֶׁר שְׁלָחוֹ
וְאֵת כָּל־הָאֹתֹת אֲשֶׁר צִוָּהוּ׃
(29) וַיֵּלֶךְ מֹשֶׁה וְאַהֲרֹן וַיַּאַסְפוּ אֶת־כָּל־זִקְנֵי בְּנֵי יִשְׂרָאֵל׃
(30) וַיְדַבֵּר אַהֲרֹן אֵת כָּל־הַדְּבָרִים
אֲשֶׁר־דִּבֶּר יְהוָה אֶל־מֹשֶׁה
וַיַּעַשׂ הָאֹתֹת לְעֵינֵי הָעָם׃
(31) וַיַּאֲמֵן הָעָם
וַיִּשְׁמְעוּ כִּי־פָקַד יְהוָה אֶת־בְּנֵי יִשְׂרָאֵל וְכִי רָאָה אֶת־
עָנְיָם
וַיִּקְּדוּ וַיִּשְׁתַּחֲווּ׃

לֵךְ „geh!" zu הַמִּדְבָּרָה
→ Gr §§ 16.3, 50.2

עָנְיָם : עֳנִי + Suffix 3 pl

„und sie fielen nieder und beteten an."

5.5 Übungen

5.5.1 Beachten und benennen Sie auch in den Texten 5.3 und 5.4 die Vokalisationsbesonderheiten bei Gutturalen, vor allem bei Artikel und Präfixen.

5.5.2 Beachten Sie den Unterschied von Nominal- und Verbalsätzen:
Wo Nominalsätze die Erzähl-Kette unterbrechen, bedenken Sie das inhaltliche Verhältnis der beiden Sätze, und finden Sie im Deutschen die richtige Satzverbindung (nicht „und" für ו) und das richtige Tempus.

5.5.3 Beobachten Sie, wie Umstandsbestimmungen eingefügt sind. Welcher Unterschied zum Deutschen besteht?

5.5.4 Dazu noch drei Textbeispiele:

(1) וַיֵּלֶךְ הָאִישׁ אֶרֶץ הַחִתִּים וַיִּבֶן עִיר (Ri 1,26)
Name: Hethiter

(2) וְעַתָּה הִנֵּה אָנֹכִי הַיּוֹם בֶּן־חָמֵשׁ וּשְׁמֹנִים שָׁנָה (Jos 14,10)
zu בֶּן־ etc. → Gr § 45.4

> **Praxistip:**
>
> **Am Satzanfang gilt:**
> **Waw vor Verb verbindet und führt weiter.**
> **Waw vor Nicht-Verb unterbricht.**

(3) וַ֫יַּעַן כָּל־הָעָם קוֹל אֶחָד וַיֹּאמְרוּ
כָּל־הַדְּבָרִים אֲשֶׁר דִּבֶּר יְהוָה נַעֲשֶׂה׃ (Ex 24,3)

נַעֲשֶׂה [עשׂה] "werden wir tun"

5.6 Übung zur Wortkunde: Die Bedeutungen von מִן

(1) וַיִּקַּח עֲשָׂרָה אֲנָשִׁים מִזִּקְנֵי הָעִיר (Rut 4,2)

(2) וַיֵּ֫רֶד בָּרָק מֵהַר תָּבוֹר (Ri 4,14)

PN: Barak, ON: Tabor

(3) וּמֵעֹלָם עַד־עֹלָם אַתָּה אֵל׃ (Ps 90,2)

(4) וַיִּירָא מְאֹד מִדִּבְרֵי שְׁמוּאֵל (1 Sam 28,20)

(5) וַיֹּ֫אמֶר יְהוָה אֱלֹהִים אֶל־הַנָּחָשׁ כִּי עָשִׂ֫יתָ זֹּאת
אָרוּר אַתָּה מִכָּל־הַבְּהֵמָה וּמִכֹּל חַיַּת הַשָּׂדֶה (Gen 3,14)

עָשִׂ֫יתָ [עשׂה] „du hast getan“

(6) וַתֵּ֫רֶב חָכְמַת שְׁלֹמֹה מֵחָכְמַת כָּל־בְּנֵי־קֶ֫דֶם וּמִכֹּל חָכְמַת
מִצְרָיִם׃ (1 Kön 5,10)

וַתֵּ֫רֶב [רבה] „sie war groß“

Wählen Sie die richtige Bedeutung von מִן nach dem jeweiligen Kontext aus.
Versuchen Sie, die verschiedenen Bedeutungen auf eine Grundbedeutung zurückzuführen.

5.7 Formen-Übungen

5.7.1 Welche der folgenden Wörter enthalten den Artikel?

כַּאֲנָשִׁים לָאוֹר בֶּאֱמוּנָה בֶּעָנָן לָאֲנָשִׁים וַהֲדַד

5.7.2 Welche enthalten die Präposition מִן ?

מִדִּבְרֵי מִדְבָּר מִשְׁפָּט מִשּׁוֹמְרוֹן מְאֹד מֵאוֹר מָאוֹר

5.8 Unpunktierter Text

aus dem Bericht über Hadad (1 Kön 11,17 f)

ויברח הדד הוא ואנשים אדמיים מעבדי אביו אתו
לבוא מצרים והדד נער קטן: ויקמו ממדין ויבאו
פארן ויקחו אנשים עמם מפארן ויבאו מצרים אל־
פרעה מלך־מצרים ויתן־לו בית ולחם אמר לו
וארץ נתן לו:

Grammatik - Paragraphen:

Den grammatischen Stoff dieser Lektion finden Sie in den Paragraphen:

09 (Gutturale),

12.1 (Artikel),

12.3, 13.1 (Präfixe),

12.4 / 12.5, 47.1 (מִן),

16.3 (He locale),

44.2 (Nominalsatz / Verbalsatz),

50.2 (Adverbiale Nomina),

53.1 (Konjunktion וְ).

Lektion Sechs

Wenn Sie diese Lektion bearbeitet haben, sollen Sie

- bei Segolaten von Formen mit Endung auf die lexikalische Form schließen können,
- regelmäßig gebildete Partizipien des Grundstammes analysieren können,
- hebräische Partizipialsätze durch deutsche Verbalsätze wiedergeben können,
- einen ersten Einblick in die Benutzung eines wissenschaftlichen Lexikons zum Alten Testament gewonnen haben und
- die wichtigsten Zahlwörter (1 - 10, 100, 1000) als Vokabeln kennen und auch zusammengesetzte Zahlen verstehen können.

6.1 Zur Einführung

(1)	וַיִּבְרָא אֱלֹהִים אֶת־הָאָדָם בְּצַלְמוֹ בְּצֶלֶם אֱלֹהִים בָּרָא אֹתוֹ	(Gen 1,27)	Und Gott schuf den Men-schen nach seinem Bild, - nach dem Bild Gottes schuf er ihn.
(2)	חוֹשֵׂךְ שִׁבְטוֹ שׂוֹנֵא בְנוֹ וְאֹהֲבוֹ שִׁחֲרוֹ מוּסָר׃	(Prov 13,24)	Wer seinen Stock schont, haßt seinen Sohn; aber wer ihn liebt, sucht ihn mit Züchtigung.
	שֵׁבֶט וְתוֹכַחַת יִתֵּן חָכְמָה וְנַעַר מְשֻׁלָּח מֵבִישׁ אִמּוֹ׃	(Prov 29,15)	Stock und Tadel gibt Weisheit; doch ein Junge, sich selbst überlassen, macht seiner Mutter Schande.
(3)	אֲבִי יְתוֹמִים וְדַיַּן אַלְמָנוֹת אֱלֹהִים בִּמְעוֹן קָדְשׁוֹ׃ ...		Ein Vater der Waisen und ein Anwalt der Witwen ist Gott in der Wohnung seines Heiligtums (= seiner heiligen Wohnung).
	אֲדֹנָי בָּא מִסִּינַי בַּקֹּדֶשׁ׃	(Ps 68,6. 18b)	Der Herr kommt vom Sinai in das Heiligtum.
(4)	וְאֵלֶּה מַלְכֵי הָאָרֶץ אֲשֶׁר הִכָּה יְהוֹשֻׁעַ וּבְנֵי יִשְׂרָאֵל בְּעֵבֶר הַיַּרְדֵּן יָמָּה ...		הִכָּה „(er) schlug“ PN: Josua ON: Jericho, Tirza

מֶ֫לֶךְ יְרִיחוֹ אֶחָד ... מֶ֫לֶךְ תִּרְצָה אֶחָד
כָּל־מְלָכִים שְׁלֹשִׁים וְאֶחָד׃ (Jos 12,7.9.24)

6.2 Aufgaben zur Einführung

6.2.1 Segolata - Singular

6.2.1.1 Tragen Sie die Formen, in denen die hebräischen Wörter für „Bild“, „Stock“ und „Heiligtum“ auftreten, in eine Liste ein, und folgen Sie dabei dem Beispiel „מֶ֫לֶךְ“:

Suffix-Form	„Grundform“	lexikal. Form
מַלְכּ וֹ	**ma<u>lk</u>**	מֶ֫לֶךְ
	sa<u>lm</u>	
	schi<u>bt</u>	
	qo<u>dsch</u>	

6.2.1.2 Wie ist die lexikalische Form gegenüber der „Grundform“ erweitert? Wie kann man also von der Suffix-Form aus auf die lexikalische Form schließen?

6.2.1.3 Dazu ➔ Gr § 18.1 und 18.2.

Analyseregeln

6.2.2 Versuchen Sie, Analyseregeln zu formulieren, indem Sie die folgenden Sätze ergänzen:

6.2.2.1 Wenn nach dem Abstreichen des Suffixes ein Wort mit .... Schlußkonsonanten übrigbleibt, handelt es sich um ein Segolatum.

6.2.2.2 Die lexikalische Form hat zwischen .... einen Hilfsvokal, meist ......

6.2.2.3 Der erste Vokal eines Segolatums kann ..... (aus a), ... (gedehnt aus i) oder ..... (gedehnt aus kurzem o) sein.

6.2.3 Segolata - Plural

6.2.3.1 Lesen und übersetzen Sie 6.1.4, und schreiben Sie die Formen von מֶ֫לֶךְ in die hier folgende Liste:

pl st c	pl st abs	sing st c	sing st abs

6.2.3.2 Was käme heraus, wenn Sie auf die Pluralformen die Analyseregeln von Lektion 3 anwendeten?
Dazu ➔ Gr §§ 18.2, 23.2 und 02.2

6.2.4 Versuchen Sie, eine Analyseregel zu formulieren, indem Sie den folgenden Satz ergänzen: **Analyseregel**

Bei unbekannten Pluralformen vom Typ דְּבָרִים kann

der Singular grundsätzlich .... oder .... lauten.

6.2.5 Formen-Übungen

6.2.5.1 Schließen Sie bei den folgenden Suffix-Formen auf die lexikalische Form, und übersetzen Sie die Suffix-Form.
z.B.: מַלְכּוֹ von מֶ֫לֶךְ - „sein König“

דַּרְכּוֹ - זַרְעוֹ - סִפְרוֹ - נַפְשָׁם - בִּגְדוֹ - קִרְבּוֹ

אַרְצָם - אָהֳלוֹ - חַסְדּוֹ - קָדְשׁוֹ

6.2.5.2 Erörtern Sie bei den folgenden Pluralen jeweils, wie der dazugehörige Singular aussehen könnte,
z.B.: בְּקָרִים pl zu בָּקָר (Rind) oder zu בֹּ֫קֶר (Morgen).
Kontrollieren Sie im Lexikon, welche Wörter wirklich existieren.

אֲבָנִים - אֲרָצוֹת - מַלְאָכִים - יְשָׁרִים - נְפָשׁוֹת

סְפָרִים - עֲרָבוֹת - עֲבָדִים - דְּבָרִים - בְּגָדִים

דְּרָכִים - צְבָאוֹת - נְחָשִׁים - אֲלָפִים

6.3 Einzelsätze

(1) וַיַּהֲרֹג מְלָכִים אַדִּירִים כִּי לְעוֹלָם חַסְדּוֹ׃
וַיִּתֵּן אַרְצָם לְנַחֲלָה כִּי לְעוֹלָם חַסְדּוֹ׃
נַחֲלָה לְיִשְׂרָאֵל עַבְדּוֹ כִּי לְעוֹלָם חַסְדּוֹ׃
(Ps 136,18.21f)

(2) וַיִּשְׁמְעוּ כָל־יִשְׂרָאֵל אֶת־הַמִּשְׁפָּט אֲשֶׁר שָׁפַט הַמֶּלֶךְ
וַיִּרְאוּ מִפְּנֵי הַמֶּלֶךְ
כִּי רָאוּ כִּי־חָכְמַת אֱלֹהִים בְּקִרְבּוֹ ...׃ (1 Kön 3,28)

רָאוּ [ראה] 3 pl Perfekt

(3) וַיְהִי רָעָב בְּכָל־הָאֲרָצוֹת וּבְכָל־אֶרֶץ מִצְרַיִם הָיָה לָחֶם׃
(Gen 41,54)

(4) וְלֹא פָחֲדוּ וְלֹא קָרְעוּ אֶת־בִּגְדֵיהֶם הַמֶּלֶךְ וְכָל־עֲבָדָיו
הַשֹּׁמְעִים אֵת כָּל־הַדְּבָרִים הָאֵלֶּה׃ (Jer 36,24)

(5) צַמִּים וּפַחִים בְּדֶרֶךְ עִקֵּשׁ
שׁוֹמֵר נַפְשׁוֹ יִרְחַק מֵהֶם׃ (Prov 22,5)

יִרְחַק [רחק] „hält sich fern“

(6) שֹׁמֵר מִצְוָה שֹׁמֵר נַפְשׁוֹ
וּבוֹזֵה דְרָכָיו יָמוּת׃ (Prov 19,16)

יָמוּת [מות] stirbt

(7) אֵלֶּה פְּקוּדֵי בְנֵי־יִשְׂרָאֵל לְשִׁבְטֵיהֶם
כָּל־פְּקוּדֵי הַמַּחֲנֶה לְצִבְאֹתָם שֵׁשׁ־מֵאוֹת אֶלֶף
וּשְׁלֹשֶׁת אֲלָפִים וַחֲמֵשׁ מֵאוֹת וַחֲמִשִּׁים׃ (Num 2,32)

6.4 Übungen zu 6.3

6.4.1 Analysieren Sie in allen Beispielen Suffix-Formen nach den Analyseregeln aus 6.2.

6.4.2 Achten Sie in den Sätzen 3,4 und 7 auf Plurale.

6.4.3 Analysieren Sie die Partizipien in 4 bis 7 nicht nur formal, sondern auch syntaktisch: Welchen Satzteil stellen sie im hebräischen Satz dar? Wie kann man die Partizipien mit anderen deutschen Verbformen übersetzen?

6.5 Der HERR ist Hilfe und Heil — Psalm 146,5-10

(5) אַשְׁרֵי שֶׁאֵל יַעֲקֹב עֶזְרוֹ
שִׂבְרוֹ עַל־יְהוָה אֱלֹהָיו׃
(6) עֹשֶׂה שָׁמַיִם וָאָרֶץ אֶת־הַיָּם וְאֶת־כָּל־אֲשֶׁר־בָּם
שֹׁמֵר אֱמֶת לְעוֹלָם׃
(7) עֹשֶׂה מִשְׁפָּט לָעֲשׁוּקִים
נֹתֵן לֶחֶם לָרְעֵבִים
יְהוָה מַתִּיר אֲסוּרִים׃ — מַתִּיר [ptz נתר] „befreien“
(8) יְהוָה פֹּקֵחַ עִוְרִים
יְהוָה זֹקֵף כְּפוּפִים
יְהוָה אֹהֵב צַדִּיקִים׃
(9) יְהוָה שֹׁמֵר אֶת־גֵּרִים
יָתוֹם וְאַלְמָנָה יְעוֹדֵד — יְעוֹדֵד [עוד] „erhält er“
וְדֶרֶךְ רְשָׁעִים יְעַוֵּת׃ — יְעַוֵּת [עות]„macht er krumm“
(10) יִמְלֹךְ יְהוָה לְעוֹלָם — יִמְלֹךְ [מלך] „ist/wird König“
אֱלֹהַיִךְ צִיּוֹן לְדֹר וָדֹר — אֱלֹהַיִךְ „dein Gott“
הַלְלוּ־יָהּ׃

6.6 Aufgaben zu 6.5

6.6.1 Üben Sie, den Text (mehrmals) laut und fließend zu lesen. Achten Sie schon beim Lesen auf Gliederung und Satzbau.

6.6.2 V. 5: Analyse der Suffix-Formen und Übersetzung

6.6.3.1 V. 6 bis 7a: Analyse der Wörter am Satzanfang; dann Übersetzung

6.6.3.2 V. 7b bis 9aα: Analyse der jeweils zweiten Wörter

6.6.3.3 Analyse der jeweils letzten Wörter in 7 bis 9aα Drei dieser Wörter finden Sie nicht im Vokabular (➔ Gr § 28.2).

6.6.4 Erläutern Sie den Satzbau in den Versen 6 bis 7a. Wie sind diese Sätze an V. 5 angeschlossen?
Übersetzen Sie 5 bis 7a.

6.6.5 Erläutern Sie den Satzbau in 7b bis 9aα. Übersetzen Sie, und versuchen Sie dabei, der betonten Spitzenstellung des Subjekts gerecht zu werden. (➔ die Übersetzungen in Gr § 44.3 und 44.4.)

6.6.6 Beschreiben Sie auch den Satzbau im Rest desTextes. Achten Sie auf das inhaltliche Verhältnis der parallelen Sätze in 9, und berücksichtigen Sie es in der Übersetzung bei der Wiedergabe von „ו“.

6.6.7 Lesen Sie auch die unpunktierten Verse in 6.9.2.

6.7 Der Weg des Gerechten

Psalm 1,1-2

Lesen Sie den Text in der Biblia Hebraica, und übersetzen Sie mit Hilfe des Lexikons.

Im Folgenden erhalten Sie eine schrittweise Anleitung, die Sie auch in den Gebrauch des Lexikons einführen soll.

6.7.1 Das Erscheinungsbild des Textes ist für Sie neu und gewöhnungsbedürftig. Auf Einzelheiten kann hier nicht eingegangen werden. (Fragen Sie Ihren Lehrer, oder holen Sie sich Rat in der Literatur.)

Vorläufig ist für Sie wichtig, außer Vokalzeichen und Akzenten alle anderen kleinen Zeichen im hebräischen Text zu überlesen.

➔ z.B. E. Würthwein, der Text des Alten Testaments, Eine Einführung in die Biblia Hebraica, Stuttgart 1988, 5. Auflage

oder: E.Tov, Der Text der Hebräischen Bibel. Handbuch der Textkritik, Stuttgart / Berlin / Köln 1997

6.7.2 Lesen Sie also nun die drei ersten Zeilen von Psalm 1; lesen Sie dann nochmals die erste Zeile.

Das erste Wort kennen Sie aus Psalm 146. Beschreiben Sie den Satzbau hier in Ps 1.

6.7.2.1 Das Verb הָלַךְ ist Ihnen bekannt (Vok 4). Schlagen Sie trotzdem im Lexikon nach und beachten Sie, daß dort Verben immer als Wurzeln zitiert sind (also nur die drei Konsonanten, ohne Vokalzeichen).

6.7.2.2 Gebrauch des Lexikons

Machen Sie sich an diesem Beispiel den Aufbau der Lexikonartikel klar.

Wichtig: Beginn mit Etymologie und Literatur (keinesfalls ist das erste auftauchende deutsche Wort die Bedeutung), dann geordnet nach Verbstämmen (Bedeutungsabwandlungen), zuerst der Grundstamm (Kal bzw. qal).

Zwei Lexika kommen infrage:
das von Köhler / Baumgartner (KBL)
oder das von Gesenius / Buhl (GesB)

Dort zuerst mögliche Formen, dann Bedeutungen (arabisch beziffert), bei Gesenius die Ziffern fett gedruckt, bei Köhler die Hauptbedeutungen.

Erst der Textzusammenhang wird ergeben, welche der Hauptbedeutungen passend ist (hier KBL: 1 oder 6, GesB: 1, 2 oder 3).

6.7.2.3 Bevor Sie בַּעֲצַת im Lexikon aufsuchen, überlegen Sie:
1. welcher Satzteil nach הָלַךְ folgen muß,
2. welche Bildungselemente (Präfix, Endung) an dem Wort zu erkennen sind,
3. in welcher Form das Wort vermutlich im Lexikon steht.
Dadurch verringert sich die Wahlmöglichkeit zwischen Lexikon-Stichwörtern von 6 auf 2. Die richtige Bedeutung ergibt sich wieder aus dem Satzzusammenhang.
Übersetzen Sie die erste Zeile.

6.7.3 Lesen Sie dann die zweite Zeile. beachten Sie den parallelen Satzbau. Schlagen Sie unbekannte Wörter nach, und übersetzen Sie zunächst zwei selbständige Sätze.

6.7.3.1 Beachten Sie אֲשֶׁר (1. Zeile), und verbinden Sie alle Sätze des ersten Verses richtig.

6.7.3.2 Kontrollieren Sie Ihre Übersetzung des ersten Verses in einer* deutschen Bibel.

6.7.4 Lesen Sie die erste Hälfte der dritten Zeile.
Vor der Übersetzung analysieren Sie חֶפְצוֹ, schlagen Sie כִּי אִם im Lexikon nach.

6.7.5 Lesen Sie die zweite Hälfte der 3. Zeile, und analysieren Sie zunächst וּבְתוֹרָתוֹ.

6.7.5.1 Sie erkennen das Element י (3.Person) an der Form יֶהְגֶּה.
Schlagen Sie die Wurzel im Lexikon nach, übersetzen Sie das Tempus mit deutschem Präsens. Zu יוֹמָם s. das Lexikon.

6.7.5.2 Übersetzen Sie diesen Halbvers auch zunächst als selbständigen Satz.

6.7.6 Lesen Sie nun nochmals alle beiden Verse, überlegen Sie dann, ob und wie alle fünf Sätze zusammengehören, und übersetzen Sie das Ganze.

6.7.7 Lernen Sie, wenn Sie mögen, die zwei Verse auswendig,

TIP:

Der Kontext bestimmt die Bedeutung

* Benutzen Sie immer mehrere, möglichst unterschiedliche Übersetzungen.

und lesen Sie sie zum Schluß auch unpunktiert (6.9.1).

6.8 Übung zur Wortkunde: Zahlen

6.8.1 Stellen Sie alle Zahlwörter zusammen, die das Vokabular bis jetzt geboten hat.

6.8.2 Ergänzen Sie Ihre Liste durch die Grundzahlen aus Gr § 22.1 (linke Spalte), und vermehren Sie sie um die Wörter für 100, 1000 und 10000.

6.8.3 Prägen Sie sich ein, wie Zehnerzahlen (2o bis 9o) gebildet sind, und an welchem Element man Ordnungszahlen (z.B. „der vierte Tag“ Gen 1,19) erkennt.

6.8.4 Lesen Sie Gr § 47.2 durch. Auf ihn wird in den folgenden Lektionen nicht mehr hingewiesen.

Was sind also: שָׁלֹשׁ בָּנוֹת - שְׁלֹשָׁה אַחִים -

עֲשָׂרָה אֲנָשִׁים ?

וְאַהֲרֹן בֶּן־שָׁלֹשׁ וּשְׁמֹנִים שָׁנָה (Ex 7,7)

Übersetzen Sie auch: שְׁלֹשֶׁת יָמִים.

Worin unterscheidet sich die letzte Wendung von den andern?

6.8.5 Lesen Sie die folgenden Zahlen, und schreiben Sie sie in Ziffern:

שְׁלֹשָׁה וַחֲמִשִּׁים אֶלֶף וְאַרְבַּע מֵאוֹת -

תְּשַׁע מֵאוֹת וּשְׁלֹשִׁים - אַרְבָּעִים וַחֲמִשָּׁה

6.9 Unpunktierte Texte

6.9.1 Psalm 1, 1-2

(1) אשרי האיש אשר לא הלך בעצת רשעים
ובדרך חטאים לא עמד
ובמושב לצים לא ישב:
(2) כי אם־בתורת יהוה חפצו
ובתורתו יהגה יומם ולילה:

6.9.2 Psalm 146, 5.6.9.10

(5) אשׁרי שׁאל יעקב עזרו — שׂברו על־יהוה אלהיו:

(6) עושׂה שׁמים וארץ — את־הים ואת־כל־אשׁר־בם
שׁומר אמת לעולם:

(9) יהוה שׁומר את־גרים
יתום ואלמנה יעודד — ודרך רשׁעים יעות:

(10) ימלך יהוה לעולם — אלהיך ציון לדר ודר
הללו־יה:

Grammatik-Paragraphen

Den grammatischen Stoff dieser Lektion finden Sie in den §§:

18.1 - 18.2 (Segolata),
22, 47.2 (Zahlen),
23.2 (Analyse von Nomenformen),
28.2 (Partizipien),
49.1 (Partizip als Satzglied).

Lektion Sieben

Wenn Sie diese Lektion bearbeitet haben, sollen Sie

- die Formen aller Segolata analysieren können, auch wenn sie durch Gutturale oder Kontraktionen vom Typ „מֶּ֫לֶךְ“ abweichen.
- die Dual-Endung erkennen und Nomina mit Dual-Endung analysieren können,
- וַיְהִי als Einleitungsformel erkennen und übersetzen können,
- die Bedeutungen der 20 häufigsten Verben kennen und deren Narrativ-Formen den entsprechenden Perfekten und Partizipien zuordnen können.

7.1 Zur Einführung

7.1.1 Segolata

(1) וַיַּשְׁכֵּם נַ֫עַר אִישׁ הָאֱלֹהִים לָקוּם וַיֵּצֵא
וְהִנֵּה־חַ֫יִל סוֹבֵב אֶת־הָעִיר וְסוּס וָרָ֫כֶב
וַיֹּ֫אמֶר נַעֲרוֹ אֵלָיו אֲהָהּ אֲדֹנִי אֵיכָה נַעֲשֶׂה׃ (2 Kön 6,15)

Der Diener des Gottesmannes stand frühmorgens auf und ging hinaus; und siehe: ein Heer umgab die Stadt mit Pferd und Wagen! Und sein Diener sagte zu ihm: Ach, mein Herr, was sollen wir tun?

(2) וְחֵיל פַּרְעֹה יָצָא מִמִּצְרָ֫יִם (Jer 37,5)

(3) וּבֶן־הֲדַד מֶ֫לֶךְ־אֲרָם קָבַץ אֶת־כָּל־חֵילוֹ (1 Kön 20,1)

(4) הִנֵּה עֵין יְהוָה אֶל־יְרֵאָיו ...
לְהַצִּיל מִמָּ֫וֶת נַפְשָׁם (Ps 33,18a.19a)

Siehe, das Auge JHWHs (sieht) auf die, die ihn fürchten, um ihr Leben vom Tode zu retten.

(5) אַל־תִּירָא כִּי־יַעֲשִׁר אִישׁ כִּי־יִרְבֶּה כְּבוֹד בֵּיתוֹ׃
כִּי לֹא בְמוֹתוֹ יִקַּח הַכֹּל (Ps 49,17f)

Fürchte dich nicht, wenn jemand reich wird, wenn sich mehrt der Glanz seines Hauses; denn bei seinem Tod nimmt er all das nicht mit.

7.1.2 Dual

(1) וַיִּבְחַר־לוֹ שָׁאוּל שְׁלֹשֶׁת אֲלָפִים מִיִּשְׂרָאֵל
וַיִּהְיוּ עִם שָׁאוּל אַלְפַּיִם בְּמִכְמָשׂ וּבְהַר בֵּית־אֵל
וְאֶלֶף הָיוּ עִם־יוֹנָתָן בְּגִבְעַת בִּנְיָמִין
וְיֶתֶר הָעָם שִׁלַּח אִישׁ לְאֹהָלָיו (1 Sam 13,2)

Saul suchte sich ... (?) aus,
und es waren bei Saul ... (?) in Michmas und auf dem Gebirge von Bet-El,
während ... (?) bei Jonathan in Gibea-Benjamin waren;
doch den Rest des Volkes hatte er entlassen, einen jeden in seine Heimat (zu seinen Zelten).

(2) וַיַּעַשׂ שְׁלֹמֹה הָרַע בְּעֵינֵי יְהוָה (1 Kön 11,6)

(3) וַיֹּאמַר יְהוָה הוּא הַטּוֹב בְּעֵינָיו יַעֲשֶׂה׃ (1 Sam 3,18)

יַעֲשֶׂה „wird er tun“

(4) עֵינַיִם לָהֶם וְלֹא יִרְאוּ׃
אָזְנַיִם לָהֶם וְלֹא יִשְׁמָעוּ
רַגְלֵיהֶם וְלֹא יְהַלֵּכוּ (Ps 115, aus V 5-7)

Sie (die Götterbilder) haben Augen, aber sehen nicht;
sie haben Ohren, aber hören nicht;
ihre Füße - die können auch nicht umherlaufen.

7.2 Aufgaben zur Einführung

7.2.1 Segolata

7.2.1.1 Betrachten Sie in Textbeispiel 7.1.1.1 die Formen des Nomens נַעַר. Woran ist es als Segolatum zu erkennen? Inwiefern gilt auch hier die Analyseregel von 6.2.2 ?

7.2.1.2 Übersetzen Sie selbst (2) und (3). Vergleichen Sie die Formen des hebräischen Wortes für „Heer“.
Auch dies ist ein Segolatum. Inwiefern weichen seine Formen von denen anderer Segolata ab?

7.2.1.3 Vergleichen Sie unter denselben Gesichtspunkten die Formen des hebräischen Wortes für „Tod“ in (4) und (5).
Wie muß also jeweils der st abs sing zu עֵין (4) und zu בֵּיתוֹ (5) lauten?

7.2.1.4 Kontrollieren Sie Ihr Verständnis, lesen Sie Gr § 18.3.

➔ Gr § 18.3

7.2.1.5	**Analyseregel**
	Formulieren Sie eine Analyseregel, indem Sie den folgenden Satz ergänzen:
	Bleibt nach Abhängen des Suffixes ein einsilbiger Rest mit langem e oder o (בֵּית oder מוֹת) übrig, so handelt es sich meist um ein Segolatum wie .... oder ....

Achtung!
Von den Segolaten mit o sind nur מָ֫וֶת und תָּ֫וֶךְ einigermassen häufig.
Z.B. sind יוֹם und קוֹל keine Segolata.

7.2.2 Dual

7.2.2.1 Vergleichen Sie die Formen des hebräischen Wortes für „Tausend“ im ersten Textbeispiel von 7.1.2.
Bestimmen Sie Singular, Dual und Plural.
Welches ist die Dual-Endung?
wie ist sie an das Segolatum אֶ֫לֶף angefügt?

7.2.2.2 Vergleichen Sie die Formen von עַ֫יִן in den Sätzen (2) bis (4). Welche Dual-Formen unterscheiden sich von Plural-Formen, welche nicht?
Wie muß der Singular zu אָזְנַ֫יִם lauten?
Wie der Dual und der Singular ohne Suffix zu רַגְלֵיהֶם ?

7.2.2.3 Kontrollieren Sie Ihr Verständnis, indem Sie Gr §§ 16.2 und 18.2 lesen.

➔ Gr §§ 16.2, 18.2

7.2.3 Formen-Übungen

Analysieren Sie die folgenden Formen:
z.B.: נַעֲרוֹ von נַ֫עַר , sg + suf 3 m s „sein Knecht“

אָהֳלוֹ - בְּאָזְנֵי - אָזְנַ֫יִם - בְּאָזְנֵיהֶם - בֵּיתָם
אֵיל - אֵילֵי - אֵין - אֵינָם - חֵילָם - חֲיָלִים - חֵילֵיהֶם
יָדַ֫יִם - יְדֵיהֶם - עֵינָם - עֵינֵיהֶם - עֲיָנוֹת - לְמוֹתָם
נְעָרִים - פְּעָמִים - פַּעֲמַ֫יִם - קַרְנַ֫יִם - קַרְנֵי - בְּתוֹךְ
שְׁנַ֫יִם - שְׁנֵיהֶם - שִׁנַּ֫יִם - שִׁנֵּיהֶם - שַׁעֲרוֹ - שְׁעָרִים - תּוֹךְ

7.3 Übungssätze

(1) וּמֹשֶׁה בֶּן־מֵאָה וְעֶשְׂרִים שָׁנָה בְּמוֹתוֹ לֹא־כָהֲתָה עֵינוֹ
וְלֹא־נָס לֵחֹה׃ (Dtn 34,7)

כָּהֲתָה „war schwach geworden“
נָס [נוס] „war geschwunden“

(2) וַיִּשָּׂא אַבְרָהָם אֶת־עֵינָיו וַיַּרְא וְהִנֵּה אַיִל אַחַר נֶאֱחַז
בַּסְּבַךְ בְּקַרְנָיו וַיֵּלֶךְ אַבְרָהָם וַיִּקַּח אֶת־הָאַיִל וַיַּעֲלֵהוּ
לְעֹלָה תַּחַת בְּנוֹ׃ (Gen 22,13)

נֶאֱחַז „hing fest“
וַיַּעֲלֵהוּ [עלה] „darbringen“

(3) וַיָּרֶם מֹשֶׁה אֶת־יָדוֹ וַיַּךְ אֶת־הַסֶּלַע בְּמַטֵּהוּ פַּעֲמָיִם
וַיֵּצְאוּ מַיִם רַבִּים (Num 20,11)

Zu מָיִם ➔ Gr § 21.4

(4) כַּחֹמֶץ לַשִּׁנַּיִם וְכֶעָשָׁן לָעֵינָיִם כֵּן הֶעָצֵל לְשֹׁלְחָיו׃
(Prov 10,26)

(5) וַיַּעַן עָכָן אֶת־יְהוֹשֻׁעַ וַיֹּאמַר ...[הִנֵּה הָאַדֶּרֶת] טְמוּנָה
בָּאָרֶץ בְּתוֹךְ הָאָהֳלִי וְהַכֶּסֶף תַּחְתֶּיהָ׃ (22) וַיִּשְׁלַח יְהוֹשֻׁעַ
מַלְאָכִים וַיָּרֻצוּ הָאֹהֱלָה וְהִנֵּה טְמוּנָה בְּאָהֳלוֹ וְהַכֶּסֶף
תַּחְתֶּיהָ׃ (23) וַיִּקָּחוּם מִתּוֹךְ הָאֹהֶל וַיְבִאוּם אֶל־יְהוֹשֻׁעַ
וְאֶל־כָּל־בְּנֵי יִשְׂרָאֵל (Jos 7, 21-23)

PN: Achan
וַיָּרֻצוּ „und sie liefen“
וַיְבִאוּם „und sie brachten sie“

(6) וַיִּירָא [יַעֲקֹב] וַיֹּאמַר מַה־נּוֹרָא הַמָּקוֹם הַזֶּה
אֵין זֶה כִּי אִם־בֵּית אֱלֹהִים וְזֶה שַׁעַר הַשָּׁמָיִם׃
וַיִּקְרָא אֶת־שֵׁם־הַמָּקוֹם הַהוּא בֵּית־אֵל (Gen 28,17.19a)

(7) וַיִּרְדְּפוּ מִצְרַיִם אַחֲרֵיהֶם וַיַּשִּׂיגוּ אוֹתָם חֹנִים עַל־הַיָּם
כָּל־סוּס רֶכֶב פַּרְעֹה וּפָרָשָׁיו וְחֵילוֹ
וּפַרְעֹה הִקְרִיב וַיִּשְׂאוּ בְנֵי־יִשְׂרָאֵל אֶת־עֵינֵיהֶם וְהִנֵּה
מִצְרַיִם נֹסֵעַ אַחֲרֵיהֶם וַיִּירְאוּ מְאֹד וַיִּצְעֲקוּ בְנֵי־יִשְׂרָאֵל
אֶל־יְהוָה׃ (Ex 14,9f)

וַיַּשִּׂיגוּ „und sie erreichten“
חֹנִים [חנה] ptz pl
הִקְרִיב „war (schon ganz) nahe“

7.4 Die Zerstörung Jerusalems und das Schicksal Zedekias

aus Jer 38,28 - 39,8

ON: Jerusalem, Babel, Juda, Jericho, Ribla, Hamat
PN: Zedekia, Nebukadrezar

וַיְהִי כַּאֲשֶׁר נִלְכְּדָה יְרוּשָׁלִָם׃	(28)	„Als J. erobert war“ Zur Vokalisation von „Jerusalem“ ➔ Gr § 7.2
וַיָּבֹאוּ כֹּל שָׂרֵי מֶלֶךְ־בָּבֶל וַיֵּשְׁבוּ בְּשַׁעַר הַתָּוֶךְ	(3)	
וַיְהִי כַּאֲשֶׁר רָאָם צִדְקִיָּהוּ מֶלֶךְ־יְהוּדָה וְכֹל אַנְשֵׁי	(4)	רָאָם : רָאָה + Suffix 3 pl
הַמִּלְחָמָה		der Kampf
וַיִּבְרְחוּ וַיֵּצְאוּ לַיְלָה מִן־הָעִיר דֶּרֶךְ גַּן הַמֶּלֶךְ בְּשַׁעַר		
בֵּין הַחֹמֹתָיִם וַיֵּלְכוּ דֶּרֶךְ הָעֲרָבָה׃		
וַיִּרְדְּפוּ חֵיל־כַּשְׂדִּים אַחֲרֵיהֶם	(5)	
וַיַּשִּׂגוּ אֶת־צִדְקִיָּהוּ בְּעַרְבוֹת יְרֵחוֹ וַיִּקְחוּ אֹתוֹ		וַיַּשִּׂגוּ [נשׂג] „einholen“
וַיַּעֲלֻהוּ אֶל־נְבוּכַדְרֶאצַּר מֶלֶךְ־בָּבֶל רִבְלָתָה בְּאֶרֶץ		וַיַּעֲלֻהוּ [עלה]
חֲמָת וַיְדַבֵּר אִתּוֹ מִשְׁפָּטִים׃		„hinaufbringen“
וַיִּשְׁחַט מֶלֶךְ בָּבֶל אֶת־בְּנֵי צִדְקִיָּהוּ בְּרִבְלָה לְעֵינָיו	(6)	
וְאֵת כָּל־חֹרֵי יְהוּדָה שָׁחַט מֶלֶךְ בָּבֶל׃		
וְאֶת־עֵינֵי צִדְקִיָּהוּ עִוֵּר	(7)	עִוֵּר „blendete er“
וַיַּאַסְרֵהוּ בַּנְחֻשְׁתַּיִם לָבִיא אֹתוֹ בָּבֶלָה׃		לָבִיא [בוא] zu bringen
וְאֶת־בֵּית הַמֶּלֶךְ וְאֶת־בֵּית־יְהוָה וְאֶת־בָּתֵּי הָעָם	(8)	
שָׂרְפוּ הַכַּשְׂדִּים בָּאֵשׁ		
וְאֶת־חֹמוֹת יְרוּשָׁלִַם נָתָצוּ׃		

7.5 Aufgaben zu 7.3 und 7.4

7.5.1 Formen

Analysieren Sie sorgfältig alle Nomen-Formen. Achten Sie dabei besonders auf Segolata und auf Duale. Achten Sie in 7.3.5 und in 7.4 auch auf suffigierte Verbformen.

7.5.2 Zur Syntax der Erzählung (7.4)

Als Einleitungsformel ist וַיְהִי verwendet.

7.5.2.1 (V. 28 ist rekonstruiert.) Beschreiben Sie V. 4:

Wie ist der (temporale) Einschub zwischen וַיְהִי und dem nächsten Narrativ formuliert?

Wie muß man das Tempus des eingeschobenen Satzes deutsch wiedergeben?

Wo hat im Deutschen der Hauptsatz einzusetzen?

➔ Gr § 53.2

7.5.2.2 Beobachten Sie, wo in der Erzählung weitere Perfekte und wo Nominalsätze auftreten. Was haben Satzbau und Tempus miteinander zu tun?

7.6 Übungen zur Wortkunde: Schwache Verben

Die Liste 7 A im Vokabular (S. 169)
stellt die bisher gelernten häufigsten (meist schwachen) Verben zusammen. Sie finden Narrativ, Partizip, Perfekt, Wurzel und Bedeutung angegeben. (Wenn das Partizip fehlt, bedeutet das, daß es entweder nicht existiert oder vorerst nicht wichtig ist.)

7.6.1 Prägen Sie sich die Vokabeln so ein, daß Sie von den Narrativ-Formen aus auch auf die Wurzeln, Perfekte und Partizipien schließen können und umgekehrt, vor allem, wenn man an den Narrativen die Wurzel nicht unmittelbar ablesen kann.

Die Wurzel wird - außer bei קום , שׁוב und בּוֹא - ausgesprochen, indem man die Vokale des Perfekts spricht, also: כתב - „katav“.

7.6.2 Achten Sie besonders auf Verbformen mit minimalen Unterschieden, z.B:

וַיִּקְרָא - וַיִּירָא - וַיַּרְא oder: וַיֵּשֶׁב - וַיָּשָׁב

7.6.3 Sie können eine spätere systematische Erarbeitung der schwachen Verben vorbereiten, indem Sie die alphabetisch geordneten Verben neu gruppieren:

7.6.3.1 Verben mit verhältnismäßig regelmäßiger Formenbildung:

אמר , דבר , כתב , קרא , שׁלח , שׁמע

7.6.3.2 Verben mit ה am Ende: עשׂה, ענה, נכה, היה, ראה

7.6.3.3 Verben mit e oder i im Präformativ :

הלך , יצא , ירא , ירד , ישׁב

7.6.3.4 Verben mit langem a im Präformativ: בּוא , קוּם , שׁוּב

7.6.3.5 Verben mit Dagesch forte im ersten sichtbaren Radikal:

לקח , נשׂא , נתן

7.6.4 Was fällt auf an den Partizipien der zweiten Gruppe?
Was fällt auf an den Partizipien der letzten Gruppe?

7.7 Unpunktierte Texte

7.7.1 Gen 28,17.19a

ויירא ויאמר מה־נורא המקום הזה
אין זה כי אם־בית אלהים וזה שׁער השמים
ויקרא את־שׁם־המקום ההוא בית־אל

7.7.2 Ex 14,9f

וירדפו מצרים אחריהם וישׂיגו אתם חונים על־הים
כל־סוס פרעה רכבו ופרשׁיו וחילו
ופרעה הקריב וישׂאו בני־ישׂראל את־עיניהם
והנה מצרים נוסע אחריהם
וייראו מאד ויצעקו בני־ישׂראל אל־יהוה׃

Grammatik-Paragraphen

Sie können den grammatischen Stoff dieser Lektion in den folgenden Paragraphen nachlesen:

16.2, 21.4 (Dual),
18.3 (Segolata),
53.2 (וַיְהִי),
44.1, 44.2 (Nominalsätze).

Lektion Acht

Wenn Sie diese Lektion bearbeitet haben, sollen Sie

- Die Bedeutung aller Suffixe kennen,
- von Nomina und Partikeln mit Suffixen auf deren lexikalische Form schließen können,
- Vor Suffixen die Dual-, Plural- und Feminin-Zeichen der Nomina erkennen können,
- אֲשֶׁר-Sätze mit und ohne Rückverweis als selbständige Sätze erfassen und dann zu deutschen Relativsätzen umformen können.

8.1 Zur Einführung

(1) וַיִּשְׁמַע *עֶבֶד הַמֶּלֶךְ אֶל־דִּבְרֵי הַמֶּלֶךְ
וַיִּשְׁמַע עַבְדּוֹ אֶל־דְּבָרָיו
וַיֹּאמֶר הַמֶּלֶךְ שְׁמַע עַבְדִּי אֶל־דְּבָרָי

(2) אֲנַחְנוּ יוֹשְׁבֵי יְרוּשָׁלַםִ - אֲנַחְנוּ יוֹשְׁבֶיהָ -
דָּוִד מַלְכָּהּ - דָּוִד מַלְכֵּנוּ - יְהוָה אֱלֹהֵינוּ

(3) יְהוָה קָדוֹשׁ אַתָּה וֶאֱמֶת דְּבָרֶךָ
בְּנֵי אֱלֹהִים אַתֶּם וְהוּא שֹׁמֵעַ דְּבַרְכֶם

(4) עַם קָדוֹשׁ אַתָּה לַיהוָה אֱלֹהֶיךָ
בָּנִים אַתֶּם לַיהוָה אֱלֹהֵיכֶם

(5) תּוֹרַת יְהוָה טוֹבָה וְגַם יְשָׁרָה מִצְוָתוֹ
תּוֹרוֹת יְהוָה טוֹבוֹת וְגַם יְשָׁרוֹת מִצְוֹתָיו

* Von nun an wird bei Segolaten die Betonungsstelle nicht mehr angegeben.

8.2 Aufgaben zur Einführung

In den Sätzen von 8.1* wird vorgeführt, wie Nomina im Fortgang der Texte durch Pronomina in der Form von Suffixen vertreten werden.

* Ausnahmsweise sind diese Sätze nicht der Hebräischen Bibel entnommen, sondern vom Verfasser für diesen Zweck formuliert.

8.2.1 Lesen und übersetzen Sie Satz für Satz. Versuchen Sie zunächst, die Bedeutung der Suffixe (1., 2., 3. Person, Singular, Plural) dem Textzusammenhang zu entnehmen. Nehmen Sie zur Not die Tabelle in Gr § 11 zu Hilfe.

8.2.2 Vergleichen Sie dabei jeweils die suffigierten Nomina:

An welchem Merkmal erkennt man, ob das suffigierte Nomen im Singular steht oder nicht?
An welchem Merkmal erkennt man, ob das suffigierte Nomen ein Feminin-Zeichen hat?
Nennen Sie zu jedem suffigierten Nomen die lexikalische Form.

8.2.3 Tragen Sie die Personalpronomina, die Sie bisher gelernt haben, sowie die im Text vorkommenden Suffix-Formen in die hier folgende Tabelle (8.3) ein, und verschaffen Sie sich so einen Überblick. Formen, die noch nicht vorgekommen sind, stehen bereits da.

8.2.4 Wenn Sie fertig sind, kontrollieren Sie Ihre Ergebnisse in den Tabellen in Gr § 17, in § 23.1, oder in der Suffix-Tabelle im Beiheft auf Seite 183.

➔ Gr § 17.1 und 17.2
➔ Gr § 23.1

8.3 Tabelle der Suffixe

Plural		Singular		
Pronomen	**Suffix**	**Pronomen**	**Suffix**	
......	......	...... /	......	1
......	......	......	......	2 m
אַתֶּן	כֶן	אַתְּ	ךְ	2 f
הֵם /	[......]	......	הוּ [..... .יו]	3 m
הֵן / הֵ֫נָּה	הֶן [ן]	......	[.....]	3 f

Besonderheiten:
Ein Nomen steht nicht im Singular, wenn ...... vor dem Suffix steht.
Dabei entstehen 3 Sonderformen:

1 s ַי

2 f s ַיִךְ

3 m s ָיו

8.4 Jakob vor Pharao — aus Gen 46 und 47

(nach dem Bericht der Priesterschrift: Gen 46,6f. 47,5-11a)

וַיִּקְחוּ בְנֵי יִשְׂרָאֵל אֶת־מִקְנֵיהֶם וְאֶת־רְכוּשָׁם	(46,6)	
אֲשֶׁר רָכְשׁוּ בְּאֶרֶץ כְּנַעַן וַיָּבֹאוּ מִצְרָיְמָה		
יַעֲקֹב וְכָל־זַרְעוֹ אִתּוֹ׃		
בָּנָיו וּבְנֵי בָנָיו אִתּוֹ בְּנוֹתָיו וּבְנוֹת בָּנָיו וְכָל־זַרְעוֹ	(7)	
הֵבִיא אִתּוֹ מִצְרָיְמָה׃		הֵבִיא „brachte er“
וַיָּבֹאוּ מִצְרַיִם אֶל־יוֹסֵף יַעֲקֹב וּבָנָיו	(47,5)	
וַיִּשְׁמַע פַּרְעֹה מֶלֶךְ מִצְרַיִם וַיֹּאמֶר אֶל־יוֹסֵף לֵאמֹר		
אָבִיךָ וְאַחֶיךָ בָּאוּ אֵלֶיךָ׃		בָּאוּ [בוא] 3 pl Perf
אֶרֶץ מִצְרַיִם לְפָנֶיךָ הִוא בְּמֵיטַב הָאָרֶץ הוֹשֵׁב	(6)	הוֹשֵׁב „laß wohnen“
אֶת־אָבִיךָ וְאֶת־אַחֶיךָ		
וַיָּבֵא יוֹסֵף אֶת־יַעֲקֹב וַיַּעֲמִדֵהוּ לִפְנֵי פַרְעֹה וַיְבָרֶךְ	(7)	וַיָּבֵא „brachte hinein“
יַעֲקֹב אֶת־פַּרְעֹה׃		וַיַּעֲמִדֵהוּ „und stellte ihn“
וַיֹּאמֶר פַּרְעֹה אֶל־יַעֲקֹב כַּמָּה יְמֵי שְׁנֵי חַיֶּיךָ׃	(8)	
וַיֹּאמֶר יַעֲקֹב אֶל־פַּרְעֹה	(9)	
יְמֵי שְׁנֵי מְגוּרַי שְׁלֹשִׁים וּמְאַת שָׁנָה		
מְעַט וְרָעִים הָיוּ יְמֵי שְׁנֵי חַיַּי		הָיוּ [היה] 3 pl Perf
וְלֹא הִשִּׂיגוּ אֶת־יְמֵי שְׁנֵי חַיֵּי אֲבוֹתַי בִּימֵי מְגוּרֵיהֶם׃		הִשִּׂיגוּ „(sie) haben erreicht“
וַיְבָרֶךְ יַעֲקֹב אֶת־פַּרְעֹה וַיֵּצֵא מִלִּפְנֵי פַרְעֹה׃	(10)	
וַיּוֹשֵׁב יוֹסֵף אֶת־אָבִיו וְאֶת־אֶחָיו וַיִּתֵּן לָהֶם אֲחֻזָּה	(11)	וַיּוֹשֵׁב „siedelte an“
בְּאֶרֶץ מִצְרַיִם בְּמֵיטַב הָאָרֶץ בְּאֶרֶץ רַעְמְסֵס		Name: Ramses
כַּאֲשֶׁר צִוָּה פַרְעֹה׃		צִוָּה „(er) hatte befohlen“

8.5 Einzelsätze

(1 Sam 1,23) וַיֹּאמֶר לָהּ אֶלְקָנָה אִישָׁהּ עֲשִׂי הַטּוֹב בְּעֵינַיִךְ	(1)	PN: Elkana עֲשִׂי [עשה] ipt f

(2) וְהַמֶּלֶךְ שְׁלֹמֹה נָתַן לְמַלְכַּת־שְׁבָא אֶת־כָּל־חֶפְצָהּ ...
וַתֵּלֶךְ לְאַרְצָהּ הִיא וַעֲבָדֶיהָ׃ (1 Kön 10,13)

ON: Saba
וַתֵּלֶךְ fem zu וַיֵּלֶךְ

(3) וְאַתָּה בֶן־אָדָם אַל־תִּירָא מֵהֶם וּמִדִּבְרֵיהֶם אַל־תִּירָא (Ez 2,6)

(4) כִּי גֵרִים אֲנַחְנוּ לְפָנֶיךָ וְתוֹשָׁבִים כְּכָל־אֲבֹתֵינוּ
כַּצֵּל יָמֵינוּ עַל־הָאָרֶץ וְאֵין מִקְוֶה׃ (1 Chr 29,15)

(5) וְתוֹרָתְךָ בְּתוֹךְ מֵעָי׃ (Ps 40,9)

(6) כָּל־מִצְוֹתֶיךָ אֱמוּנָה (Ps 119,86)

(7) וַיָּקָם דָּוִיד הַמֶּלֶךְ וַיֹּאמֶר שְׁמָעוּנִי אַחַי וְעַמִּי (1 Chr 28,2)

שְׁמָעוּנִי [שׁמע] ipt pl + Suffix

8.6 Übungen zu 8.4 und 8.5

8.6.1 Lesen und übersetzen Sie die Texte, und analysieren Sie dabei alle vorkommenden Formen von Nomina mit Suffixen und Partikeln mit Suffixen.

8.6.2 Beispiel für Nomen-Analysen:
רְכוּשָׁם : רְכוּשׁ Singular mit Suffix 3 m pl
Zu den Suffix-Formen von אָב und אָח ➔ Gr § 21.1.

8.6.3 Beispiel für Partikel-Analysen:
אִתּוֹ Präposition אֵת mit Suffix 3 m s

8.6.4 Lesen Sie zu den Präpositionen Gr § 12.2 bis 12.5. Sie müssen diese Tabellen nicht auswendig lernen; Sie sollen nur in der suffigierten Form die Präposition wiedererkennen können (s.o. das 2. Lernziel dieser Lektion). Achten Sie deshalb auf die Eigenheiten der Präpositionen כְּ, מִן und אֵת sowie des Akkusativzeichens אֵת.

➔ Gr § 12

8.7 אֲשֶׁר-Sätze

(1) וַיֹּאמֶר אֱלֹהִים הִנֵּה נָתַתִּי לָכֶם אֶת־כָּל־עֵשֶׂב זֹרֵעַ זֶרַע
אֲשֶׁר עַל־פְּנֵי כָל־הָאָרֶץ וְאֶת־כָּל־הָעֵץ
אֲשֶׁר־בּוֹ פְרִי־עֵץ זֹרֵעַ זָרַע (Gen 1,29)

הִנֵּה נָתַתִּי „hiermit gebe ich“

(2) [וַיֵּ֫לֶךְ אַבְרָם] אֶל־מְקוֹם הַמִּזְבֵּחַ
אֲשֶׁר־עָשָׂה שָׁם בָּרִאשֹׁנָה וַיִּקְרָא שָׁם אַבְרָם בְּשֵׁם יְהוָה׃
(Gen 13,4)

(3) אֵלֶּה הַחֻקִּים וְהַמִּשְׁפָּטִים וְהַתּוֹרֹת
אֲשֶׁר נָתַן יְהוָה בֵּינוֹ וּבֵין בְּנֵי יִשְׂרָאֵל בְּהַר סִינַי בְּיַד
מֹשֶׁה׃ (Lev 26,46)

(4) מִי־גוֹי גָּדוֹל
אֲשֶׁר־לוֹ אֱלֹהִים קְרֹבִים אֵלָיו כַּיהוָה אֱלֹהֵינוּ ...
וּמִי גּוֹי גָּדוֹל
אֲשֶׁר־לוֹ חֻקִּים וּמִשְׁפָּטִים צַדִּיקִם כְּכֹל הַתּוֹרָה הַזֹּאת
אֲשֶׁר אָנֹכִי נֹתֵן לִפְנֵיכֶם הַיּוֹם׃ (Dtn 4,7)

(5) וַיִּקַּח אֵלִיָּהוּ שְׁתֵּים עֶשְׂרֵה אֲבָנִים כְּמִסְפַּר שִׁבְטֵי בְנֵי־ PN: Elija
יַעֲקֹב אֲשֶׁר הָיָה דְבַר־יְהוָה אֵלָיו לֵאמֹר
יִשְׂרָאֵל יִהְיֶה שְׁמֶךָ׃ (1 Kön 18,31) יִהְיֶה „(er/es) wird sein“

8.8 Übungen zu 8.7

8.8.1 Fassen Sie die אֲשֶׁר-Sätze immer zuerst als selbständige Sätze auf. (Hilfsweise können Sie an der Stelle der Partikel אֲשֶׁר ein „wovon gilt:“ einfügen.)

8.8.2 Stellen Sie dann das Wort fest, auf das der אֲשֶׁר-Satz zurück verweist, und beachten Sie, ob dieses Beziehungswort im אֲשֶׁר-Satz selbst durch ein Pronomen oder Suffix wieder aufgenommen wird (➔ Gr § 53.4).

8.8.3 Bilden Sie erst dann einen deutschen Relativsatz, und beachten Sie dabei, daß der Rückverweis in der deutschen Übersetzung nur einmal erscheinen darf.

Praxistip:
אֲשֶׁר ≈ „wovon gilt:“

8.9 Übung zur Wortkunde: Unregelmäßige Nomina

Schreiben Sie aus Gr § 21 die unregelmäßigen Nomina heraus, die bisher in Ihren Vokabeln vorgekommen sind. Prägen Sie sich ein, auf welche Unregelmäßigkeiten Sie achten müssen, wenn Sie Formen solcher Wörter analysieren.

Z.B.: אָב:
Auch im Singular steht vor Suffixen ein Jod,
st c sing אֲבִי gegenüber
Suffix-Form אָבִי, Plural auf וֹת

*8.10 Weitere Texte zum Üben und Wiederholen

*8.10.1 Mose und sein Schwiegervater Jitro — Ex 18,1-4a.5-8a

(1a) וַיִּשְׁמַע יִתְרוֹ כֹהֵן מִדְיָן חֹתֵן מֹשֶׁה אֵת כָּל־אֲשֶׁר עָשָׂה
אֱלֹהִים לְמֹשֶׁה וּלְיִשְׂרָאֵל עַמּוֹ

Name: Midian

(2a) וַיִּקַּח יִתְרוֹ חֹתֵן מֹשֶׁה אֶת־צִפֹּרָה אֵשֶׁת־מֹשֶׁה

PN: Zippora

(3) וְאֵת שְׁנֵי בָנֶיהָ אֲשֶׁר שֵׁם הָאֶחָד גֵּרְשֹׁם

(4a) וְשֵׁם הָאֶחָד אֱלִיעֶזֶר

(5) וַיָּבֹא יִתְרוֹ חֹתֵן מֹשֶׁה וּבָנָיו וְאִשְׁתּוֹ אֶל־מֹשֶׁה
אֶל־הַמִּדְבָּר אֲשֶׁר־הוּא חֹנֶה שָׁם הַר הָאֱלֹהִים׃

(6) וַיֹּאמְרוּ אֶל־מֹשֶׁה הִנֵּה חֹתֶנְךָ יִתְרוֹ בָּא אֵלֶיךָ
וְאִשְׁתְּךָ וּשְׁנֵי בָנֶיהָ עִמָּהּ׃

(7) וַיֵּצֵא מֹשֶׁה לִקְרַאת חֹתְנוֹ וַיִּשְׁתַּחוּ וַיִּשַּׁק־לוֹ וַיִּשְׁאֲלוּ
אִישׁ־לְרֵעֵהוּ לְשָׁלוֹם וַיָּבֹאוּ הָאֹהֱלָה׃

רֵעֵהוּ : zur Form ➔ Gr § 19,
zur Übersetzung s.Vokabeln

(8a) וַיְסַפֵּר מֹשֶׁה לְחֹתְנוֹ אֵת כָּל־אֲשֶׁר עָשָׂה יְהוָה לְפַרְעֹה
וּלְמִצְרַיִם עַל אוֹדֹת יִשְׂרָאֵל

*8.10.2 Die Reichsteilung — 1 Kön 12,16-18a.19

Unter Salomos Sohn Rehabeam fallen die Nordstämme (= Israel) vom davidischen Königshaus ab. Die Volksvertreter hatten dem König ihre Forderungen nach Erleichterung der Fronarbeit vorgetragen, waren aber höhnisch abgewiesen worden.
Lesen und übersetzen Sie den Text aus der Biblia He-

braica. Unbekannte Wörter finden Sie nicht im Vokabular; benutzen Sie das Lexikon.

V.16: וַיָּשִׁיבוּ ... דָּבָר „Sie gaben (einen) Bescheid“
[ראה] רְאֵה „sieh!“ - „kümmre dich um“
V.18: [מות] וַיָּמָת „und er starb“

8.11 Unpunktierter Text Gen 47,7b-10

(7) ויברך יעקב את־פרעה:
(8) ויאמר פרעה אל־יעקב כמה ימי שני חייך:
(9) ויאמר יעקב אל־פרעה
ימי שני מגורי שלשים ומאת שנה
מעט ורעים היו ימי שני חיי
ולא השיגו את־ימי שני חיי אבותי בימי מגוריהם:
(10) ויברך יעקב את־פרעה ויצא מלפני פרעה:

Grammatik-Paragraphen

Den grammatischen Stoff zu dieser Lektion können Sie nachlesen in den Paragraphen:

11, 17.1, 17.2 (Suffixe),
12.2 bis 12.5 (Suffixe an Partikeln),
21 (unregelmäßige Nomina),
23 (Analyseregeln für Nomina),
53.4 (אֲשֶׁר).

Lektion Neun

Wenn Sie diese Lektion bearbeitet haben, sollen Sie

- die Form-Merkmale (Präformative) der 1., 2. und 3. Person an Imperfekt-Formen (Präformativ-Konjugation) identifizieren und so auch
- Imperfekt-Formen der bisher als Narrative gelernten schwachen Verben analysieren können,
- Imperative und Infinitive regelmäßiger und teilweise auch schwacher Verben

sowohl isoliert als auch im Textzusammenhang erkennen können,

- bestimmte Wunsch- und Begehrssätze von Aussagesätzen unterscheiden können.
- Sie lernen hier zunächst nur die maskulinen Formen.

9.1 Zur Einführung: Formen der Präformativ-Konjugation (Imperfekt)

9.1.1 Textbeispiele

(1) וַיֹּאמֶר אֱלֹהִים אֶל־אַבְרָהָם
וְאַתָּה אֶת־בְּרִיתִי תִשְׁמֹר אַתָּה וְזַרְעֲךָ אַחֲרֶיךָ׃
זֹאת בְּרִיתִי אֲשֶׁר תִּשְׁמְרוּ בֵּינִי וּבֵינֵיכֶם וּבֵין
זַרְעֲךָ אַחֲרֶיךָ הִמֹּל לָכֶם כָּל־זָכָר׃ (Gen 17,9f)

הִמֹּל [מול] „zu beschneiden“

(2) וַיֹּאמֶר יְהוֹשֻׁעַ אֶל־הָעָם
בַּחֲרוּ לָכֶם הַיּוֹם אֶת־מִי תַעֲבֹדוּ ...
וְאָנֹכִי וּבֵיתִי נַעֲבֹד אֶת־יְהוָה׃ (Jos 24,15)

בַּחֲרוּ „wählt“

(3) וָאֶשְׁמַע אֶת־קוֹל אֲדֹנָי אֹמֵר
אֶת־מִי אֶשְׁלַח וּמִי יֵלֶךְ־לָנוּ (Jes 6,8)

(4) הָבִאוּ אֶת־צוּארֵיכֶם בְּעֹל מֶלֶךְ־בָּבֶל וְעִבְדוּ אֹתוֹ ...
וְאַל־תִּשְׁמְעוּ אֶל־דִּבְרֵי הַנְּבִיאִים הָאֹמְרִים אֲלֵיכֶם
לֵאמֹר לֹא תַעַבְדוּ אֶת־מֶלֶךְ בָּבֶל (Jer 27,12b.14a)

„Steckt eure Nacken ins Joch des Königs von Babel und dient ihm …“

9.1.2 Aufgaben

9.1.2.1 Lesen und übersetzen Sie die ersten drei Textbeispiele. Versuchen Sie in allen Texten, bei zunächst unbekannten Verbformen aus dem Textzusammenhang zu erschließen, ob eine 1., 2. oder 3. Person Subjekt des Verbs ist. Übersetzen Sie die „Imperfekt"-Formen mit deutschem Präsens (➔ Gr § 25.1).

9.1.2.2 Identifizieren Sie in den Verbformen die Elemente (Präformative), die jeweils die Person bezeichnen. Tragen Sie dann folgende Verbformen aus 9.1.1 in die unten vorbereitete Tabelle ein.

9.1.2.3 תִּשְׁמֹר - תִּשְׁמְרוּ - תַּעַבְדוּ - נַעֲבֹד - וָאֶשְׁמַע - אֶשְׁלַח - יֵלֵךְ

Plural	Singular	
		3. Person
		2. Person
		1. Person

Achten Sie bei der Analyse vorläufig nur auf die *Konsonanten* der Präformative.

Vergleichen Sie die Tabelle mit Gr § 25.2 und 25.3.

➔ Gr § 25.2 und 3

9.1.2.4 Übersetzen Sie das vierte Textbeispiel zuende. Bestimmen Sie dabei die Verbformen, achten Sie auf die verschiedenen Negationen.

9.1.2.5 Stellen Sie nach Gr § 25.3 die Normalformen fest, und legen Sie eine eigene Tabelle an mit den Maskulin-Formen eines regelmäßigen Verbs, z.B. שׁמר.

➔ Gr § 25.3

9.2 Zur Einführung: Imperativ und Infinitiv

9.2.1 Textbeispiele

(1) וַיֹּאמֶר יְהוָה אֶל־הַשָּׂטָן הִנּוֹ בְיָדֶךָ אַךְ אֶת־נַפְשׁוֹ שְׁמֹר׃
(Ijob 2,6)

JHWH sagte zum Satan: Siehe, er ist in deiner Hand. Nur sein Leben schone!

(2) וַתִּקְרָא אִשָּׁה חֲכָמָה מִן־הָעִיר
שִׁמְעוּ שִׁמְעוּ אִמְרוּ־נָא אֶל־יוֹאָב קְרַב עַד־הֵנָּה
(2 Sam 20,16)

Da rief eine kluge Frau aus der Stadt:
Hört! Hört! Sagt doch zu Joab:
Komm heran bis hierher!

(3) וַיְצַו יְהוֹשֻׁעַ הָאֲנָשִׁים הַהֹלְכִים לִכְתֹּב אֶת־הָאָרֶץ ...
(Jos 18,8)

Josua befahl den Männern, die losgingen, das Land aufzuschreiben.

9.2.2 Aufgaben

9.2.2.1 Lesen Sie die Textbeispiele, und vergleichen Sie die Übersetzungen. Markieren Sie die hebräischen Wörter, die Imperative sein müssen.

9.2.2.2 Schreiben Sie die Singular-Formen hier zwischen die Formen der Afformativ- und der Präformativkonjugation:

AK	Imperativ	PK
שָׁמַר		תִּשְׁמֹר
קָרַב		תִּקְרַב

9.2.2.3 Schreiben Sie auch die Plural-Formen zwischen die entsprechenden AK- und PK-Formen:

AK	Imperativ	PK
שָׁמְעוּ		תִּשְׁמְעוּ
אָמְרוּ		-

9.2.2.4 Beschreiben Sie Unterschiede und Gemeinsamkeiten.
➔ Gr § 10.4

Praxistip:
Imperativ gleich Präformativ-Konjugation minus Präformativ; also:
I = PK - P

9.2.2.5 Welche Verbform in Satz 3 muß ein Infinitiv sein? Wie verhält sie sich zu den Imperativ-Formen?
Welche Funktion hat לְ ?

9.3 Präformativ-Konjugation in der Erzählung und im Dialog - Vier Texte

9.3.1 Der Grenzvertrag zwischen Laban und Jakob nach dem Bericht des Jahwisten — in Gen 31

(46) וַיֹּאמֶר יַעֲקֹב לְאֶחָיו לִקְטוּ אֲבָנִים וַיִּקְחוּ אֲבָנִים וַיַּעֲשׂוּ
גָל וַיֹּאכְלוּ שָׁם עַל הַגָּל׃
(48) וַיֹּאמֶר לָבָן הַגַּל הַזֶּה עֵד בֵּינִי וּבֵינְךָ הַיּוֹם
(52) אִם־אָנִי לֹא־אֶעֱבֹר אֵלֶיךָ אֶת־הַגַּל הַזֶּה — אִם hier = „daß“
וְאִם אַתָּה לֹא־תַעֲבֹר אֵלַי אֶת־הַגַּל הַזֶּה לְרָעָה׃
(53) אֱלֹהֵי אַבְרָהָם וֵאלֹהֵי נָחוֹר יִשְׁפְּטוּ בֵינֵינוּ — PN: Nahor

9.3.2 David und Jonatan — 1 Sam 23,16-18

(16) וַיָּקָם יְהוֹנָתָן בֶּן־שָׁאוּל וַיֵּלֶךְ אֶל־דָּוִד חֹרְשָׁה — ON: Horesch
וַיְחַזֵּק אֶת־יָדוֹ בֵּאלֹהִים׃
(17) וַיֹּאמֶר אֵלָיו אַל־תִּירָא כִּי לֹא תִמְצָאֲךָ יַד שָׁאוּל אָבִי — תִּמְצָאֲךָ [מצא] „(sie) findet
וְאַתָּה תִּמְלֹךְ עַל־יִשְׂרָאֵל וְאָנֹכִי אֶהְיֶה־לְּךָ לְמִשְׁנֶה — dich“; אֶהְיֶה [היה]
וְגַם שָׁאוּל אָבִי יֹדֵעַ כֵּן׃
(18) וַיִּכְרְתוּ שְׁנֵיהֶם בְּרִית לִפְנֵי יְהוָה
וַיֵּשֶׁב דָּוִד בַּחֹרְשָׁה וִיהוֹנָתָן הָלַךְ לְבֵיתוֹ׃

9.3.3 Moses Stab — Ex 4,1-4

(1) וַיַּעַן מֹשֶׁה וַיֹּאמֶר וְהֵן לֹא־יַאֲמִינוּ לִי וְלֹא יִשְׁמְעוּ בְּקוֹלִי — יַאֲמִינוּ [אמן] „glauben“
כִּי יֹאמְרוּ לֹא נִרְאָה אֵלֶיךָ יְהוָה׃ — נִרְאָה [ראה] „ist erschienen“
(2) וַיֹּאמֶר אֵלָיו יְהוָה מַזֶּה בְיָדֶךָ וַיֹּאמֶר מַטֶּה׃
(3) וַיֹּאמֶר הַשְׁלִיכֵהוּ אַרְצָה וַיַּשְׁלִיכֵהוּ אַרְצָה וַיְהִי לְנָחָשׁ — הַשְׁלִיכֵהוּ (ipt) „wirf ihn“
וַיָּנָס מֹשֶׁה מִפָּנָיו׃ — וַיַּשְׁלִיכֵהוּ (Narrativ) s.o.

(4) וַיֹּאמֶר יְהוָה אֶל־מֹשֶׁה שְׁלַח יָדְךָ וֶאֱחֹז בִּזְנָבוֹ
וַיִּשְׁלַח יָדוֹ וַיַּחֲזֶק־בּוֹ וַיְהִי לְמַטֶּה בְּכַפּוֹ׃

וַיַּחֲזֶק־בְּ „und (er) ergriff“

9.3.4 Bitte um Vergebung **Psalm 25,6f**

(6) זְכֹר רַחֲמֶיךָ יְהוָה וַחֲסָדֶיךָ
כִּי מֵעוֹלָם הֵמָּה׃
(7) חַטֹּאות נְעוּרַי אַל־תִּזְכֹּר
כְּחַסְדְּךָ זְכָר־לִי־אַתָּה
לְמַעַן טוּבְךָ יְהוָה׃

9.4 Übungen zu 9.3

9.4.1 Analysieren Sie alle Verbformen nach Person und Tempus.

9.4.2 Beobachten Sie, wie die Tempora (Narrativ, Imperfekt, Imperativ) auf die Redeformen (Erzählung des Erzählers - Dialog der handelnden Personen) verteilt sind.
Woran ist der Übergang von der Erzählung zum Dialog zu erkennen, woran der Übergang vom Dialog zur Erzählung?

9.4.3 Analysieren Sie auch:

יִבָּרֵא - בְּרַח - תִּכָּתֵב - וָאֶזְכֹּר - וָאֶשְׁמַע
מְלֹךְ - תִּמָּצֵא - פִּקְדוּ - אֶקְרָא - וַתִּקְבְּרוּ - נִשְׂרֹף
לִשְׁבֹּת - תְּשַׁלַּח - שִׁמְרוּ - לִשְׁפֹּט

9.4.4 Vergleichen Sie:
כָּתַב mit שָׁלַח, תִּכְתֹּב mit תַּעֲבֹד, אֶכְתֹּב mit אֶעֱבֹר, וּכְתֹב mit וֶאֱחֹז. Beschreiben und erklären Sie die Aussprache-Varianten (➔ Gr § 09).

9.5 Israel und Edom

Num 20,14-18

וַיִּשְׁלַח מֹשֶׁה מַלְאָכִים מִקָּדֵשׁ אֶל־מֶלֶךְ אֱדוֹם לֵאמֹר	(14)	ON: Kadesch
... אַתָּה יָדַעְתָּ אֵת כָּל־הַתְּלָאָה אֲשֶׁר מְצָאָתְנוּ׃		יָדַעְתָּ „du hast erfahren“
וַיֵּרְדוּ אֲבֹתֵינוּ מִצְרַיְמָה וַנֵּשֶׁב בְּמִצְרַיִם יָמִים רַבִּים	(15)	מְצָאָתְנוּ „hat uns getroffen“
וַיָּרֵעוּ לָנוּ מִצְרַיִם וְלַאֲבֹתֵינוּ׃		וַיָּרֵעוּ „taten Böses“
וַנִּצְעַק אֶל־יְהוָה וַיִּשְׁמַע קֹלֵנוּ וַיִּשְׁלַח מַלְאָךְ	(16)	וַיֹּצִאֵנוּ
וַיֹּצִאֵנוּ מִמִּצְרָיִם		„und führte uns heraus“
וְהִנֵּה אֲנַחְנוּ בְקָדֵשׁ עִיר קְצֵה גְבוּלֶךָ׃		
נַעֲבָר־נָא בְאַרְצֶךָ לֹא נַעֲבֹר בְּשָׂדֶה וּבְכֶרֶם	(17)	
וְלֹא נִשְׁתֶּה מֵי בְאֵר דֶּרֶךְ הַמֶּלֶךְ נֵלֵךְ לֹא נִטֶּה		נִטֶּה [נטה] „wir weichen ab“
יָמִין וּשְׂמֹאול עַד אֲשֶׁר נַעֲבֹר גְּבוּלֶךָ׃		
וַיֹּאמֶר אֵלָיו אֱדוֹם	(18)	
לֹא תַעֲבֹר בִּי פֶּן־בַּחֶרֶב אֵצֵא לִקְרָאתֶךָ׃		

9.6 Formen-Übung: Schwache Verben

9.6.1 Analysieren Sie auch im Text 9.5 alle Imperfekt-Formen. Achten Sie besonders auf die schwachen Verbformen נִשְׁתֶּה, נֵלֵךְ und אֵצֵא. Wenn Sie sich an die Narrativ-Formen וַיֵּלֶךְ und וַיֵּצֵא erinnern, können Sie sie analysieren.

9.6.2 Analysieren Sie auch die folgenden Verbformen, indem Sie sie den bekannten Narrativ-Formen (Vok 7A) zuordnen:

תָּבוֹא אֲדַבֵּר תִּירָא תֵּלְכוּ נַעֲשֶׂה תִּקְחוּ

נֵרֵד תֵּשֵׁב תָּשׁוּבוּ אֶתֵּן תַּעַשׂ

9.6.3 Die Faustregel von Lektion 9.2.2.4 gilt auch für die meisten schwachen Verben. Was bedeuten also:

קַח בּוֹא צֵא תְּנוּ שֵׁב שׁוּב שָׂא רְדוּ

9.6.4 Kontrollieren Sie Ihre Vokabelkenntnisse, und wiederholen Sie mit Hilfe der Liste 9 A im Vokabular.

*9.7 Weitere Übungssätze

(1) יִרְעַם הַיָּם וּמְלֹאוֹ תֵּבֵל וְיֹשְׁבֵי בָהּ׃
נְהָרוֹת יִמְחֲאוּ־כָף יַחַד הָרִים יְרַנֵּנוּ׃
לִפְנֵי יְהוָה כִּי בָא לִשְׁפֹּט הָאָרֶץ
יִשְׁפֹּט־תֵּבֵל בְּצֶדֶק וְעַמִּים בְּמֵישָׁרִים׃ (Ps 98,7-9)

יְרַנֵּנוּ [רנן] „jauchzen“
(➔ Text 0.7, Seite 4)

(2) אִם־יְהוָה לֹא־יִשְׁמָר־עִיר שָׁוְא שָׁקַד שׁוֹמֵר׃ (Ps 127,1b)

(3) אִם־עֲוֹנוֹת תִּשְׁמָר־יָהּ אֲדֹנָי מִי יַעֲמֹד׃ (Ps 130,3)

(4) אָנֹכִי אָנֹכִי הוּא מֹחֶה פְשָׁעֶיךָ
לְמַעֲנִי חַטֹּאתֶיךָ לֹא אֶזְכֹּר׃ (Jes 43,25)

(5) וַיִּתְקַע [אֵהוּד] בַּשּׁוֹפָר בְּהַר אֶפְרָיִם
וַיֵּרְדוּ עִמּוֹ בְנֵי־יִשְׂרָאֵל מִן־הָהָר וְהוּא לִפְנֵיהֶם׃
וַיֹּאמֶר אֲלֵיהֶם רִדְפוּ אַחֲרַי כִּי־נָתַן יְהוָה אֶת־אֹיְבֵיכֶם
אֶת־מוֹאָב בְּיֶדְכֶם וַיֵּרְדוּ אַחֲרָיו וַיִּלְכְּדוּ אֶת־מַעְבְּרוֹת
הַיַּרְדֵּן לְמוֹאָב וְלֹא־נָתְנוּ אִישׁ לַעֲבֹר׃ (Ri 3,27-28)

Namen: Ehud, Efraim, Moab, Jordan

9.8 Unpunktierte Texte

9.8.1 Gen 17, 9 - 10

ויאמר אלהים אל־אברהם ואתה את־בריתי תשמר
אתה וזרעך אחריך׃
זאת בריתי אשר תשמרו ביני וביניכם ובין זרעך
אחריך המל לכם כל־זכר׃

9.8.2 Psalm 25, 6-7

זכר רחמיך יהוה וחסדיך כי מעולם המה׃
חטאות נעורי אל־תזכר כחסדך זכר־לי אתה
למען טובך יהוה׃

Grammatik-Paragraphen

Den grammatischen Stoff dieser Lektion finden Sie in den §§:

25.1, 48.3 (Gebrauch des Imperfekts),

25.2 und 25.3 (Tabellen),

26.1 (Imperativ und (Infinitiv),

51.2 (Verneinungs-Partikeln).

Lektion Zehn

Wenn Sie diese Lektion bearbeitet haben, sollen Sie

- die Form-Merkmale (Afformative) auch der 1. und 2. Person an Perfekt-Formen (maskulinum) identifizieren können,
- die syntaktische Funktion der Perfekte in den verschiedenen Redeformen erkennen und in die deutsche Übersetzung einbringen können,
- Perfekt-consecutiv-Formen von Perfekt-Formen unterscheiden und im jeweiligen Kontext richtig beziehen können und
- Form und Syntax des absoluten Infinitivs erkennen und anwenden können.

10.1 Zur Einführung: Formen der Afformativ-Konjugation (Perfekt)

10.1.1 Textbeispiele

(1) וַיּוֹכַח אַבְרָהָם אֶת־אֲבִימֶלֶךְ עַל־אֹדוֹת בְּאֵר הַמַּיִם
אֲשֶׁר גָּזְלוּ עַבְדֵי אֲבִימֶלֶךְ׃
וַיֹּאמֶר אֲבִימֶלֶךְ
לֹא יָדַעְתִּי מִי עָשָׂה אֶת־הַדָּבָר הַזֶּה
וְגַם אַתָּה לֹא אָמַרְתָּ לִּי וְגַם אָנֹכִי לֹא שָׁמַעְתִּי בִּלְתִּי
הַיּוֹם׃
(Gen 21,25f)

וַיּוֹכַח [יכח] „machte Vorhaltungen“
PN: Abimelech

(2) וַיֹּאמֶר שְׁמוּאֵל אֶל־כָּל־יִשְׂרָאֵל
הִנֵּה שָׁמַעְתִּי בְּקֹלְכֶם לְכֹל אֲשֶׁר־אֲמַרְתֶּם לִי
(1 Sam 12,1)

PN: Samuel

(3) וַיַּעֲנוּ אֶת־יְהוֹשֻׁעַ לֵאמֹר
כְּכֹל אֲשֶׁר־שָׁמַעְנוּ אֶל־מֹשֶׁה כֵּן נִשְׁמַע אֵלֶיךָ
(Jos 1,16a17a)

PN: Josua

10.1.2 Aufgaben

10.1.2.1 Lesen und übersetzen Sie die Textbeispiele. Versuchen Sie in allen Texten, bei zunächst unbekannten Verbformen aus dem Textzusammenhang zu erschließen, ob eine 1., 2. oder 3. Person Subjekt des Verbs ist.

10.1.2.2 Identifizieren Sie an den Verbformen die Endung (Afformativ), die jeweils die Person bezeichnet. Tragen Sie dann die folgenden Verbformen aus 10.1.1 in die unten vorbereitete Tabelle ein:

גָּלוּ יָדַעְתִּי אָמַרְתְּ אֲמַרְתֶּם שָׁמַעְנוּ [אָמַר]

10.1.2.3

Plural	Singular	
		3. Person
		2. Person
		1. Person

Vergleichen Sie die Tabelle mit Gr § 27.3.

➔ Gr § 27.3

10.2 Gott, halte dein Versprechen! — 1 Kön 8,22-26

Aus dem Tempel-Weihgebet Salomos

(22) וַיַּעֲמֹד שְׁלֹמֹה לִפְנֵי מִזְבַּח יְהוָה נֶגֶד כָּל־קְהַל יִשְׂרָאֵל
וַיִּפְרֹשׂ כַּפָּיו הַשָּׁמָיִם׃
(23) וַיֹּאמַר יְהוָה אֱלֹהֵי יִשְׂרָאֵל אֵין־כָּמוֹךָ אֱלֹהִים בַּשָּׁמַיִם
מִמַּעַל וְעַל־הָאָרֶץ מִתָּחַת שֹׁמֵר הַבְּרִית וְהַחֶסֶד לַעֲבָדֶיךָ
הַהֹלְכִים לְפָנֶיךָ בְּכָל־לִבָּם׃
(24) אֲשֶׁר שָׁמַרְתָּ לְעַבְדְּךָ דָּוִד אָבִי אֵת אֲשֶׁר־דִּבַּרְתָּ לוֹ
וַתְּדַבֵּר בְּפִיךָ וּבְיָדְךָ מִלֵּאתָ כַּיּוֹם הַזֶּה׃
(25) וְעַתָּה יְהוָה אֱלֹהֵי יִשְׂרָאֵל
שְׁמֹר לְעַבְדְּךָ דָוִד אָבִי אֵת אֲשֶׁר דִּבַּרְתָּ לּוֹ לֵאמֹר
לֹא יִכָּרֵת לְךָ אִישׁ מִלְּפָנַי יֹשֵׁב עַל־כִּסֵּא יִשְׂרָאֵל
רַק אִם־יִשְׁמְרוּ בָנֶיךָ אֶת־דַּרְכָּם לָלֶכֶת לְפָנַי
כַּאֲשֶׁר הָלַכְתָּ לְפָנָי׃
(26) וְעַתָּה אֱלֹהֵי יִשְׂרָאֵל יֵאָמֶן נָא דְּבָרְךָ אֲשֶׁר דִּבַּרְתָּ
לְעַבְדְּךָ דָּוִד אָבִי׃

יִכָּרֵת [כרת Nif`al*] „fehlen"

* Gedulden Sie sich mit der Erklärung von Ausdrücken wie „Nif`al", „Pi`el" und „Hif`il" bitte bis Lektion 12.

יֵאָמֵן [אמן Nif`al] „in Erfüllung gehen"

10.3 Übungen

10.3.1 Verbformen

Analysieren Sie alle Verbformen nach Person und Tempus.
Achten Sie dabei vor allem auf die Afformative und Präformative.
Vokale sind vorerst nur beim Vergleich von Imperativen mit Perfekt-Formen der 3. Person wichtig.

10.3.2 Gliederung und Tempora

Wie sind Partizipien, Perfekte und Imperfekte im Text verteilt?
Welche Rolle spielt וְעַתָּה? ➔ Gr § 54.1 ➔ Gr § 54.1
Der Narrativ וַתְּדַבֵּר in V. 24 ist keine „Erzählung“. Durch welche sprachlichen Elemente wird solches Mißverständnis ausgeschlossen? Mit welchem deutschen Tempus muß man den Narrativ wiedergeben? (➔ Gr § 48.7) ➔ Gr § 48.7

10.4 Zur Einführung: Weitere Verbformen

10.4.1 Textbeispiele

(1) הַדָּבָר אֲשֶׁר הָיָה אֶל־יִרְמְיָהוּ מֵאֵת יְהוָה לֵאמֹר׃ PN: Jeremia
עֲמֹד בְּשַׁעַר בֵּית יְהוָה
וְקָרָאתָ שָּׁם אֶת־הַדָּבָר הַזֶּה וְאָמַרְתָּ
שִׁמְעוּ דְבַר־יְהוָה כָּל־יְהוּדָה ... (Jer 7,1f)

(2) [וַיֹּאמֶר שָׁאוּל אֶל־דָּוִד] הִנֵּה יָדַעְתִּי כִּי מָלֹךְ תִּמְלֹךְ
(1 Sam 24,21)

10.4.2 Aufgaben

10.4.2.1 Gehen Sie in Beispiel (1) Satz für Satz vor: Bestimmen Sie zunächst die Verbformen in den ersten beiden und der 4. Zeile, und übersetzen Sie diese Sätze.

10.4.2.2 Bestimmen Sie dann die Verbformen in der dritten Zeile und überlegen Sie, wie diese beiden Sätze in den übrigen

Zusammenhang hineingehören. Lesen Sie erst dann in der Grammatik nach (§ 48.3: perfectum consecutivum). ➔ Gr § 48.3

10.4.2.3 Lesen Sie Beispiel (2), konsultieren Sie wegen der Verbformen Gr § 28.1, und überlegen Sie, wie die hebräische Fügung am besten deutsch wiederzugeben ist. ➔ Gr § 28.1

10.5 Drei Texte zum Üben

10.5.1 Jeremia zerbricht den Tonkrug

Jer 19,1-2a.10f.14f

(1) כֹּה אָמַר יְהוָה אֶל־יִרְמְיָהוּ

הָלוֹךְ וְקָנִיתָ בַקְבֻּק יוֹצֵר חָרֶשׂ

קָנִיתָ [קנה]

וְלָקַחְתָּ אִתְּךָ מִזִּקְנֵי הָעָם וּמֵהַכֹּהֲנִים׃

(2) וְיָצָאתָ אֶל־גֵּיא בֶן־הִנֹּם אֲשֶׁר פֶּתַח שַׁעַר הַחַרְסִית

(10) וְשָׁבַרְתָּ הַבַּקְבֻּק לְעֵינֵי הָאֲנָשִׁים הַהֹלְכִים אִתָּךְ׃

(11) וְאָמַרְתָּ אֲלֵיהֶם כֹּה אָמַר יְהוָה צְבָאוֹת

כָּכָה אֶשְׁבֹּר אֶת־הָעָם הַזֶּה וְאֶת־הָעִיר הַזֹּאת

כַּאֲשֶׁר יִשְׁבֹּר אֶת־כְּלִי הַיּוֹצֵר אֲשֶׁר לֹא יוּכַל לְהֵרָפֵא

עוֹד וּבְתֹפֶת יִקְבְּרוּ מֵאֵין מָקוֹם לִקְבּוֹר׃

ON: Im Tal „Ben Hinnom“ im Süden von Jerusalem lag die Kultstätte „Tóphet“

יוּכַל [יכל]

לְהֵרָפֵא (inf) repariert werden

(14) וַיָּבֹא יִרְמְיָהוּ מִפֶּתַח הַשַּׁעַר אֲשֶׁר שְׁלָחוֹ יְהוָה שָׁם ...

וַיַּעֲמֹד בַּחֲצַר בֵּית־יְהוָה וַיֹּאמֶר אֶל־כָּל־הָעָם׃

(15) כֹּה־אָמַר יְהוָה צְבָאוֹת אֱלֹהֵי יִשְׂרָאֵל

הִנְנִי מֵבִיא עַל־הָעִיר הַזֹּאת וְעַל־כָּל־עָרֶיהָ אֵת כָּל־

הָרָעָה אֲשֶׁר דִּבַּרְתִּי עָלֶיהָ כִּי הִקְשׁוּ אֶת־עָרְפָּם

לְבִלְתִּי שְׁמוֹעַ אֶת־דְּבָרָי׃

מֵבִיא [בוא] ptz Hif`il „kommen lassen“

הִקְשׁוּ [קשה] „sie haben steif gemacht“

10.5.1.1 Formanalysen:

Analysieren Sie alle Verbformen nach Person und Tempus.

10.5.1.2 Zur Syntax:
In Vers 1 vertritt der absolute Infinitiv eine andere Verbform. Wie müssen also die folgernden Perfecta consecutiva vestanden werden?
Achten Sie darauf, wie der Text durch den unterschiedlichen Tempusgebrauch gegliedert ist.
Auch die Gottesreden in V.11 und V.15 unterscheiden sich in bezug auf den Tempusgebrauch.

Absoluter Infinitiv im Deutschen
bei Müttern: **„Aufpassen!“**
bei Behörden: **„Einzeln eintreten!“**
beim Militär: **„Rühren!“**

10.5.2 Das verheißene Land — Dtn 11,12-15

(12) הָאָרֶץ אֲשֶׁר־יְהוָה אֱלֹהֶיךָ דֹּרֵשׁ אֹתָהּ תָּמִיד עֵינֵי יְהוָה
אֱלֹהֶיךָ בָּהּ מֵרֵאשִׁית הַשָּׁנָה וְעַד אַחֲרִית הַשָּׁנָה׃
(13) וְהָיָה אִם־שָׁמֹעַ תִּשְׁמְעוּ אֶל־מִצְוֺתַי אֲשֶׁר אָנֹכִי מְצַוֶּה
אֶתְכֶם הַיּוֹם לְאַהֲבָה אֶת־יְהוָה אֱלֹהֵיכֶם
וּלְעָבְדוֹ בְּכָל־לְבַבְכֶם וּבְכָל־נַפְשְׁכֶם׃
(14) וְנָתַתִּי מְטַר־אַרְצְכֶם בְּעִתּוֹ יוֹרֶה וּמַלְקוֹשׁ
וְאָסַפְתָּ דְגָנֶךָ וְתִירֹשְׁךָ וְיִצְהָרֶךָ׃
(15) וְנָתַתִּי עֵשֶׂב בְּשָׂדְךָ לִבְהֶמְתֶּךָ וְאָכַלְתָּ וְשָׂבָעְתָּ׃

מְצַוֶּה ptz Pi`el צוה „befehlen“
לְאַהֲבָה ➔ Gr § 28.1
וּלְעָבְדוֹ inf + suf
in וְנָתַתִּי ist das zweite נ von נתן assimiliert.

10.5.2.1 Analysieren:
Alle Verbformen nach Person und Tempus

10.5.2.2 Zur Syntax:
V. 13: Was für ein Satz steht zwischen וְהָיָה und dem nächsten Perf cons ?
Was für ein Satz ist also V.14a ?
Wie muß er im Deutschen angeschlossen werden? Welche Funktion hat demnach die Form וְהָיָה ? ➔ Gr § 48.3

10.5.3 „Schema` Jisrael“ — Dtn 6,4-6

(4) שְׁמַע יִשְׂרָאֵל יְהוָה אֱלֹהֵינוּ יְהוָה אֶחָד׃
(5) Lieben וְאָהַבְתָּ אֵת יְהוָה אֱלֹהֶיךָ בְּכָל־לְבָבְךָ וּבְכָל־נַפְשְׁךָ
וּבְכָל־מְאֹדֶךָ׃

(6) וְהָיוּ הַדְּבָרִים הָאֵלֶּה אֲשֶׁר אָנֹכִי מְצַוְּךָ הַיּוֹם עַל־לְבָבֶךָ׃

וְהָיוּ [היה] Perf cons
מְצַוְּךָ [צוה] „befehlen“ ptz Pi`el + suf

10.5.3.1 Was ist hier Voraussetzung, was Folge?
Überlegen Sie die richtige deutsche Konjunktion für ו in V.5 und benutzen Sie evtl. Modalverben, um das Gemeinte im Deutschen richtig wiederzugeben.

10.6 Formen-Übungen

10.6.1 Vergleichen Sie:

שֹׁמֵר mit שְׁמֹר und שָׁמַר

שִׁמְרוּ mit שָׁמְרוּ

Welches sind die Unterscheidungsmerkmale?

10.6.2 Analysieren Sie entsprechend:

שָׁבַר - שְׁבֹר - שֹׁבֵר / עֲמֹד - עֹמֵד / כָּתְבוּ - כִּתְבוּ

שָׁמְעוּ - שִׁמְעוּ / בָּחֲרוּ / בַּחֲרוּ (➔ Gr § 09.3)

10.7 Unpunktierter Text: 1 Kön 8,22-24

(22) ויעמד שלמה לפני מזבח יהוה נגד כל־קהל ישראל
ויפרש כפיו השמים׃ ויאמר
(23) יהוה אלהי ישראל אין כמוך אלהים בשמים ממעל
ועל־הארץ מתחת שומר הברית והחסד לעבדיך
ההולכים לפניך בכל־לבם׃
(24) אשר שמרת לעבדך דוד אבי את אשר־דברת לו
ותדבר בפיך ובידך מלאת כיום הזה׃

*10.8 Texte für weitere Übungen

*10.8.1 JHWH hat einen Rechtsstreit mit seinem Volk — Hos 4,1-4

(1) שִׁמְעוּ דְבַר־יְהוָה בְּנֵי יִשְׂרָאֵל
כִּי רִיב לַיהוָה עִם־יוֹשְׁבֵי הָאָרֶץ
כִּי אֵין אֱמֶת וְאֵין־חֶסֶד וְאֵין־דַּעַת אֱלֹהִים בָּאָרֶץ׃

(2) אָלֹה וְכַחֵשׁ וְרָצֹחַ וְגָנֹב וְנָאֹף
פָּרָצוּ וְדָמִים בְּדָמִים נָגָעוּ׃

כַּחֵשׁ inf abs Pi`el „lügen“

(3) עַל־כֵּן תֶּאֱבַל הָאָרֶץ וְאֻמְלַל כָּל־יוֹשֵׁב בָּהּ
בְּחַיַּת הַשָּׂדֶה וּבְעוֹף הַשָּׁמָיִם וְגַם־דְּגֵי הַיָּם יֵאָסֵפוּ׃

תֶּאֱבַל 3. fem, וְאֻמְלַל [אמל] unregelmäßiges Perf cons: „und (es) verschmachtet“

יֵאָסֵפוּ [אסף] Nif`al: „(sie) werden hinweggerafft“

*10.8.2 Ein Kriegsbericht — Dtn 2,32-35

Lesen und übersetzen Sie aus der Biblia Hebraica. Benutzen Sie das Lexikon.

PN: Sihon, ON: Jahaz;

V. 33:	Ketib / Qeré	→ Gr § 07
	וַיִּתְּנֵם	וַיִּתֵּן + suf
	וַנַּךְ	vgl. וַיַּךְ
V 34:	וַנַּחֲרֵם	חרם Hif`il
	מְתִם	„Männer“
	הִשְׁאַרְנוּ	שׁאר Hif`il

*10.8.3 Isaak bei den Philistern — Gen 26,1-11

Auch diesen Text können Sie mit wenigen Hilfen verstehen. Lesen Sie ihn in der Biblia Hebraica, und benutzen Sie für unbekannte Wörter das Lexikon. Hier folgen die nötigen Erklärungen:

V.2	וַיֵּרָא	erscheinen
V.3	הָאֵל	= הָאֵלֶּה
V.3	וַהֲקִמֹתִי	hier: erfüllen / wahr machen

V.4	וְהִרְבֵּיתִי	zahlreich machen
	וְהִתְבָּרְכוּ	„werden gesegnet“
V.8	שׁקף	hereinschauen
	מְצַחֵק	(ptz) liebkosen
V.10	וְהֵבֵאתָ	hereinbringen
V.11	מוֹת יוּמָת	„wird mit dem Tode bestraft“

10.9 Übung zur Wortkunde

Bilden Sie zum Vokabellernen Sinnzusammenhänge durch Sachgruppen.
Wiederholen Sie z.B. alle Wörter, die mit dem Verhältnis des Menschen zu Gott und mit der Lebensführung vor Gott zu tun haben. Die können Sie dann wieder ein wenig gruppierren, z.B.:

(1) אהב - אֱמוּנָה - אֱמֶת - בחר - חֶסֶד

(2) בְּרִית - כרת בְּרִית - זכר - חֹק - מִצְוָה - מִשְׁפָּט -
שׁפט - תּוֹרָה

(3) ברך - בָּרוּךְ - לֵב - נֶפֶשׁ - מְאֹד - מִקְוֶה - יָשָׁר - רָשָׁע
הלך בְּדַרְכּוֹ - קרא בְּשֵׁם יְהוָה - בְּכָל־לְבָבְךָ

(4) עוֹלָם - קָדוֹשׁ - צֶדֶק - צְדָקָה - צַדִּיק

Grammatik-Paragraphen:

Den grammatischen Stoff dieser Lektion können Sie in den folgenden Paragraphen nachlesen:

27.1 - 27.2 (Perfekt),
27.4, (Perfekt consecutivum),
48.1- 48.3 (Tempusgebrauch)
28.1, 49.2, 50.4 (absoluter Infinitiv),
48.3, 53.2 (וְהָיָה),
07 (Ketib / Qere).

Lektion Elf

Diese Lektion dient vor allem dem Üben und Anwenden von bereits Gelerntem.
Nur *eine* neue Verbform wird eingeführt.

Im einzelnen sollen Sie am Ende der Lektion

- Suffix-Formen von Infinitiven des regelmäßigen, starken Verbs analysieren und von denen der Partizipien unterscheiden können,
- Im Textzusammenhang Infinitive von Imperativen unterscheiden können,
- Infinitiv-Konstruktionen mit Präpositionen übersetzen können,
- Verbformen mit He cohortativum analysieren können und
- die Ausdrucksmittel für Wunsch, Absicht, Aufforderung im Text erkennen und in die Übersetzung einbringen können.

11.1 Zur Einführung

(1) וַיְהִי דְבַר־יְהוָה אֶל־יִרְמְיָהוּ — PN: Jeremia, Baruch
אַחֲרֵי שְׂרֹף הַמֶּלֶךְ אֶת־הַמְּגִלָּה וְאֶת־הַדְּבָרִים
אֲשֶׁר כָּתַב בָּרוּךְ מִפִּי יִרְמְיָהוּ לֵאמֹר׃
שׁוּב קַח־לְךָ מְגִלָּה אַחֶרֶת וּכְתֹב עָלֶיהָ אֵת כָּל־הַדְּבָרִים — שׁוּב קַח ➔ Lektion 9.6.3
הָרִאשֹׁנִים (Jer 36,27f)

(2) וַיִּשְׁלַח שָׁאוּל מַלְאָכִים אֶל־בֵּית דָּוִד לְשָׁמְרוֹ (1Sam 19,11) — PN: Saul, David

(3) אָמַרְתִּי אֶשְׁמְרָה דְרָכַי מֵחֲטוֹא בִלְשׁוֹנִי (Ps 39,2)

(4) הָלוֹךְ הָלְכוּ הָעֵצִים לִמְשֹׁחַ עֲלֵיהֶם מֶלֶךְ
וַיֹּאמְרוּ לַזַּיִת מָלְכָה עָלֵינוּ׃ (Ri 9,8)

11.2 Aufgaben zur Einführung

11.2.1 Verbformen im Text

11.2.1.1 Lassen Sie sich immer vom Textzusammenhang leiten, wenn Sie Infinitive und Imperative identifizieren und unterscheiden wollen.

11.2.1.2 Übersetzung von Infinitiven mit Suffixen: zuerst imitieren, also z.B.: אַחֲרֵי שָׂרְפְךָ = „nach dem Verbrennen“, dann Nebensatz, also z.B.: „nachdem .. verbrannt hatte“. Welche „Imitation“ kann man auf Deutsch beibehalten?	**Praxistip**

11.2.2 Analyse von Formen

11.2.2.1 Beschreiben Sie die Formen אֶשְׁמְרָה (Satz 11.1.3) und מָלְכָה (Satz 11.1.4). ➔ dazu Gr § 26.2.

➔ Gr § 26.2

11.2.2.2 Welches sind die Unterscheidungsmerkmale zwischen:
Infinitiv שְׁמֹר und Partizip שֹׁמֵר ,
Infinitiv mit Suffix שָׁמְרוֹ und Ptz m suf שֹׁמְרוֹ ,
sowie dem
Imperativ mit He cohortativum שָׁמְרָה ?

11.2.2.3 Analysieren Sie jeweils nebeneinander:

כְּתֹבִים - כְּתְבָה - כָּתְבָה - כָּתְבָהּ

מָלְכָה - לְמָלְכוֹ - לְמָלְכוֹ

יִשְׁבֹּר - לִשְׁבֹּר - וּשְׁבֹר - וּלְשָׁבְרוֹ - שָׁבְרָה - שָׁבְרוּ

11.3 Drei Männer bei Abram

Gen 18,1-5

(1) וַיֵּרָא אֵלָיו יְהוָה בְּאֵלֹנֵי מַמְרֵא וְהוּא יֹשֵׁב פֶּתַח הָאֹהֶל
כְּחֹם הַיּוֹם׃

ON: Mamre -
וַיֵּרָא אֵלָיו „ihm erschien“

(2) וַיִּשָּׂא עֵינָיו וַיַּרְא וְהִנֵּה שְׁלֹשָׁה אֲנָשִׁים נִצָּבִים עָלָיו
וַיַּרְא וַיָּרָץ לִקְרָאתָם מִפֶּתַח הָאֹהֶל וַיִּשְׁתַּחוּ אָרְצָה׃

נִצָּבִים [נצב Ptz Nif`al]
„stehen“

(3) וַיֹּאמַר
אֲדֹנָי אִם־נָא מָצָאתִי חֵן בְּעֵינֶיךָ
אַל־נָא תַעֲבֹר מֵעַל עַבְדֶּךָ׃

(4) יֻקַּח־נָא מְעַט־מַיִם
וְרַחֲצוּ רַגְלֵיכֶם וְהִשָּׁעֲנוּ תַּחַת הָעֵץ׃

יֻקַּח [לקח] Passiv
הִשָּׁעֲנוּ [שׁען] Impt „ruht aus“

(5) וְאֶקְחָה פַת־לֶחֶם וְסַעֲדוּ לִבְּכֶם
אַחַר תַּעֲבֹרוּ כִּי־עַל־כֵּן עֲבַרְתֶּם עַל־עַבְדְּכֶם
וַיֹּאמְרוּ כֵּן תַּעֲשֶׂה כַּאֲשֶׁר דִּבַּרְתָּ׃

11.4 Prophetenwort über das davidische Königshaus

Jer 22,1-5

(1) כֹּה אָמַר יְהוָה רֵד בֵּית־מֶלֶךְ יְהוּדָה וְדִבַּרְתָּ שָּׁם
אֶת־הַדָּבָר הַזֶּה׃
(2) וְאָמַרְתָּ
שְׁמַע דְּבַר־יְהוָה מֶלֶךְ יְהוּדָה הַיֹּשֵׁב עַל־כִּסֵּא דָוִד
אַתָּה וַעֲבָדֶיךָ וְעַמְּךָ הַבָּאִים בַּשְּׁעָרִים הָאֵלֶּה׃
(3) כֹּה אָמַר יְהוָה
עֲשׂוּ מִשְׁפָּט וּצְדָקָה וְהַצִּילוּ גָזוּל מִיַּד עוֹשְׁקוֹ
וְגֵר יָתוֹם וְאַלְמָנָה אַל־תֹּנוּ וְאַל־תַּחְמֹסוּ וְדָם נָקִי
אַל־תִּשְׁפְּכוּ בַּמָּקוֹם הַזֶּה׃
(4) כִּי אִם־עָשׂוֹ תַּעֲשׂוּ אֶת־הַדָּבָר הַזֶּה
וּבָאוּ בְשַׁעֲרֵי הַבַּיִת הַזֶּה מְלָכִים
יֹשְׁבִים לְדָוִד עַל־כִּסְאוֹ רֹכְבִים בָּרֶכֶב וּבַסּוּסִים׃
(5) וְאִם לֹא תִשְׁמְעוּ אֶת־הַדְּבָרִים הָאֵלֶּה
בִּי נִשְׁבַּעְתִּי נְאֻם־יְהוָה כִּי לְחָרְבָּה יִהְיֶה הַבַּיִת הַזֶּה׃

רֵד → Lektion 9.6.3

הַבָּאִים → Vok 7 A

עֲשׂוּ [עשׂה] Imperativ

הַצִּילוּ [נצל Hi] „rettet"

תֹּנוּ [ינה Hi] „(ihr) plagt"

עָשׂוֹ תַּעֲשׂוּ beides von עשׂה

נִשְׁבַּעְתִּי [שׁבע Ni] „ich habe geschworen"

11.5 Übungen zu 11.3 und 11.4

11.5.1 Gehen Sie bei der Übersetzung des Dialogs in Gen 18 Satz für Satz vor; analysieren Sie alle Verbformen.

11.5.2 Notieren Sie jeweils das sprachliche Element, das Wunsch, Absicht oder Aufforderung ausdrückt.

11.5.3 Beachten Sie, daß im Deutschen Imperative und Modalverben auch gebraucht werden können, wenn es sich nicht um eine Aufforderung handelt (Vers 5).

11.5.4 Kontrollieren Sie Ihr Ergebnis in Gr § 51.4, Text e; lesen Sie auch die einleitenden Absätze von § 51.

11.5.5 Verfahren Sie ebenso mit dem Text 11.4.
Beachten Sie hier auch die Funktionen der Konsekutiv-Perfekte und des absoluten Infinitivs.

11.6 „Schibbolet“

Ri 12,5-6

(5) וַיִּלְכֹּד גִּלְעָד אֶת־מַעְבְּרוֹת הַיַּרְדֵּן לְאֶפְרָיִם
וְהָיָה כִּי יֹאמְרוּ פְּלִיטֵי אֶפְרַיִם אֶעֱבֹרָה
וַיֹּאמְרוּ לוֹ אַנְשֵׁי־גִלְעָד הַאֶפְרָתִי אַתָּה וַיֹּאמֶר לֹא׃
(6) וַיֹּאמְרוּ לוֹ אֱמָר־נָא שִׁבֹּלֶת וַיֹּאמֶר סִבֹּלֶת
וְלֹא יָכִין לְדַבֵּר כֵּן
וַיֹּאחֲזוּ אוֹתוֹ וַיִּשְׁחָטוּהוּ אֶל־מַעְבְּרוֹת הַיַּרְדֵּן וַיִּפֹּל בָּעֵת
הַהִיא מֵאֶפְרַיִם אַרְבָּעִים וּשְׁנַיִם אָלֶף׃

(5) Namen: Gilead, Jordan, Efraim, Efraimiter
הַאֶפְרָתִי : הַ = Fragepartikel

(6) יָכִין [3 m s imperf Hif כון]
יָכִין לְדַבֵּר richtig aussprechen

11.7 Ein Trostwort für den Prophetenschüler Baruch

Jer 45

Lesen Sie den Text in der Biblia Hebraica, und übersetzen Sie mit Hilfe des Lexikons. Lesen Sie immer zunächst einen ganzen Vers, dann abschnittweise, wie im Folgenden angegeben. Achten Sie auf die Akzente „Atnach“ und „Zaqef qaton“ (➔ Gr § 06.3).

1a verstehen Sie, ohne zu übersetzen. Woran erkennt man, welche Wörter Namen sind?

1bα_1 zu בִּכְתָבוֹ ➔ Übg. 11.2. Wenn Sie מִפִּי nicht gleich analysieren können, bedenken Sie, daß es eine Umstandsbestimmung sein muß. Wenn das auch nichts hilft, schauen Sie in den Vokabeln zu Lektion 10 nach.

1bα_2 Bevor Sie zum Lexikon greifen: Welche Angabe müssen diese beiden Wörter enthalten?

1a und b Lesen Sie noch einmal den ganzen Vers, und übersetzen Sie im Zusammenhang.

Praxistip
Namen? (z.B.:)
X ben Y mäläk Z

2 und 3aα Schließen Sie gleich Lesen und Übersetzung von 2 und 3aα an.

3aβ Bestimmen Sie bei unbekannten Verben zunächst Person, Tempus und Wurzel. Schlagen Sie dann im Lexikon nach. Wenn nichts anderes angegeben ist, handelt es sich um den Grundstamm (Kal bzw. qal)*.

* Weiteres nächste Lektion

Ein Kreuz am Schluß des Lexikonartikels bedeutet, daß alle Bibelstellen aufgeführt sind, an denen das Wort vorkommt.

†

יָגוֹן ist keine Verbform.

3bα Überlegen Sie vor der Analyse, welches der beiden Wörter Verb, welches Nomen sein muß.

3bβ Ebenso. Und nun übersetzen Sie den ganzen Vers 3.

4 Die Wörter כֹּה תֹאמַר אֵלָיו sind zu streichen, ebenso Vers 4b.
Lesen Sie abschnittsweise, analysieren Sie die Verbformen (בָּנִיתִי von בנה), beachten Sie für die Übersetzung den Unterschied von Verbal- und Nominalsätzen.

5a Welches sind die Verbformen? Schließen Sie von תְּבַקֵּשׁ auf die Wurzel, suchen Sie im Lexikon unter dem Abschnitt „Pi". Es ist nicht zu erwarten, daß diese Form aufgeführt ist, wohl aber ähnlich gebildete, hier 3 m s.

$5b\alpha_1$ מֵבִיא ist ein Partizip von בוא. Suchen Sie im Lexikon im Abschnitt „Hiph" bzw. „hif". Auch hier genügt das Abwägen der Hauptbedeutungen. Die Stellenangabe werden Sie vergeblich suchen.

$5b\alpha_2$ Wenn Sie den Inhalt verstanden haben, achten Sie auf Satztypen und auf die Wiedergabe des perf cons.

5bβ Bei תֵּלֵךְ denken Sie an וַיֵּלֶךְ .

4 und 5 Lesen und übersetzen Sie nochmals im Zusammenhang.

Lexikon-Gebrauch
Sehen Sie in langen Lexikonartikeln zuerst nach den Hauptbedeutungen, und probieren Sie aus, welche in Ihren Kontext paßt.
Das Lexikon bietet mögliche (grammatische und inhaltliche) Kontexte zu den Hauptbedeutungen an, die Sie mit Ihrem Kontext vergleichen können, auch wenn Ihre Stelle nicht angegeben ist.
Übernehmen Sie den Vorschlag des Lexikons nicht ungeprüft!

11.8 Übung zur Wortkunde

Prägen Sie sich beim Neu-Lernen und beim Wiederholen von Vokabeln ganze Sätze und Redewendungen ein, z.B.:

מָצָאתִי חֵן בְּעֵינֶיךָ - גֵּר יָתוֹם וְאַלְמָנָה - שֹׁפֵךְ דָּם נָקִי -
רֹכֵב בָּרֶכֶב וּבַסּוּסִים - שָׁמַעְתִּי בְּקוֹלְכֶם -

שֹׁמֵר הַבְּרִית וְהַחֶסֶד לַעֲבָדֶיךָ - וַיִּחַר אַף־יְהוָה -
וְאָהַבְתָּ אֵת־יְהוָה אֱלֹהֶיךָ בְּכָל־לְבָבְךָ וּבְכָל־נַפְשְׁךָ
וּבְכָל־מְאֹדֶךָ - אֶת־מִי אֶשְׁלַח וּמִי יֵלֶךְ־לָנוּ -
וַיִּשָּׂא אַבְרָם אֶת־עֵינָיו וַיַּרְא - אַשְׁרֵי שֶׁאֵל יַעֲקֹב עֶזְרוֹ -
עֵינַיִם לָהֶם וְלֹא יִרְאוּ אָזְנַיִם וְלֹא יִשְׁמָעוּ

*11.9 Salomos Traum in Gibeon — 1 Kön 3,5-15

Bearbeiten Sie diesen Text in der Biblia Hebraica mit Hilfe des Lexikons.

Hilfen:	V.5	נִרְאָה	(Nif`al) „(er) erschien“
	V.7	הִמְלַכְתָּ	(Hif`il) zum König machen
		אֵדַע	[ידע]
		צֵאת וָבֹא	„aus und ein“
	V.8	יִסָּפֵר und יִמָּנֶה	Passiv
	V.9	לְהָבִין	„zu unterscheiden“
	V.12	נָבוֹן	verständig [בין]
	V.14	וְהַאַרַכְתִּי	(Hif`il) verlängern

*11.10 Samuels Abschiedsrede — 1 Sam 12,1-18

Lesen Sie in der Biblia Hebraica und benutzen Sie das Lexikon. Bedeutungen schwacher Verben und abgeleiteter Verbstämme werden hier angegeben:

V.2	מִתְהַלֵּךְ	(Partizip) einherziehen
	וָשַׂבְתִּי	[שִׂיב] grau werden
V.3	רַצּוֹתִי	[רצץ] Gewalt antun
	וְאָשִׁיב	[שׁוב Hi] zurückerstatten
V.6	הֶעֱלָה	(Perf Hi) heraufführen
V.7	וְאִשָּׁפְטָה	(Nif`al) gerichtlich feststellen lassen
V.8	וַיּוֹצִיאוּ	[יצא Hi] hinausführen
	וַיֹּשִׁבוּם	[ישׁב Hi] ansiedeln (mit suf !)

11.11 Unpunktierter Text

Jer 45

(1) הדבר אשר דבר ירמיהו הנביא אל־ברוך בן־נריה
בכתבו את־הדברים האלה על־ספר מפי ירמיהו
בשנה הרבעית ליהויקים בן־יאשיהו מלך יהודה
לאמר׃

(2) כה־אמר יהוה אלהי ישראל עליך ברוך׃

(3) אמרת אוי־נא לי כי־יסף יהוה יגון על־מכאבי
יגעתי באנחתי ומנוחה לא מצאתי׃

(4) כה אמר יהוה הנה אשר־בניתי אני הורס
ואת אשר־נטעתי אני נתש

(5) ואתה תבקש־לך גדולות אל־תבקש
כי הנני מביא רעה על־כל־בשר נאם־יהוה
ונתתי לך את־נפשך לשלל
על כל־המקומות אשר תלך־שם׃

Grammatik-Paragraphen:

Den grammatischen Stoff dieser Lektion finden Sie in den §§:

26.2 (He cohortativum),
33.3 (Inf und Ptz mit Suffixen),
49.3 (Infinitiv),
51, 51.4 (Wunsch, Absicht, Aufforderung).

Lektion Zwölf

Wenn Sie diese Lektion bearbeitet haben, sollen Sie

- die formalen Merkmale der häufigsten abgeleiteten Verbstämme Nif`al, Pi`el und Hif`il kennen und Verbformen nach ihrem Stamm analysieren können,
- die Grundbedeutungen der Stämme im Verhältnis zum Grundstamm kennen und im Einzelfall berücksichtigen können,
- die verschiedenen Funktionen der Partikel כִּי je nach Kontext auseinanderhalten und in die Übersetzung einbringen können und
- Schwursätze erkennen, die Form ihrer Einleitung beachten und entsprechend richtig übersetzen können.

12.1 Zur Einführung

12.1.1 Nif`al

(1) כִּי נִשְׁבַּעְתִּי נְאֻם יְהוָה כִּי־לְחָרְבָּה יִהְיֶה הַבַּיִת הַזֶּה׃ (Jer 22,5)

(2) אֶת־יְהוָה אֱלֹהֶיךָ תִּירָא וְאֹתוֹ תַעֲבֹד וּבִשְׁמוֹ תִּשָּׁבֵעַ׃ (Dtn 6,13)

12.1.2 Pi`el

(1) וְאַחַר בָּאוּ מֹשֶׁה וְאַהֲרֹן וַיֹּאמְרוּ אֶל־פַּרְעֹה כֹּה־אָמַר
יְהוָה אֱלֹהֵי יִשְׂרָאֵל שַׁלַּח אֶת־עַמִּי וְיָחֹגּוּ לִי בַּמִּדְבָּר׃
וַיֹּאמֶר פַּרְעֹה מִי יְהוָה אֲשֶׁר אֶשְׁמַע בְּקֹלוֹ
לְשַׁלַּח אֶת־יִשְׂרָאֵל לֹא יָדַעְתִּי אֶת־יְהוָה וְגַם אֶת־יִשְׂרָאֵל
לֹא אֲשַׁלֵּחַ׃ (Ex 5,1f)

וְיָחֹגּוּ „daß sie ein Fest feiern“

(2) וַיַּכְבֵּד פַּרְעֹה אֶת־לִבּוֹ ... וְלֹא שִׁלַּח אֶת־הָעָם׃ (Ex 8,28)

12.1.3 Hif`il

יְהוָה אֱלֹהֶיךָ הוּא עֹבֵר לְפָנֶיךָ הוּא־יַשְׁמִיד אֶת־הַגּוֹיִם
הָאֵלֶּה מִלְּפָנֶיךָ ... (4) וְעָשָׂה יְהוָה לָהֶם כַּאֲשֶׁר עָשָׂה

לְסִיחוֹן וּלְעוֹג מַלְכֵי הָאֱמֹרִי וּלְאַרְצָם אֲשֶׁר הִשְׁמִיד אֹתָם׃ (Dtn 31,3a.4)

Namen: Sihon, Og, Amoriter

Er wird tun der Herr
Der Herr wird an ihnen tun, was er an Sihon und Og, den Amoriterkönigen, die er vernichtete, und an ihrem Land, getan hat.

12.2 Aufgaben zur Einführung

12.2.1 Nif`al

Schreiben Sie aus 12.1.1 die Nif`al-Formen heraus. Schreiben Sie daneben die entsprechenden Formen des Grundstamms von שׁמע (שׁבע kommt im Grundstamm nicht vor), und nennen Sie die Merkmale, durch die sich die Nif`al-Formen (jeweils Afformativ- und Präformativkonjugation) von den anderen unterscheiden.

12.2.2 Pi`el

Verfahren Sie ebenso mit den Pi`el-Formen von שׁלח und כבד in 12.1.2 und den jeweils entsprechenden Qal-Formen

Achten Sie auf den Bedeutungsunterschied in Qal und Pi`el von שׁלח (➔ Vok 12).

An 12.1.2.2 können Sie den grundsätzlichen Bedeutungsunterschied zwischen Qal und Pi`el ablesen (כבד Qal = schwer sein).

12.2.3 Hif`il

Verfahren Sie wie in 12.2.1 auch mit den Hif`il-Formen in 12.1.3 und den diesen entsprechenden Qal-Formen von שׁמד und שׁמע.

12.3 Übungen zur Formenanalyse

12.3.1 Übersicht

12.3.1.1 Tragen Sie die in 12.2 aufgeschriebenen Qal-, Nif`al-, Pi`el- und Hif`il-Formen in eine Tabelle nach dem auf der nächsten Seite folgenden Muster ein.

Legen Sie diese Tabelle groß genug an, damit Sie später (➔ 12.3.1.4 und 12.3.2.3) noch mehr Verbformen einschreiben können:

➔ nächste Seite

Hif`il	Nif`al	Pi`el	Qal	
				Aff-Konj
				Präf-Konj

Zur Reihenfolge s.u. 12.3.1.5

12.3.1.2 Formulieren Sie eine erste Analyseregel, indem Sie den folgenden Satz ergänzen:

Analyseregel

Wie die Namen der Stämme hören sich an: die Formen

der ....-Konjugation

12.3.1.3 Wenn Sie in der hier folgenden Tabelle die Verbformen fertig vokalisieren, haben Sie genau die Merkmale eingetragen, die für die Analyse wichtig sind.

Hif`il	Nif`al	Pi`el	Qal	
הקְטִיל	נקְטַל	קטֵל	קטל	**Affor-mativ-Konj.**
יקְטִיל	יִקטֵל	יקטֵל	יקְטֹל	**Präfor-mativ-Konj.**

12.3.1.4 Machen Sie sich noch einmal die Merkmale jedes Stammes klar, bilden Sie die Perf.- und Impf.-Form (3 m s) von פקד und שׁבר in allen 4 Stämmen, und schreiben Sie auch die tabellarisch auf.

12.3.1.5 Auch für die Formen der Präformativ-Konjugation lassen sich die wenigen Merkmale, die Sie für die Analyse brauchen, leicht zusammenfassen. Merken Sie (nach der alphabetischen Reihenfolge):
zu Hif`il 1, zu Nif`al 2, zu Pi`el 3 Merkmale, mit denen Sie auskommen:

Praxistip

Präformativ-Konjugation:

Hif`il 1, Nif`al 2, Pi`el 3 Merkmale

Hi 1: .... in der Präformativsilbe

Ni 2: .... im I. Radikal
und dann ....,

Pi 3: .... in der Präformativsilbe,
.... nach dem I. Radikal,
.... im II. Radikal

12.3.2 Analysen

Sie müssen ab jetzt Ihre Aufmerksamkeit in einem wichtigen Punkt verändern: Haben Sie bisher vor allem auf die Konsonanten in den Prä- und Afformativen gesehen, so müssen Sie nun bei der Analyse der Stämme vor allem auf die Vokale achten und nicht nur genau hinsehen, sondern genauer hin*hören*: *Wie hört sich das an?*

12.3.2.1 Achten Sie auf die Merkmale der Stämme, besonders in der Präformativ-Konjugation, und analysieren Sie:

דֹּבֵר - דִּבֶּר - נְדַבֵּר - נְדַבְּרָנוּ

וַיִּלְכֹּד - וַיִּלָּכֵד

יִמָּלֵא - יְמַלֵּא - לְמַלֵּא

יִמְשַׁח - נִמְשַׁח - נִשְׁמֹר - נִשְׁמַר - נִשָּׁמֵר

אֶשְׁלַח - אַשְׁלִיחַ - אֶשָּׁלַח - אֲשַׁלַּח

Achtung!
Nicht jeder Punkt ist ein Dagesch forte.

Woran erkennt man ein Dagesch forte?

12.3.2.2 Ordnen Sie auch die folgenden Formen (darunter Infinitive und Partizipien) den vier Stämmen zu. Außer in Qal und Nif`al beginnen Partizipien mit einem מ.

מַבְדִּיל - הַנִּבְדָּל - מְבַקֵּשׁ

לִזְכֹּר - הִזְכִּיר - לְהַזְכִּיר - הִזָּכֵר - זָכוּר

סָפַר - סַפֵּר - סְפֹר - סֹפֵר - סִפֵּר - מְסַפֵּר

12.3.2.3 Tragen Sie - notfalls mit Hilfe Ihrer Grammatik (Tabellen in den §§ 30 - 32) - in die Tabelle von 12.3.1.4 auch die Partizipien und Infinitive von פקד ein.

12.3.2.4 Achten Sie auf die Merkmale der Stämme auch dort, wo sie - unter dem Einfluß von Gutturalen oder Resch - leicht abgewandelt sind.
Bestimmen Sie bei den folgenden Verbformen jeweils Wurzel und Stamm, und erklären Sie die Lautabweichungen (➔ Gr § 09):

יַֽעַבְרוּ - יַֽעֲבֹ֫רוּ - יַֽעֲבִ֫ירֻן - יֵעָבֵר - הֶעֱבִיר - הַעֲבֵר
הַמְיַחֲלִים - מְבָרֵךְ - וַיְבָ֫רֶךְ - בָּרְכוּ - בֵּרְכוּ - הֶאָסְרוּ

12.4 Übungssätze

(1) וַיִּקְרָא יְהוֹשֻׁעַ לְכָל־יִשְׂרָאֵל... וַיֹּ֫אמֶר אֲלֵיהֶם אֲנִי זָקַ֫נְתִּי
בָּ֫אתִי בַּיָּמִים׃ וְאַתֶּם רְאִיתֶם אֵת כָּל־אֲשֶׁר עָשָׂה
יְהוָה אֱלֹהֵיכֶם לְכָל־הַגּוֹיִם הָאֵ֫לֶּה מִפְּנֵיכֶם כִּי יְהוָה
אֱלֹהֵיכֶם הוּא הַנִּלְחָם לָכֶם׃ רְאוּ הִפַּ֫לְתִּי לָכֶם אֶת־
הַגּוֹיִם הַנִּשְׁאָרִים הָאֵ֫לֶּה בְּנַחֲלָה לְשִׁבְטֵיכֶם מִכָּל־הַגּוֹיִם
אֲשֶׁר הִכְרַ֫תִּי מִן־הַיַּרְדֵּן וְעַד הַיָּם הַגָּדוֹל ...׃
(Jos 23,2-4)

[ראה] רְאִיתֶם

[ראה] רְאוּ impt

in הִפַּ֫לְתִּי ist der I. Radikal von נפל assimiliert, in הִכְרַ֫תִּי der III. von כרת .

(2) הַלְלוּ אֶת־יְהוָה כָּל־גּוֹיִם שַׁבְּחוּ֫הוּ כָּל־הָאֻמִּים׃
כִּי גָבַר עָלֵ֫ינוּ חַסְדּוֹ וֶאֱמֶת־יְהוָה לְעוֹלָם הַלְלוּ־יָהּ׃
(Ps 117)

zu הַלְלוּ ➔ Gr § 06.1 und 05.2

(3) עֵינֵי־כֹל אֵלֶ֫יךָ יְשַׂבֵּרוּ וְאַתָּה נוֹתֵן־לָהֶם
אֶת־אָכְלָם בְּעִתּוֹ׃
פּוֹתֵחַ אַתָּה יָדֶךָ וּמַשְׂבִּיעַ לְכָל־חַי רָצוֹן׃ (Ps 145,15f)

(4) הַקְשֵׁב אִיּוֹב שְׁמַע־לִי הַחֲרֵשׁ וְאָנֹכִי אֲדַבֵּר׃
אִם־יֵשׁ־מִלִּין הֲשִׁיבֵנִי דַּבֵּר כִּי־חָפַ֫צְתִּי צַדְּקֶךָּ׃
אִם־אַ֫יִן אַתָּה שְׁמַע־לִי הַחֲרֵשׁ וַאֲאַלֶּפְךָ חָכְמָה׃
(Ijob 33,31-33)

[שׁוב] הֲשִׁיבֵ֫נִי Hi: „widerlege mich!"

(5) וְרָאוּ גוֹיִם צִדְקֵךְ וְכָל־מְלָכִים כְּבוֹדֵךְ
לֹא־יֵאָמֵר לָךְ עוֹד עֲזוּבָה וּלְאַרְצֵךְ לֹא־יֵאָמֵר עוֹד
שְׁמָמָה

Jerusalem, die verlassene Braut, kommt wieder zu Ehren.

כִּי לָךְ יִקָּרֵא חֶפְצִי־בָהּ וּלְאַרְצֵךְ בְּעוּלָה
כִּי־חָפֵץ יְהוָה בָּךְ וְאַרְצֵךְ תִּבָּעֵל׃ — תִּבָּעֵל : femininum (אֶרֶץ)
כִּי־יִבְעַל בָּחוּר בְּתוּלָה יִבְעָלוּךְ בָּנָיִךְ — בָּנָיִךְ [בנה] ptz Qal + suf
וּמְשׂוֹשׂ חָתָן עַל־כַּלָּה יָשִׂישׂ עָלַיִךְ אֱלֹהָיִךְ׃ — יָשִׂישׂ [שׂישׂ]

(Jes 62,2a.4f)

12.5 Josef und seine Brüder — Gen 42,13-20

Zehn Brüder Josefs, nach Ägypten gekommen, um Getreide einzukaufen, werden von Josef, den sie nicht erkennen, als Spione verdächtigt.

(13) וַיֹּאמְרוּ [אֲחֵי יוֹסֵף] שְׁנֵים עָשָׂר עֲבָדֶיךָ אַחִים אֲנַחְנוּ
בְּנֵי אִישׁ־אֶחָד בְּאֶרֶץ כְּנָעַן וְהִנֵּה הַקָּטֹן אֶת־אָבִינוּ
הַיּוֹם וְהָאֶחָד אֵינֶנּוּ׃
(14) וַיֹּאמֶר אֲלֵהֶם יוֹסֵף הוּא אֲשֶׁר דִּבַּרְתִּי אֲלֵכֶם לֵאמֹר
מְרַגְּלִים אַתֶּם׃
(15) בְּזֹאת תִּבָּחֵנוּ חֵי פַרְעֹה אִם־תֵּצְאוּ מִזֶּה כִּי אִם־בְּבוֹא — בְּבוֹא = inf בוא + ב
אֲחִיכֶם הַקָּטֹן הֵנָּה׃
(16) שִׁלְחוּ מִכֶּם אֶחָד וְיִקַּח אֶת־אֲחִיכֶם וְאַתֶּם הֵאָסְרוּ
וְיִבָּחֲנוּ דִּבְרֵיכֶם הַאֱמֶת אִתְּכֶם וְאִם־לֹא חֵי פַרְעֹה — הַאֱמֶת : אֱמֶת + Fragepartikel
כִּי מְרַגְּלִים אַתֶּם׃ — הַ = „ob“
(17) וַיֶּאֱסֹף אֹתָם אֶל־מִשְׁמָר שְׁלֹשֶׁת יָמִים׃
(18) וַיֹּאמֶר אֲלֵיהֶם יוֹסֵף בַּיּוֹם הַשְּׁלִישִׁי זֹאת עֲשׂוּ וִחְיוּ — עֲשׂוּ [עשׂה] und וִחְיוּ [חיה]
אֶת־הָאֱלֹהִים אֲנִי יָרֵא׃ — impt
(19) אִם־כֵּנִים אַתֶּם אֲחִיכֶם אֶחָד יֵאָסֵר בְּבֵית מִשְׁמַרְכֶם
וְאַתֶּם לְכוּ הָבִיאוּ שֶׁבֶר רַעֲבוֹן בָּתֵּיכֶם׃ — הָבִיאוּ [בוא] Hi impt
(20) וְאֶת־אֲחִיכֶם הַקָּטֹן תָּבִיאוּ אֵלַי וְיֵאָמְנוּ דִבְרֵיכֶם — תָּבִיאוּ [בוא] Hi impf
וְלֹא תָמוּתוּ וַיַּעֲשׂוּ־כֵן׃

12.6 Aufgaben zu den Texten 12.4 und 12.5

12.6.1 Verbformen

Analysieren Sie alle Verbformen, und geben Sie jeweils an, an welchem Merkmal Sie den Stamm des Verbs erkennen.

12.6.2 Satzverbindungen

Achten Sie auf die Partikeln, durch die Sätze miteinander verknüpft sind:

12.6.2.1 כִּי: Gehen Sie aus von der Grundbedeutung „ja / gewiß / das ist so", und wählen Sie dann die deutsche Konjunktion nach dem Inhalt der Sätze.

➔ Gr § 53.3

12.6.2.2 וְ: Da deutsches „und" nur Gleiches verbindet, müssen Sie auf Inhalt und Form (NS / VS) der durch ו verbundenen Sätze achten.

➔ Gr § 53.1

12.6.2.3 Schwursätze: Woran erkennt man sie? Vor welches Verständnis- und Übersetzungsproblem stellt Sie der Schwur in 12.5.15?

➔ Gr § 53.5

Beschreiben Sie auch die Funktion von כִּי in 12.5.16 und 12.7.4.

12.7 Funktionen von כִּי - Übungssätze

(1) וַיֹּאמֶר יְהוָה זַעֲקַת סְדֹם וַעֲמֹרָה כִּי־רָבָּה וְחַטָּאתָם כִּי
כָבְדָה מְאֹד׃ (Gen 18,20)

כָּבְדָה [כבד] perf 3 f s

(2) [וַיֹּאמֶר יוֹסֵף לְאֶחָיו] וְעַתָּה לֹא אַתֶּם שְׁלַחְתֶּם אֹתִי הֵנָּה
כִּי הָאֱלֹהִים (Gen 45,8)

(3) וַיֹּאמֶר אֶל־שָׂרַי אִשְׁתּוֹ הִנֵּה־נָא יָדַעְתִּי כִּי אִשָּׁה יְפַת־
מַרְאֶה אָתְּ׃ וְהָיָה כִּי־יִרְאוּ אֹתָךְ הַמִּצְרִים וְאָמְרוּ
אִשְׁתּוֹ זֹאת וְהָרְגוּ אֹתִי וְאֹתָךְ יְחַיּוּ׃ אִמְרִי־נָא אֲחֹתִי אָתְּ
(Gen 12,11-13)

יְחַיּוּ [חיה]
אִמְרִי [אמר] impt fem s

(4) וַיִּשָּׁבַע הַמֶּלֶךְ וַיֹּאמַר חַי יְהוָה אֲשֶׁר־פָּדָה אֶת־נַפְשִׁי
מִכָּל־צָרָה׃ כִּי כַּאֲשֶׁר נִשְׁבַּעְתִּי לָךְ בַּיהוָה אֱלֹהֵי יִשְׂרָאֵל
לֵאמֹר כִּי־שְׁלֹמֹה בְנֵךְ יִמְלֹךְ אַחֲרַי וְהוּא יֵשֵׁב עַל־כִּסְאִי
תַּחְתָּי כִּי כֵּן אֶעֱשֶׂה הַיּוֹם הַזֶּה׃ (1 Kön 1,29f.)

Angesprochen ist die Mutter Salomos, Batseba.

*12.8 Texte für weitere Übungen

Lesen und übersetzen Sie aus der Biblia Hebraica; schlagen Sie unbekannte Vokabeln im Lexikon nach.

*12.8.1 Gottes Macht und Fürsorge

Psalm 147,1-11

Hinweise:	Vers 1:	נָאוָה	[נאה] inf schmücken
	V.6:	מְעוֹדֵד	ptz: aufhelfen
	V.7:	עֱנוּ	[ענה] impt
	V.8	מֵכִין	[כון] ptz Hi bereiten

*12.8.2 Esau verkauft sein Erstgeburtsrecht

Gen 25,29-34

Hinweise:	Vers 29:	וַיָּזֶד	[זוד] Hi
	V. 30	הַלְעִיטֵנִי	Suffix-Form, 1 s
	V. 34:	וַיִּבֶז	[בזה] Qal

12.9 Übungen zur Wortkunde: Bedeutungen der Stämme

12.9.1 Prägen Sie sich bei neuen Vokabeln, die nur in den abgeleiteten Stämmen vorkommen, gleich die Form dieses Stammes ein, also z.B. nicht: „שׁבע Nif`al schwören“, sondern: „נִשְׁבַּע, Nif`al, schwören“.

12.9.2 Wiederholen Sie die Bedeutungen des Qal der unten (S.90) folgenden Verben.

12.9.2.1 Stellen Sie eine Vermutung an über die Bedeutungen in den angegebenen Stämmen (➔ Gr § 29.4),
kontrollieren Sie Ihre Vermutung im Lexikon,

12.9.2.2 und schreiben Sie auch die Formen der abgeleiteten Stämme dieser Verben (3 m s Perf und Impf) auf.

אמר	Q, Ni	מצא	Q, Ni, Hi	רכב	Q, Ni
דבר	Ni, Pi	משׁח	Q, Ni	שׁלח	Q, Ni
זכר	Q, Ni, Hi	עבר	Q, Ni, Hi	שׁמע	Q, Ni, Hi
לכד	Q, Ni	קבר	Q, Ni	שׁמר	Q, Ni, Pi

12.10 Unpunktierte Texte

12.10.1 Psalm 117

(1) הללו את־יהוה כל־גוים שׁבחוהו כל־האמים׃
(2) כי גבר עלינו חסדו ואמת־יהוה לעולם הללו־יה׃

12.10.2 Psalm 145,15f.

(15) עיני־כל אליך ישׂברו ואתה נותן־להם את־אכלם בעתו׃
(16) פותח אתה ידך ומשׂביע לכל־חי רצון׃

Grammatik-Paragraphen

Den grammatischen Stoff dieser Lektion können Sie in den folgenden Paragraphen wiederfinden:

29 (Stämme, allgemein),
30 (Nif`al), 31.1 (Übersicht),
31.3 (Pi`el),
32.1 (Übersicht), 32.2 (Hif`il),
53.1 (ו),
53.3 (כִּי),
53.5 (Schwur).

Lektion Dreizehn

Wenn Sie diese Lektion bearbeitet haben, sollen Sie

- die formalen Merkmale auch der Stämme Pu`al, Hitpa`el und Hof`al kennen und Verbformen nach Stämmen analysieren können,
- Die Bedeutungen von Pu`al-, Hitpa`el- und Hof`al-Formen aus den Bedeu tungen der aktiven Stämme herleiten können und
- Fragesätze aus dem Kontext und an der Form ihrer Einleitung erkennen und richtig übersetzen können.

13.1 Zur Einführung

13.1.1 Pi`el / Pu`al

(1) בַּיָּמִים הָהֵמָּה וּבָעֵת הַהִיא נְאֻם־יְהוָה יָבֹאוּ בְנֵי־יִשְׂרָאֵל הֵמָּה וּבְנֵי־יְהוּדָה יַחְדָּו ... וְאֶת־יְהוָה אֱלֹהֵיהֶם יְבַקֵּשׁוּ׃ (Jer 50,4)

(2) בַּיָּמִים הָהֵמָּה וּבָעֵת הַהִיא נְאֻם־יְהוָה יְבֻקַּשׁ אֶת־עֲוֺן יִשְׂרָאֵל וְאֵינֶנּוּ ... כִּי אֶסְלַח לַאֲשֶׁר אַשְׁאִיר׃ (Jer 50,20)

13.1.2 Hif`il / Hof`al

(1) הָרֹעִים אֲשֶׁר־לְךָ הָיוּ עִמָּנוּ לֹא הִכְלַמְנוּ אִתָּם וְלֹא נִפְקַד לָהֶם מְאוּמָה (1 Sam 25,7b)

David spricht mit Nabal über seine Erlebnisse mit dessen Hirten. (הָיוּ = היה perf 3 pl)

(2) וְהָאֲנָשִׁים טֹבִים לָנוּ מְאֹד וְלֹא הָכְלַמְנוּ וְלֹא פָקַדְנוּ מְאוּמָה כָּל־יְמֵי הִתְהַלַּכְנוּ אִתָּם (1 Sam 25,15)

Derselbe Sachverhalt im Munde von Nabals Hirten.

13.1.3 Hitpa`el

(1) וְהָיָה בַּיּוֹם הַהוּא ... נְאֻם־אֲדֹנָי יְהוִה .. (23) וְהִתְגַּדִּלְתִּי וְהִתְקַדִּשְׁתִּי וְנוֹדַעְתִּי לְעֵינֵי גּוֹיִם רַבִּים וְיָדְעוּ כִּי־אֲנִי יְהוָה׃ (Ez 38,18a.23)

וְנוֹדַעְתִּי : ידע Ni

(2) אָכֵן אַתָּה אֵל מִסְתַּתֵּר (Jes 45,15a)

13.2 Aufgaben zur Einführung

13.2.1 Formen

13.2.1.1 Stellen Sie jeweils im Kontrast zu den bekannten Stämmen Pi`el und Hif`il die Formen der neuen Stämme fest und beschreiben Sie die Merkmale, an denen sie zu erkennen sind.
Zur Übersicht verhilft die Tabelle „Starkes Verb (2)“ im Beiheft, S. 185.

13.2.1.2 Eine Besonderheit des Hitpa`el zeigt Satz 13.1.3.2. Versuchen Sie zunächst, mit der Form selbst zurechtzukommen; schauen Sie erst dann in der Grammatik nach. ➔ Gr § 31.5

13.2.2 Bedeutungen

13.2.2.1 Auch die Bedeutungen können Sie im Kontrast zu den bekannten Stämmen und aus dem Textzusammenhang erschließen.

13.2.2.2 Benennen Sie eine syntaktische Besonderheit des hebräischen Passivs gegenüber dem Deutschen (im Text 13.1.1.2). ➔ Gr § 50.1

13.2.2.3 Noch eine syntaktische Besonderheit, die Sie nicht „wörtlich“ übersetzen können, findet sich in 13.1.2.2. ➔ Gr § 45.5

13.2.3 Analyse-Übung

Wenden Sie die Kenntnis der Merkmale der einzelnen Stämme an, wenn Sie die folgenden Formen analysieren:

(1) אֲדַבֵּר - וַאֲדַבֵּר - וָאֲדַבֵּר - לְדַבֵּר - מְדַבֵּר - נְדַבֵּר
מְדֻבָּר - מִדַּבֵּר

(2) הִשְׁמִיר - הַשְׁמֵר - נִשְׁמֹר - נִשְׁמָר - הִשָּׁמֵר - הִשְׁתַּמֵּר

(3) פְּקֹד - פֹּקֵד - הִפָּקֵד - הַפְקֵד - הִפְקִיד - הָפְקַד
מְפַקֵּד - מֻפְקָד - הַמֻּפְקָדִים

Wdhg.: Qámez chatúf (Lektion 0.6.2)

(4) סִפֵּר - סַפֵּר - סָפַר - סֹפֵר - סֻפַּר

13.3 Fragesätze

13.3.1 Textbeispiele

(1) וַיֹּאמֶר יְהוָה אֶל־קַיִן אֵי הֶבֶל אָחִיךָ
וַיֹּאמֶר לֹא יָדַעְתִּי הֲשֹׁמֵר אָחִי אָנֹכִי׃ (Gen 4,9)

PN: Kain, Abel

(2) וַיֹּאמֶר לָהֶם יַעֲקֹב אַחַי מֵאַיִן אַתֶּם וַיֹּאמְרוּ מֵחָרָן
אֲנָחְנוּ׃ (5) וַיֹּאמֶר לָהֶם הַיְדַעְתֶּם אֶת־לָבָן בֶּן־נָחוֹר
וַיֹּאמְרוּ יָדָעְנוּ׃ (6) וַיֹּאמֶר לָהֶם הֲשָׁלוֹם לוֹ וַיֹּאמְרוּ
שָׁלוֹם וְהִנֵּה רָחֵל בִּתּוֹ בָּאָה עִם־הַצֹּאן׃ (Gen 29,4-6)

ON: Haran, PN: Laban, Rahel

בָּאָה [בוא] ptz fem Qal

(3) וַיֹּאמֶר יִצְחָק אֶל־יַעֲקֹב גְּשָׁה־נָּא וַאֲמֻשְׁךָ בְּנִי
הַאַתָּה זֶה בְּנִי עֵשָׂו אִם־לֹא׃ (Gen 27,21)

גְּשָׁה־נָּא וַאֲמֻשְׁךָ „Komm her, damit ich dich betaste!“
PN: Esau

(4) Aus Moses Rede an die Kundschafter, die er aus der Wüste hinauf ins Kulturland schickt. Dem Vers geht ein Imperativ voraus:
וּרְאִיתֶם אֶת־הָאָרֶץ מַה־הִוא וְאֶת־הָעָם הַיֹּשֵׁב עָלֶיהָ
הֶחָזָק הוּא הֲרָפֶה הַמְעַט הוּא אִם־רָב׃ (Num 13,18)

וּרְאִיתֶם [ראה]

(5) וַיֹּאמֶר דָּוִד אֶל־אַבְנֵר הֲלוֹא־אִישׁ אַתָּה וּמִי כָמוֹךָ
בְּיִשְׂרָאֵל וְלָמָּה לֹא שָׁמַרְתָּ אֶל־אֲדֹנֶיךָ
הַמֶּלֶךְ (1 Sam 26,15)

PN: Abner

13.3.2 Aufgaben zu den Fragesätzen

Finden Sie selbst heraus,

13.3.2.1 wie Satzfragen (Antwort ist ein Satz oder „ja / nein“) und wie Wortfragen (Antwort ist ein Wort) eingeleitet werden,

13.3.2.2 wie Doppelfragen eingeleitet werden,

13.3.2.3 wie Antworten formuliert sind und

13.3.2.4 wie sich das „He interrogativum“ formal vom Artikel unterscheidet.

Lesen Sie erst nach der Textbearbeitung in der Grammatik nach.

➔ Gr §§ 13.3 und 51.3

13.4 David spielt verrückt — 1 Sam 21,11-16

(11) וַיָּקָם דָּוִד וַיִּבְרַח בַּיּוֹם־הַהוּא מִפְּנֵי שָׁאוּל וַיָּבֹא אֶל־
אָכִישׁ מֶלֶךְ גַּת׃

Bekannte Namen wie David und Saul werden nicht mehr angegeben, auch nicht solche, die als „X ben Y, mäläk Z“ o.ä. kenntlich sind.

(12) וַיֹּאמְרוּ עַבְדֵי אָכִישׁ אֵלָיו הֲלוֹא־זֶה דָוִד מֶלֶךְ הָאָרֶץ
הֲלוֹא לָזֶה יַעֲנוּ בַמְּחֹלוֹת לֵאמֹר
הִכָּה שָׁאוּל בַּאֲלָפָיו וְדָוִד בְּרִבְבֹתָיו׃

יַעֲנוּ hier: „singen“
הִכָּה [נכה] Perf Hi

(13) וַיָּשֶׂם דָּוִד אֶת־הַדְּבָרִים הָאֵלֶּה בִּלְבָבוֹ
וַיִּרָא מְאֹד מִפְּנֵי אָכִישׁ מֶלֶךְ־גַּת׃

(14) וַיְשַׁנֶּה אֶת־טַעְמוֹ בְּעֵינֵיהֶם וַיִּתְהֹלֵל בְּיָדָם
וַיְתָף עַל־דַּלְתוֹת הַשַּׁעַר וַיּוֹרֶד רִירוֹ אֶל־זְקָנוֹ׃

וַיִּתְהֹלֵל [הלל] „stellte sich verrückt“, וַיְתָף [תפף] „trommelte“, וַיּוֹרֶד [ירד] Hi

(15) וַיֹּאמֶר אָכִישׁ אֶל־עֲבָדָיו הִנֵּה תִרְאוּ אִישׁ מִשְׁתַּגֵּעַ לָמָּה
תָּבִיאוּ אֹתוֹ אֵלָי׃

תָּבִיאוּ [בוא] Hi

(16) חֲסַר מְשֻׁגָּעִים אָנִי כִּי־הֲבֵאתֶם אֶת־זֶה לְהִשְׁתַּגֵּעַ עָלָי
הֲזֶה יָבוֹא אֶל־בֵּיתִי׃

הֲבֵאתֶם [בוא] Hi

13.5 Zedekia spielt den Stier — 1 Kön 22,6.10-12

Sie können auch die ganze Geschichte lesen und übersetzen, der diese Szene entnommen ist: ➔ Übung 13.7.1

(6) וַיִּקְבֹּץ מֶלֶךְ־יִשְׂרָאֵל אֶת־הַנְּבִיאִים כְּאַרְבַּע מֵאוֹת אִישׁ
וַיֹּאמֶר אֲלֵיהֶם הַאֵלֵךְ עַל־רָמֹת גִּלְעָד לַמִּלְחָמָה אִם־
אֶחְדָּל וַיֹּאמְרוּ עֲלֵה וְיִתֵּן אֲדֹנָי בְּיַד הַמֶּלֶךְ׃

ON: Ramot in Gilead
עֲלֵה impt Qal

(10) וּמֶלֶךְ יִשְׂרָאֵל וִיהוֹשָׁפָט מֶלֶךְ־יְהוּדָה יֹשְׁבִים אִישׁ עַל־
כִּסְאוֹ מְלֻבָּשִׁים בְּגָדִים בְּגֹרֶן פֶּתַח שַׁעַר שֹׁמְרוֹן וְכָל־
הַנְּבִיאִים מִתְנַבְּאִים לִפְנֵיהֶם׃

ON: Samaria

(11) וַיַּעַשׂ לוֹ צִדְקִיָּה בֶן־כְּנַעֲנָה קַרְנֵי בַרְזֶל וַיֹּאמֶר
כֹּה אָמַר יְהוָה בְּאֵלֶּה תְּנַגַּח אֶת־אֲרָם עַד־כַּלֹּתָם׃

Name: „Aram“ = die Aramäer
עַד־כַּלֹּתָם „vernichtend“

(12) וְכָל־הַנְּבִאִים נִבְּאִים כֵּן לֵאמֹר — נבא נִבְּאִים ptz Ni
עֲלֵה רָמֹת גִּלְעָד וְהַצְלַח וְנָתַן יְהוָה בְּיַד הַמֶּלֶךְ׃ — עֲלֵה s.o. Vers 6

13.6 Ein Hymnus auf Gottes Erhabenheit — Psalm 113,1-4

(1) הַלְלוּ יָהּ
הַלְלוּ עַבְדֵי יְהוָה הַלְלוּ אֶת־שֵׁם יְהוָה׃
(2) יְהִי שֵׁם יְהוָה מְבֹרָךְ מֵעַתָּה וְעַד־עוֹלָם׃
(3) מִמִּזְרַח־שֶׁמֶשׁ עַד־מְבוֹאוֹ מְהֻלָּל שֵׁם יְהוָה׃
(4) רָם עַל־כָּל־גּוֹיִם יְהוָה עַל־הַשָּׁמַיִם כְּבוֹדוֹ׃

*13.7 Texte für weitere Übungen

Wortbedeutungen für die Texte 13.7.1 und 2 finden Sie nicht im Vokabular; Sie müssen das Lexikon benutzen.

*13.7.1 Die Geschichte von Micha Ben Jimla — 1 Kön 22,1-28a

V. 3	מַחְשִׁים	חשה Hi
	מִקַּחַת	מִן + לקח inf Qal
V. 7	מֵאוֹתוֹ	= מֵאִתּוֹ
V. 11	כַּלֹּתָם	inf כלה + suf
V. 17	נְפֹצִים	פוץ ptz Ni: „zerstreut"
V. 21	אֲפַתֶּנּוּ	Nun energicum ➔ Gr § 33.2.
V. 22	תּוּכָל	יכל impf Qal
V. 24	אוֹתָךְ	= אִתְּךָ
V. 26	וַהֲשִׁיבֻהוּ	שׁוב Hi

*13.7.2 Rechtsfälle aus dem „Bundesbuch" — Ex 22,6.7.9-12

V. 10	תִּהְיֶה	3 f s; Subjekt שְׁבֻעָה
V. 12	יְבִאֵהוּ	בוא Hi + suf: „soll er es bringen"
	עֵד	Apposition: „als Beweis"

*13.7.3 Einzelsätze

Zu diesen Sätzen stehen die Vokabeln wieder im Vokabular.

(1) וַיְשַׁלַּח יְהוָה אֱלֹהִים אֶת־הָאָדָם מִגַּן־עֵדֶן לַעֲבֹד אֶת־
הָאֲדָמָה אֲשֶׁר לֻקַּח מִשָּׁם׃ וַיְגָרֶשׁ אֶת־הָאָדָם וַיַּשְׁכֵּן
מִקֶּדֶם לְגַן־עֵדֶן אֶת־הַכְּרֻבִים וְאֵת לַהַט הַחֶרֶב
הַמִּתְהַפֶּכֶת לִשְׁמֹר אֶת־דֶּרֶךְ עֵץ הַחַיִּים׃ (Gen 3,23f)

(2) וַיַּשְׁכִּימוּ אַנְשֵׁי הָעִיר בַּבֹּקֶר וְהִנֵּה נֻתַּץ מִזְבַּח הַבַּעַל
וְהָאֲשֵׁרָה אֲשֶׁר עָלָיו כֹּרָתָה וְאֵת הַפָּר הָעֳלָה עַל־
הַמִּזְבֵּחַ׃ (Ri 6,28)

כֹּרָתָה Perf 3 fem s

(3) כִּי מִמִּזְרַח שֶׁמֶשׁ וְעַד־מְבוֹאוֹ גָּדוֹל שְׁמִי בַּגּוֹיִם וּבְכָל־
מָקוֹם מֻקְטָר מֻגָּשׁ לִשְׁמִי וּמִנְחָה טְהוֹרָה כִּי גָדוֹל שְׁמִי
בַּגּוֹיִם אָמַר יְהוָה צְבָאוֹת׃ (Mal 1,11)

מֻגָּשׁ Assimilation, aus מֻנְגָּשׁ

(4) אַל־תִּתְהַלֵּל בְּיוֹם מָחָר כִּי לֹא־תֵדַע מַה־יֵּלֶד יוֹם׃
(Prov 27,1)

תֵּדַע Qal ידע
יֵלֶד Qal ילד

(5) יְהַלֶּלְךָ זָר וְלֹא פִיךָ נָכְרִי וְאַל־שְׂפָתֶיךָ׃ (Prov 27,2)

(6) עֹזְבֵי תוֹרָה יְהַלְלוּ רָשָׁע וְשֹׁמְרֵי תוֹרָה יִתְגָּעֲרוּ בוֹ׃
(Prov 28,4)

13.8 Unpunktierter Text

Psalm 113,1-4

הללו יה
הללו עבדי יהוה   הללו את־שם יהוה׃
יהי שם יהוה מברך   מעתה ועד־עולם׃
ממזרח־שמש עד־מבואו   מהלל שם יהוה׃
רם על־כל־גוים יהוה   על־השמים כבודו׃

Grammatik-Paragraphen

Den grammatischen Stoff dieser Lektion finden Sie in den folgenden Paragraphen:

13.3 (He interrogativum),
29.4 (Stämme, Bedeutungen),
31.1 - 31.5 (Pu`al, Hitpa`el),
32.3 (Hof`al), 32.4 (Merkmale)
51.3 (Fragen und Antworten).

Lektion Vierzehn

Am Ende dieser Lektion werden Sie

- die Merkmale für feminine Verbformen kennen und diese Formen analysieren können,
- die geläufigsten, regelmäßig gebildeten Suffix-Formen des Verbs analysieren können und
- Formen von Verben Lamed-He analysieren können, bei denen eine Endung an den II. Radikal angefügt ist.

14.1 Zur Einführung

(1) וַיַּרְא יְהוָה כִּי־שְׂנוּאָה לֵאָה וַיִּפְתַּח אֶת־רַחְמָהּ
וְרָחֵל עֲקָרָה׃
וַתַּהַר לֵאָה וַתֵּלֶד בֵּן וַתִּקְרָא שְׁמוֹ רְאוּבֵן
כִּי אָמְרָה
כִּי־רָאָה יְהוָה בְּעָנְיִי כִּי עַתָּה יֶאֱהָבַנִי אִישִׁי׃

(Gen 29,31f)

PN: Lea, Rahel

(2) וַתֹּאמֶר הָאִשָּׁה [אֶל־דָּוִד] תְּדַבֶּר־נָא שִׁפְחָתְךָ אֶל־אֲדֹנִי
הַמֶּלֶךְ דָּבָר וַיֹּאמֶר דַּבֵּרִי׃

(2 Sam 14,12)

(3) וַיֹּאמֶר אֵלֶיהָ
הַשְׁקִינִי־נָא מְעַט־מַיִם כִּי צָמֵאתִי
וַתִּפְתַּח אֶת־נֹאד הֶחָלָב וַתַּשְׁקֵהוּ וַתְּכַסֵּהוּ׃
וַיֹּאמֶר אֵלֶיהָ עֲמֹד פֶּתַח הָאֹהֶל וְהָיָה אִם־אִישׁ יָבוֹא
וּשְׁאֵלֵךְ וְאָמַר הֲיֵשׁ־פֹּה אִישׁ וְאָמַרְתְּ אָיִן׃

(Ri 4,19f)

Und er sagte zu ihr: „Gib mir bitte etwas Wasser zu trinken, ich habe solchen Durst!“ Und sie öffnete den Milchschlauch und gab ihm zu trinken und deckte ihn zu...

(4) וַיֹּאמֶר שַׁלְּחֵנִי כִּי עָלָה הַשָּׁחַר וַיֹּאמֶר לֹא אֲשַׁלֵּחֲךָ
כִּי אִם־בֵּרַכְתָּנִי׃

(Gen 32,27)

14.2 Aufgaben zur Einführung

14.2.1 Feminin-Formen

14.2.1.1 Achten Sie in den Textbeispielen 1 bis 3 darauf, welche Verbformen feminin sein müssen. Bestimmen Sie jeweils die Elemente (Präformative und Afformative), die das Merkmal „femininum" bezeichnen.
Schreiben Sie diese Elemente auf.
Ein weiteres Feminin-Zeichen finden Sie im ersten Satz des Textes 14.3 (1 Kön 3,16).

14.2.1.2 Kontrollieren Sie Ihre Ergebnisse an den Tabellen in der Grammatik (➔ §§ 25, 26 und 27) und im Beiheft dieses Buches (➔ S. 184f).

14.2.2 Tabelle

Tragen Sie an den vorgesehenen (grau unterlegten) Leerstellen der hier folgenden Tabelle die Feminin-Zeichen ein.

Afformativ-Konjugation f			Afformativ-Konjugation m			
	□□□			□□□		3 sg
	□□□		תָ	□□□		2
			תִי	□□□		1
			וּ	□□□		3 pl
	□□□		תֶם	□□□		2
			נוּ	□□□		1

Präformativ-Konjugation f			Präformativ-Konjugation m			
	□□□			□□□	י	3 sg
	□□□			□□□	ת	2
				□□□	א	1
	□□□		וּ	□□□	י	3 pl
	□□□		וּ	□□□	ת	2
				□□□	נ	1

14.2.3 Analyse-Übungen

Üben Sie, indem Sie die folgenden Verbformen analysieren. Die Merkmale der verschiedenen Stämme sind auch bei den femininen Verbformen zu erkennen.

תִּשְׁלְחִי - תְּשַׁלְּחִי - תַּשְׁלִיחִי - הַשְׁלִיחִי - הָשְׁלְחִי
שַׁלְּחִי - שִׁלְחִי - שִׁלַּחְתִּי - שָׁלַחְתִּי
דַּבְּרִי - דַּבְּרָה - דִּבְּרָה
כַּבְּדִי - כָּבְדָה - כִּבְּדִי - כִּבְּדָה

14.2.4 Suffixe

14.2.4.1 Lesen und übersetzen Sie auch 14.1.4. Achten Sie hier und in 14.1.1 auf die Verbformen mit Suffixen, und bestimmen Sie jedesmal die Merkmale, an denen Sie Stamm, Tempus und Person erkennen.

14.2.4.2 Überlegen Sie, welchen Satzteil das Suffix am Verb darstellt, an welchen Stämmen also Suffixe zu erwarten sind, und analysieren Sie die folgenden Verbformen:

שִׁלְחוֹ - שְׁלָחוֹ - הַשְׁלִחוֹ - וַיִּשְׁלָחֵהוּ - וַיַּשְׁלִיחֵהוּ -
וַיְשַׁלְּחֵהוּ

וַיִּגְנְבֶהָ - וַיַּגְנִבֶהָ - וַיְגַנְּבֶהָ - גְּנָבָהּ - גֻּנְּבָהּ - גְּנָבָהּ -
הִגְנִבָהּ

סְגָרָךְ - סְגָרְךָ - סִגְּרָךְ - יַסְגִּירֶךָ - יְסַגֶּרְךָ - יִסְגָּרֶךָ

14.2.5 Schwache Verben

Betrachten Sie in 14.1.3 noch einmal die Verbformen: הַשְׁקִינִי, וַתַּשְׁקֵהוּ und וַתְּכַסֵּהוּ. Isolieren Sie die Suffixe und betrachten Sie den Rest:

Worin besteht die „Schwäche" dieser Verbformen?

Woran sind sie als Verben eben dieser Klasse zu erkennen?

Ein Dagech forte kann unter bestimmten Bedingungen ausfallen! ➔ Gr § 05.2

14.3 Das salomonische Urteil

1 Kön 3,16-28

Lesen Sie den Text in der Biblia Hebraica. Hinweise, vor allem zu Verbformen, die Sie noch nicht analysieren können, erhalten Sie hier auf der folgenden Seite.

Arbeitsanweisungen zu diesem und dem folgenden Text in 14.5.

1 Kön 3, V.16	אָז	➔ Gr § 48.5
V.18	לְלִדְתִּי	inf ילד + ל + suf
V.21	לְהֵינִיק	[ינק] Hi: „zu stillen“
	וָאֶתְבּוֹנֵן	von בִּין genau ansehen
V.24	וַיָּבִאוּ	Hif`il zu וַיָּבֹאוּ
V.26 / 27	וְהָמֵת אַל־תְּמִיתֻהוּ	„aber tötet es nur nicht!“
V.28	לַעֲשׂוֹת	עשה inf. Qal

14.4 Ankündigung der Geburt Simsons

Ri 13,2-6

(2) וַיְהִי אִישׁ אֶחָד מִצָּרְעָה מִמִּשְׁפַּחַת הַדָּנִי וּשְׁמוֹ מָנוֹחַ
וְאִשְׁתּוֹ עֲקָרָה וְלֹא יָלָדָה׃
(3) וַיֵּרָא מַלְאַךְ־יְהוָה אֶל־הָאִשָּׁה וַיֹּאמֶר אֵלֶיהָ הִנֵּה־נָא אַתְּ־
עֲקָרָה וְלֹא יָלַדְתְּ וְהָרִית וְיָלַדְתְּ בֵּן׃
(4) וְעַתָּה הִשָּׁמְרִי נָא וְאַל־תִּשְׁתִּי יַיִן וְשֵׁכָר וְאַל־תֹּאכְלִי כָּל־
(5) טָמֵא׃ כִּי הִנָּךְ הָרָה וְיֹלַדְתְּ בֵּן וּמוֹרָה לֹא־יַעֲלֶה עַל־
רֹאשׁוֹ כִּי נְזִיר אֱלֹהִים יִהְיֶה הַנַּעַר מִן־הַבָּטֶן וְהוּא יָחֵל
לְהוֹשִׁיעַ אֶת־יִשְׂרָאֵל מִיַּד פְּלִשְׁתִּים׃
(6) וַתָּבֹא הָאִשָּׁה וַתֹּאמֶר לְאִישָׁהּ לֵאמֹר אִישׁ בָּא אֵלַי
וּמַרְאֵהוּ כְּמַרְאֵה אֱלֹהִים נוֹרָא מְאֹד וְלֹא שְׁאִלְתִּיהוּ
אֵי־מִזֶּה הוּא וְאֶת־שְׁמוֹ לֹא־הִגִּיד לִי׃

ON: Zora

וַיֵּרָא [ראה] Nif`al

zu וְהָרִית ➔ Gr § 39.2

תֹּאכְלִי [אכל] ➔ Gr § 35

יָחֵל [חלל] „wird beginnen“

לְהוֹשִׁיעַ [Hi ישע] „zu retten“

14.5 Aufgaben zu den Texten 14.3 und 14.4

14.5.1 Formenanalyse

14.5.1.1 Analysieren Sie vor allem die femininen Verbformen und die Verbformen mit Suffixen.

In 1 Kön 3,22f kommt die Form אֹמֶרֶת vor.

Versuchen Sie, sie zu bestimmen und die auffällige Vokalisation zu erklären.

➔ Gr § 28.2

14.5.1.2 Kontrollieren Sie Ihren Lernerfolg, indem Sie, nachdem

Sie die Texte bearbeitet haben, auswendig noch einmal zusammenfassen, mit welchen Feminin-Zeichen Sie beim Verb zu rechnen haben.

14.5.1.3 Formulieren Sie auch eine Analyseregel für Formen der Verben ל״ה, indem Sie folgende Sätze ergänzen:

Analyseregel

Wenn eine vokalische Endung oder ein Suffix betont und unmittelbar an den .... Radikal angefügt ist oder wenn vor einer konsonantischen Endung der Vokalbuchstabe ...... mit dem Vokal ..... , ... oder .... steht, handelt es sich um ein Verb ל״ה.

14.5.2 Zur Syntax

Achten Sie in beiden Texten auf die Nominalsatz-Einschübe in der Erzählung. Berücksichtigen Sie das inhaltliche Verhältnis der Sätze für die deutsche Wiedergabe der Partikel ו (besonders in 14.4.3).

Überlegen und begründen Sie in 14.3, V.19 die Übersetzung des אֲשֶׁר-Satzes.

➔ Gr § 53.4

14.6 Übung zur Wortkunde

14.6.1 Bilden Sie aus Anlaß dieser Lektion zum Lernen und Wiederholen eine Sachgruppe „weiblich“. Aus früheren Lektionen gehören dazu: אִשָּׁה, אַלְמָנָה, אָחוֹת, בַּת und die femininen Pronomina.

14.6.2 Wiederholen Sie die Verben ל״ה (Narrativ und Bedeutung):

היה - חיה - חנה - נכה - עלה - עשׂה - קנה - ראה -
רעה - שׁתה

Nennen Sie auch die Wurzeln zu וַיַּעַל und וַיֵּשְׁתְּ .

*14.7 Abimelech — Ri 9,1-15

Lesen und übersetzen Sie aus der Biblia Hebraica, und benutzen Sie das Lexikon.

*14.7.1 Abimelech wird König in Sichem — Ri 9,1-6

V.3: וַיֵּט [נטה] „(er) neigte sich“,

V.5: zu וַיִּוָּתֵר →Gr § 38.3

*14.7.2 Parabel vom König der Bäume — Ri 9,7-15

V.7 וַיַּגִּ֫דוּ [נגד] Hif`il

וַיִּשָּׂא [נשׂא]

V.8 und 12: מְלוֹכָה → Qeré

V.9: lies statt בִּי : בּוֹ

לָנוּעַ „zu schwanken / baumeln“

V.15: בֹּ֫אוּ [בוא] impt

14.8 Unpunktierter Text — 1 Kön 3,23-27

(23) ויאמר המלך
זאת אמרת זה־בני החי ובנך המת
וזאת אמרת לא כי בנך המת ובני החי׃
(24) ויאמר המלך קחו לי־חרב ויביאו החרב לפני המלך׃
(25) ויאמר המלך גזרו את־הילד החי לשנים
ותנו את־החצי לאחת ואת־החצי לאחת׃
(26) ותאמר האשה אשר־בנה החי אל־המלך כי נכמרו
רחמיה עַל־בנה ותאמר
בי אדני תנו־לה את־הילוד החי והמת אל־תמיתוהו
וזאת אמרת גם־לי גם־לך לא יהיה גזרו׃
(27) ויען המלך ויאמר תנו לה את־הילוד החי
והמת לא תמיתוהו היא אמוֹ׃

Grammatik-Paragraphen

Den grammatischen Stoff der Lektion 14 können Sie wiederfinden in den Paragraphen:

25.2 und 3 (Tabelle Präformative), 26.1 (Imperativ fem), 27.2 und 3 (Tabelle Afformative), 33.2 (Tabelle Suffixe und Betonung der Suffixformen), 35 (Verben פ״א), 39.1, 39.2 (Schwache Formen ל״ה).

Lektion Fünfzehn

Wenn Sie diese Lektion bearbeitet haben, sollen Sie

- auch ungewöhnliche und seltene Suffix-Formen des Verbs analysieren können,
- von schwachen Verbformen mit Dagesch forte im ersten sichtbaren Radikal auf die Wurzel schließen können (פ״נ),
- die syntaktische Funktion des Artikels kennen und in einem Erzähltext erläutern können.

15.1 Zur Einführung: Suffix-Formen

(1) יְהוָה אֱלֹהֵי אֲבֹתֵיכֶם אֱלֹהֵי אַבְרָהָם וֵאלֹהֵי יִצְחָק
וֵאלֹהֵי יַעֲקֹב שְׁלָחַנִי אֲלֵיכֶם (Ex 3,15)

(2) וָאֶשְׁמַע אֶת־קוֹל אֲדֹנָי אֹמֵר אֶת־מִי אֶשְׁלַח וּמִי יֵלֶךְ־לָנוּ
וָאֹמַר הִנְנִי שְׁלָחֵנִי׃ (Jes 6,8)

(3) וַיִּקְרָא שִׁמְשׁוֹן אֶל־יְהוָה וַיֹּאמַר אֲדֹנָי יֱהֹוִה זָכְרֵנִי נָא
וְחַזְּקֵנִי נָא אַךְ הַפַּעַם הַזֶּה (Ri 16,28)

(4) אָרוּר הַיּוֹם אֲשֶׁר יֻלַּדְתִּי בּוֹ יוֹם אֲשֶׁר־יְלָדַתְנִי אִמִּי
אַל־יְהִי בָרוּךְ׃ (Jer 20,14)

(5) וַיֹּאמֶר שָׁאוּל אֶל־מִיכַל לָמָּה כָּכָה רִמִּיתִנִי וַתְּשַׁלְּחִי
אֶת־אֹיְבִי וַיִּמָּלֵט (1 Sam 19,17)

(6) מָה־אֱנוֹשׁ כִּי־תִזְכְּרֶנּוּ וּבֶן־אָדָם כִּי תִפְקְדֶנּוּ׃ (Ps 8,5)

15.2 Aufgaben zur Einführung

Achten Sie beim Lesen und Übersetzen der Textbeispiele 15.1 auf die suffigierten Verbformen.

15.2.1 (zu 1 und 2) Woran sind Perfekt und Imperativ zu unterscheiden?

15.2.2 (zu 2 und 3) Welches sind die Merkmale für Impt Qal?

15.2.3 (zu 4 und 5) Welche zusätzlichen Feminin-Merkmale sind vor Suffixen zu erwarten?

Warum kann man in Satz 5 die Form רִמִּיתָ֫נִי nicht für eine 1. Person („Ich habe ...“) halten?

15.2.4 (zu 6) Achten Sie bei Verbformen mit Suffix und Nun energicum (➔ Gr § 33.2) auf den Unterschied zwischen den Suffixen der 1 pl und der 3 m s.

15.2.5 Analysieren Sie:

כְּתַבְתַּ֫נִי - כְּתָבַ֫תְנִי - כְּתַבְתִּיךְ - כְּתָבָתְךְ - כְּתָבוֹ - כְּתָבֵ֫הוּ

15.3 In der Not befragt David den HERRN — aus 1 Sam 30

Vor dem Ende Sauls war David Lehnsmann des Philisterfürsten von Gat und residierte in der südjudäischen Stadt Ziklag. Aus Kapitel 29 geht hervor, daß er kurz von Ziklag abwesend war.

(1) וַיְהִי בְּבֹא דָוִד וַאֲנָשָׁיו צִקְלַג בַּיּוֹם הַשְּׁלִישִׁי וַעֲמָלֵקִי פָשְׁטוּ אֶל־נֶגֶב וְאֶל־צִקְלַג וַיַּכּוּ אֶת־צִקְלַג וַיִּשְׂרְפוּ אֹתָהּ בָּאֵשׁ׃

(2) וַיִּשְׁבּוּ אֶת־הַנָּשִׁים וְאֶת־כָּל־אֲשֶׁר־בָּהּ מִקָּטֹן וְעַד־גָּדוֹל

(3) וַיָּבֹא דָוִד וַאֲנָשָׁיו אֶל־הָעִיר וְהִנֵּה שְׂרוּפָה בָּאֵשׁ וּנְשֵׁיהֶם וּבְנֵיהֶם וּבְנֹתֵיהֶם נִשְׁבּוּ׃

(4) וַיִּשָּׂא דָוִד וְהָעָם אֲשֶׁר־אִתּוֹ אֶת־קוֹלָם וַיִּבְכּוּ

(6) וַתֵּצֶר לְדָוִד מְאֹד כִּי־אָמְרוּ הָעָם לְסָקְלוֹ כִּי־מָרָה נֶפֶשׁ כָּל־הָעָם אִישׁ עַל־בָּנָיו וְעַל־בְּנֹתָיו וַיִּתְחַזֵּק דָּוִד בַּיהוָה אֱלֹהָיו׃

(7) וַיֹּאמֶר דָּוִד אֶל־אֶבְיָתָר הַכֹּהֵן בֶּן־אֲחִימֶלֶךְ הַגִּישָׁה־נָּא לִי הָאֵפֹד וַיַּגֵּשׁ אֶבְיָתָר אֶת־הָאֵפֹד אֶל־דָּוִד׃

(8) וַיִּשְׁאַל דָּוִד בַּיהוָה לֵאמֹר אֶרְדֹּף אַחֲרֵי הַגְּדוּד־הַזֶּה הַאַשִּׂגֶנּוּ וַיֹּאמֶר לוֹ רְדֹף כִּי־הַשֵּׂג תַּשִּׂיג וְהַצֵּל תַּצִּיל׃

בְּבֹא [בוא] inf + präp ב

Name: Negev

וַתֵּצֶר ל „er geriet in Gefahr“

מָרָה נֶפֶשׁ „war verzweifelt“

15.4 Seeleute befragen das Los **Jona 1,7-9**

(siehe auch unten ***15.9**)

וְנֵדְעָה	[ידע] impf Qal
בַּאֲשֶׁר לְמִי = בְּשֶׁלְּמִי	„um wessentwillen“

15.5 Übungen zu 15.3 und 15.4

15.5.1 Achten Sie auf alle schwachen Verbformen, bei denen die Präformativsilbe durch ein Dagesch forte geschärft ist. Dort ist der I. Radikal, ein Nun, assimiliert.
Nennen Sie jeweils die Wurzel, und analysieren Sie die Form genau. Zu וַיַּכּוּ ➔ 14.5.1.3.

15.5.2 Unterscheiden Sie Formen פ״נ von Nif`al-Formen:

וַיִּתְּנֵם - יִקָּחֵהוּ - וַיִּלָּחֶם - נִצָּבִים - הִפַּלְתִּי

15.5.3 Analysieren Sie Verben פ״נ mit Suffixen:

הִגִּידָה - וְנַגִּידֶנּוּ - וְהִגִּישָׁה - וְהִפִּילוֹ - וְהִפַּלְתִּיו -
וּבְהַפִּילְכֶם - וְהִצַּלְתִּים - לְהַצִּילֵנִי - יַצִּילֵנוּ -
נְשָׂאֲךָ - נְשָׂאַתְנוּ - יִשָּׂאֶנָּה - וַתִּשָּׂאֵהוּ -
אֶתְּנֶךָּ - תִּתְּנֵנִי - וַיִּתְּנֵהוּ - יִקָּחֵנִי - וְאֶקָּחֵהוּ - תִּקָּחֶנָּה

15.6 Übersicht über die schwachen Verben

hinten schwach ל	innen schwach ע	vorne schwach פ	
ל״א [מצא]		פ״א [אמר]	Diese Verbklassen bieten der Analyse keine Schwierigkeit: א ist meistens geschrieben
		פ״נ [נפל]	Meist am Dagesch forte im ersten sichtbaren Radikal zu erkennen
ל״ו (= ל״ה [גלה] oder ל״י)	ע״ו [קום] ע״י [שים] ע״ע [סבב]	פ״ו [ישב] פ״י [יטב]	Zu diesen Klassen werden Sie in den folgenden Lektionen weitere Analyse-Merkmale lernen.

15.7 Das Ende Abimelechs — Ri 9,50-54

15.7.1 Der Text

V.53: וַתָּרִץ [רצץ] Hi zerschmettern
V.54: וּמוֹתְתֵנִי [מות] „und töte mich“

15.7.2 Artikel und Determination im Text

15.7.2.1 Achten Sie besonders auf den Gebrauch des Artikels. Unterstreichen Sie verschiedenfarbig oder schreiben Sie heraus: einerseits die „determinierten“ Nomina und Nominalgruppen, anderseits die nicht determinierten.
Vergleichen Sie die Anzahl der Wörter in beiden Reihen. Vergleichen Sie die Reihen auch unter dem inhaltlichen Gesichtspunkt: Welche enthält die für den Hörer / Leser wichtigeren Informationen?

➔ Gr § 45.2

15.7.2.2 Der Artikel verweist den Hörer / Leser auf Bekanntes. Prüfen Sie in jedem Fall, woher die Bekanntheit stammt:

- aus dem unmittelbar vorhergehenden Kontext?
- aus der Sprechsituation?
- aus den allgemeinen Sach- und Sprachkenntnissen?

15.7.2.3 Welche anderen sprachlichen Elemente verweisen den Hörer / Leser zurück auf ihm schon Bekanntes?
Inwiefern ist הַנַּעַר (V.54) ein Sonderfall?

15.7.2.4 Stellen Sie entsprechende Beobachtungen auch am Text 15.8 an, und zwar, **bevor** Sie Gr. § 52.5 lesen.

➔ Gr § 52.5

*15.8 Eine Prophetenlegende — 2 Kön 2,19-22

V.20: וְשִׂימוּ [שׂים] impt Qal
V.22: וַיֵּרָפוּ = וַיֵּרָפְאוּ

*15.9 Die Geschichte von Jona — Jona 1 - 4

15.9.1 Wenn Sie über den kleinen Ausschnitt von 15.4 hinaus Interesse am Buch Jona haben, können Sie es auch ganz lesen und übersetzen (allerdings ohne den Psalm in Kapitel 2).

15.9.2 Schwache Verben, die noch nicht besprochen wurden, sind: (1,4.12.15) טול, (1,13) שׁוב, (2,11) קיא, (4,10) חוס,

Verben ע״וי (Hohle Wurzeln) ➔ Gr § 41

15.9.3 (1,5) קלל, (3,4) חלל, (4,1) רעע,

Verben ע״ע ➔ Gr § 42

15.9.4 שָׂאוּנִי (1,12) erkennen Sie, nachdem Sie וַיִּשְׂאוּ (1,15) verstanden haben, und (Kap 4,4) הַהֵטִיב übersetzen Sie einfach mit „ist es richtig, daß?“.

הַהֵטִיב [יטב] Hi

15.10 Unpunktierter Text:

Jona 1,7-9

(7) ויאמרו איש אל־רעהו לכו ונפילה גורלות ונדעה
בשלמי הרעה הזאת לנו ויפילו גורלות ויפול הגורל
על־יונה:
(8) ויאמרו אליו הגידה־נא לנו מה־מלאכתך
ומאין תבוא מה ארצך ואי־מזה עם אתה:
(9) ויאמר אליהם עברי אנכי ואת־יהוה אלהי השמים
אני ירא אשר־עשה את־הים ואת־היבשה:

Grammatik-Paragraphen

Den grammatischen Stoff dieser Lektion finden Sie im Paragraphen: 33 (Suffixe)
und in den §§: 36.1 (Verben פ״נ) und 52.5 (Artikel).

Lektion Sechzehn

Wenn Sie diese Lektion bearbeitet haben, sollen Sie

- schwache Verbformen mit o bzw. u in der offenen Präformativsilbe analysieren können,
- Infinitive der Verben ל״ה an ihrer Endung erkennen können,
- וַיְהִי als volles Prädikat und als Gliederungszeichen unterscheiden und bei der Übersetzung beachten können und
- Vokalisations-Besonderheiten der Gutturale wiederholt haben und sie bei der Analyse von schwachen Verbformen berücksichtigen können.

16.1 Zur Einführung

Psalm 106,6-13a

(6)	חָטָאנוּ עִם־אֲבוֹתֵינוּ	Wir haben gesündigt samt unsern Vätern;
	הֶעֱוִינוּ הִרְשָׁעְנוּ׃	haben Unrecht begangen, gefrevelt:
(7)	אֲבוֹתֵינוּ בְמִצְרַיִם	Unsere Väter in Ägypten
	לֹא־הִשְׂכִּילוּ נִפְלְאוֹתֶיךָ	begriffen nicht deine Wunder.
	לֹא זָכְרוּ אֶת־רֹב חֲסָדֶיךָ	Sie dachten nicht an die Vielzahl deiner Gnaden
	וַיַּמְרוּ עַל־יָם בְּיַם־סוּף׃	und empörten sich gegen den Höchsten am Schilfmeer.
(8)	וַיּוֹשִׁיעֵם לְמַעַן שְׁמוֹ	Doch er rettete sie um seines Namens willen,
	לְהוֹדִיעַ אֶת־גְּבוּרָתוֹ׃	um seine Macht bekannt zu machen.
(9)	וַיִּגְעַר בְּיַם־סוּף וַיֶּחֱרָב	Er schalt das Schilfmeer, und es vertrocknete,
	וַיּוֹלִיכֵם בַּתְּהֹמוֹת כַּמִּדְבָּר׃	und er ließ sie gehen durch die Fluten wie (durch) die Wüste.
(10)	וַיּוֹשִׁיעֵם מִיַּד שׂוֹנֵא	So rettete er sie aus der Hand des Hassers,
	וַיִּגְאָלֵם מִיַּד אוֹיֵב׃	löste sie aus Feindeshand.

וַיְכַסּוּ־מַיִם צָרֵיהֶם	(11)	Dann bedeckte Wasser ihre Feinde.
אֶחָד מֵהֶם לֹא נוֹתָר׃		Nicht einer von ihnen blieb übrig.
וַיַּאֲמִינוּ בִדְבָרָיו	(12)	Und sie glaubten seinen Worten
וַיָּשִׁירוּ תְּהִלָּתוֹ׃		und sangen sein Lob.
מִהֲרוּ שָׁכְחוּ מַעֲשָׂיו	(13)	(Doch) eilends vergaßen sie seine Taten.

16.2 Aufgaben zur Einführung

16.2.1 Lesen Sie zunächst nur die Verse 6 und 7, und versuchen Sie, die Verbformen zu analysieren. Die Übersetzung ist als Hilfe bei der Analyse gedacht.
Vergleichen Sie die Hif`il-Formen miteinander: Welches sind Verben ל״ה ? Woran sind die zu erkennen?
Welche Merkmale haben die Formen der Verben ל״ה mit denen der starken Verben gemeinsam?

16.2.2 Verse 8 - 10: Verbformen mit langem o in der offenen Präformativsilbe
Beginnen Sie mit der Analyse von לְהוֹדִיעַ (8b)
Analysieren Sie dann וַיּוֹשִׁיעֵם (8a)(10) und וַיּוֹלִיכֵם (9b)
Auch bei נוֹתָר (Hi „übrig lassen") hilft die Übersetzung: Welcher Stamm liegt hier vor?

16.2.3 Kontrollieren Sie Ihre Ergebnisse in der Grammatik, und formulieren Sie eine Analyseregel, indem Sie die folgenden Sätze ergänzen:

➔ Gr § 38.3

Analyseregel

Bei Verbformen mit langem o in der offenen Präformativsilbe handelt es sich um schwache Verben der Klasse .... in allen Formen des .... oder in der Afformativ-Konjugation des ....

16.2.4 Wenn Sie sich an bekannte Verbformen wie וָאֹמַר erinnern, müssen Sie diese Analyseregel noch um einen Satz erweitern: (➔ Gr § 35)

Analyseregel
Langes o haben auch Verben der Klasse .... in der .... - Konjugation des Qal.

16.3 Ein neues Lied für den HERRN — Psalm 98,1-3

V.1: שִׁירוּ [שׁיר] impt pl

16.4 Josef in Potifars Haus — aus Gen 39

Bearbeiten Sie nur die Verse: 1-2, 4-5a und 6b-20.

V.15: הֲרִמֹתִי [רוּם] Pf Hi

V.16: וַתַּנַּח [נוּחַ] Hi „sie ließ liegen“

V.18: כַּהֲרִימִי [רוּם] inf Hi + כְּ und suf

Weitere Hinweise zur Übersetzung in Übung 16.5

16.5 Übungen zu den Texten 16.3 und 16.4

16.5.1 Psalm 98

Analysieren Sie alle Verbformen, achten Sie besonders auf Verben פ״ו und ל״ה. Wo finden Sie נִפְלָאוֹת im Lexikon?

16.5.2 Gen 39 - Verbformen

Bearbeiten Sie diese Übung parallel zum Übersetzen.

16.5.2.1 Vergleichen Sie in Vers 1 das erste und das vorletzte Wort. Analysieren Sie zuerst die letztere Form. In welchem Stamm kann ein u in der Präformativsilbe vorkommen?

16.5.2.2 Wiederholung: Verben mit Gutturalen. Bestimmen Sie den Stamm und erläutern Sie die Besonderheiten von:
V.4: וַיְשָׁ֫רֶת , V.8: וַיְמָאֵן , V.9: אֶעֱשֶׂה , V.12: וַיַּעֲזֹב
und V.14: לְצַ֫חֶק .

16.5.2.3 In den Versen 10, 11 und 12 kommen Infinitive von Ihnen bekannten Verben ל״ה vor.
Bestimmen Sie Wurzel und Stamm. Welches ist das Merkmal für Infinitive von Verben ל״ה?

16.5.3 Gen 39 - Zur Syntax

16.5.3.1 Nominal- und Verbalsätze
Achten Sie darauf, daß der Text nicht mit einem Narrativ beginnt. Vielmehr enthalten die ersten Sätze einen Rückgriff auf das Ende von Kapitel 37. Welches Tempus steht im Deutschen? Wo setzt die eigentliche Erzählung ein?

16.5.3.2 Prüfen Sie immer, ob וַיְהִי
(a) einfach das Prädikat eines Satzes oder
(b) Einleitungs- bzw. Hinweisformel ist.
Im Fall (b) beschreiben Sie die Konstruktion:
Wie ist der Einschub formuliert?
Wo setzt der „Hauptsatz“ ein?
Und übersetzen Sie richtig. ➔ Gr § 52.2

16.5.3.3 Verschaffen Sie sich nach der Übersetzung einen Überblick darüber, wie der ganze Text durch den Gebrauch der וַיְהִי-Formel gegliedert ist. ➔ Gr § 54.3

16.5.4 Analysen

16.5.4.1 Üben Sie Verbanalysen an folgenden Formen:

הוֹדִיעַ֫נִי - הוֹדִעֵ֫נִי - הוֹלִיד - הוֹצֵאתִ֫יךָ - אוֹדִעֲךָ -
וְהוֹרַדְתִּי - וְהוֹרַדְתָּ - הוֹשֵׁב - לְהוֹשִׁיב - וְהוֹלַכְתִּ֫יהָ -
נוֹרָא - הַנּוֹלָדִים - הַמּוֹצִיאֲךָ - מוֹלִיכִים -
אֹמֵר - אֹמַר - אֱמֹר - וָאֹכַל - וַיֹּ֫אסֶף - וַיּ֫וֹסֶף - וַיֹּ֫סֶף*

*Dies ist nur 1 x (2 Sam 6,1) eine Form von der Wurzel אסף:

16.5.4.2 Vergleichen Sie die folgenden Hif`il-Formen mit den entsprechenden Qal-Formen (Vok 9A und 14):

וַיּוֹצֵא - וַיּוֹרֶד - וַיּוֹשֶׁב - וַיּוֹלֶד - וַיּוֹלֶךְ

16.6 Übersicht über schwache Verben

Tragen Sie für die einzelnen Klassen jeweils zu den Beispielen die Merkmale ein, an denen Sie die Formen erkennen können.
Beginnen Sie hier mit den Merkmalen von פ״א, פ״נ, פ״ו und ל״ה.

hinten schwach ל	innen schwach ע	vorne schwach פ
ל״א יִמְצָא		פ״א וַיֹּאמַר Qal: o im Präformativ
		פ״נ יִפֹּל הִגִּיד Dagesch forte im ....
ל״ה [גלה] גָּלוּ .... גָּלִיתָ .... גְּלוֹת	ע״ו [קום] ע״י [שים] ע״ע [סבב]	פ״ו [ישב] הוֹשִׁיב .... נוֹשַׁב .... הוּשַׁב .... פ״י [יטב]

z.B. für פ״א :
sehen Sie hier links Beispielform und Merkmal
←

Schreiben Sie zu den Beispielen die Merkmale dazu.

*16.7 Texte für Wiederholungsübungen

*16.7.1 Aus tiefer Not - Ein Klagelied — Psalm 130

*16.7.2 „Wir dienen dem HERRN" - Landtag in Sichem — Jos 24,1-5.13-26

Erläuterungen und Hinweise zur Übersetzung:

V.4:	לָרֶ֫שֶׁת	[ירשׁ] inf Qal +לְ

Beachten Sie das Verhältnis von Verbal- und Nominalsätzen (➔ Gr §§ 44.2 und 53.1); finden Sie die passende deutsche Satzverbindung bei וְיַעֲקֹב.

V. 6 - 12 setzen den als Gottesrede stilisierten Überblick über die Vorgeschichte Israels fort bis zur Landnahme.

V.13: אֲשֶׁר-Sätze: Wiederholen Sie Lektion 8, Übung 8.8.

V.14:	יְראוּ	[ירא] impt Qal
	וְהָסִ֫ירוּ	[סור] impt Hi

Welche Funktion hat hier וְעַתָּה? Achten Sie darauf, daß die Tempusformen wechseln.

V.15: Zu אִם ➔ Gr § 53.5.

Beachten Sie nach dem Fragesatz אֶת־מִי תַעֲבֹדוּן den parallelen Satzbau. Zu תַעֲבֹדוּן ➔ Gr § 26.2.

V.16: Zu מֵעֲזֹב ➔ Gr § 49.3. Das ergibt zusammen mit חָלִילָה eine doppelte Verneinung: ➔ Gr § 51.2.

V.17	מַעֲלֶה	[עלה] ptz Hi
V.19:	תוּכְלוּ	[יכל] Qal
V.20:	וְשָׁב וְהֵרַע	„er wird wieder Böses tun"
	הֵיטִיב	[יטב] perf Hi

Fassen Sie das einleitende כִּי zunächst als bekräftigende Partikel auf: „ja / gewiß". Finden Sie dann nach dem inhaltlichen Verhältnis der Sätze die richtige deutsche Satzverbindung; ebenso in den folgenden Versen.

V. 22b:		➔ Gr § 51.3.
V.23:	הָסִ֫ירוּ	[סור] impt Hi
	וְהַטּוּ	[נטה] impt Hi
V.26:	וַיְקִימֶ֫הָ	[קום] Hi + Suffix 3 f

16.8 Zur Wortkunde

16.8.1 Stellen Sie zur Wiederholung erneut eine Sachgruppe „Gott und Mensch“ zusammen (➔ Lektion 10).
Die Vokabeln aus Psalm 98 gehören dazu sowie aus früheren Lektionen
die Verben: אמן חטא הלל נבא קדשׁ וַיִּשְׁתַּחוּ
die fast synonymen Wörter für „Sünde“: חַטָּאת עָוֹן פֶּשַׁע
und: נְאֻם־יְהוָה נָקִי חֵן רַחֲמִים שָׁלוֹם

16.8.2 Merken Sie sich 6 schwache Verben פ״א:
אמר sagen, אבה wollen, אכל essen, אפה backen, אבד zugrunde gehen und אהב lieben (das nur in der 1. Person Singular schwache Formen bildet).

> Er **sagte** zu ihr:
> „Ich **liebe** dich. Darum **will** ich **essen**, was du **gebacken** hast, und wenn ich daran **zugrunde gehe**.“

16.9 Unpunktierter Text: Psalm 98,1-3

(1) מזמור
שירו ליהוה שיר חדש   כי־נפלאות עשה
הושיע־לו ימינו   וזרוע קדשו׃
(2) הודיע יהוה ישועתו   לעיני הגוים גלה צדקתו׃
(3) זכר חסדו ואמונתו   לבית ישראל
ראו כל־אפסי־ארץ   את ישועת אלהינו׃

Grammatik-Paragraphen

Sie finden den grammatischen Stoff dieser Lektion in den §§:

34 (Verben mit Gutturalen),
35 (Verben פ״א),
38 (פ״ו), 38.3 und 4 (הלך),
39.2 (inf ל״ה),
53.2, 54.2 und 3 (וַיְהִי).

Lektion Siebzehn

Wenn Sie diese Lektion bearbeitet haben, sollen Sie

- alle Formen der Verben ל״ה analysieren können.
- Neu eingeführt werden die Kurzformen.

17.1 Wiederholung

Fassen Sie zusammen, was Sie bisher über die Analyse von schwachen Verbformen ל״ה gelernt haben:

17.1.1 Wie verhalten sich Verben ל״ה zu starken Verben in Bezug auf die Präformativsilben?
Wie sind vokalische Afformative und Suffixe angefügt?
Wie sind konsonantische Afformative angefügt?
Woran erkennt man Infinitive?

17.1.2 Üben Sie, indem Sie die folgenden Formen analysieren:

יִבְנֵ֫הוּ - וַיִּבְנוּ - תִּבָּנֶה - בָּנִית - בָּנ֫וּהָ - בְּנוּ - בְּנִיתֶם
וְכִסָּ֫הוּ - וְכִסּ֫וּ - וַתְּכַסִּים - וַתְּכַסֵּ֫נִי - יִתְכַּסּוּ
עֲשִׂי - עָשׂוּ - עֲשׂוֹת - וַיַּעֲשׂ֫וּנִי - וְעָשִׂ֫ינוּ - עֲשִׂיתֶם
קָנָ֫נִי - קָנִ֫ינוּ - קְנוֹתְךָ - תִּקְנוּ - יִקְנוּ - וְקָנִ֫יתָ
וְשָׁתוּ - וּשְׁתוּ - לִשְׁתּוֹתָהּ - לְהַשְׁקוֹתָם - יַשְׁקֶה - יִשָּׁקֶה

17.1.3 Analysieren Sie die folgenden Verbformen ל״ה, deren letzte Silben auf einen Vokal ausgehen.

הִתְרָאָה - הֶרְאָה - גִּלָּה - נִבְנָה - בָּנָה
יִתְגַּלֶּה - אַרְאֶה - תְּכַסֶּה - וַיִּבָּנֶה - יִגְלֶה - נִבְנֶה
מִתְכַּסֶּה - מַעֲלֶה - מְגַלֶּה - נִבְנֶה - עֹשֶׂה
עֲלֵה - גַּלֵּה - הַשְׁקֵה - בְּנֵה

17.1.4 Fassen Sie zusammen:
Auf welchen Vokal enden: Perfektformen?
Imperfektformen?
Partizipformen?
Imperativformen?

LAMED-he:
vorne stark,
hinten schwach

17.2 Zur Einführung - Kurzformen

17.2.1 Textbeispiele

(1) כִּי־הִנֵּה חֹשֶׁךְ יְכַסֶּה־אֶרֶץ וַעֲרָפֶל לְאֻמִּים
וְעָלַיִךְ יִזְרַח יְהוָה וּכְבוֹדוֹ עָלַיִךְ יֵרָאֶה׃ (Jes 60,2)

Denn siehe, Finsternis bedeckt die Erde und Dunkel die Völker; aber über dir geht auf JHWH; und seine Herrlichkeit erscheint über dir.

(2) וַיַּעַל מֹשֶׁה אֶל־הָהָר וַיְכַס הֶעָנָן אֶת־הָהָר׃ (Ex 24,15)

(3) וַיַּעַל מֶלֶךְ אַשּׁוּר אֶל־דַּמֶּשֶׂק וַיִּתְפְּשֶׂהָ וַיַּגְלֶהָ (2 Kön 16,9)

Der König von Assyrien .... nach Damaskus, nahm es ein und ....

(4) בַּשָּׁנָה הַתְּשִׁיעִית לְהוֹשֵׁעַ לָכַד מֶלֶךְ אַשּׁוּר אֶת־שֹׁמְרוֹן
וַיֶּגֶל אֶת־יִשְׂרָאֵל אַשּׁוּרָה (2 Kön 17,6)

Im 9. Jahr Hoseas nahm der König von Assyrien Samaria ein und .... Israel nach Assyrien.

(5) וַיִּגֶל אָזְנָם לַמּוּסָר
וַיֹּאמֶר כִּי־יְשֻׁבוּן מֵאָוֶן׃ (Ijob 36,10)

Er .... ihr Ohr für Mahnung und sagte, daß sie vom Bösen umkehren sollten.

(6) וָאֵפֶן וָאֵרֵד מִן־הָהָר (Dtn 9,15)

Ich .... und ging hinab vom Berg.

(7) וַיֹּאכַל וַיֵּשְׁתְּ וַיָּקָם וַיֵּלַךְ וַיִּבֶז עֵשָׂו אֶת־הַבְּכֹרָה׃
(Gen 25,34)

... ... Esau das Erstgeburtsrecht.

17.2.2 Aufgaben zu 17.2.1

Bestimmen Sie bei allen Verbformen ל״ה den Stamm:

17.2.2.1 Beschreiben Sie den Unterschied zwischen Voll- und Kurzform in den Beispielen (1) und (2). Welche Merkmale des Stammes sind erhalten?

17.2.2.2 Beispiel (3): Wo erkennen Sie Hif`il-Merkmale? Welches Problem bietet die Form וַיַּעַל ?

17.2.2.3 Welcher Stamm muß וַיֶּגֶל (4) sein? Versuchen Sie, den Unterschied zu וַיַּגְלֶהָ (3) zu erklären (➔ Gr § 18.1).

17.2.2.4 Welchen Stamm erkennen Sie in den Kurzformen in den Textbeispielen (5) bis (7)?

17.2.2.5 Um welche Merkmale müssen Sie Ihren Merkmal-Katalog für die Stämme des Verbs (Übung 12.3.1) erweitern?

17.3 Bileams Eselin — Num 22,21-35

Der Prophet Bileam wird von einer Gesandtschaft Balaks, des Königs von Moab, aufgefordert, die Israeliten zu verfluchen, die dessen Land zu bedrohen scheinen. Gott hatte ihm zunächst verboten, den Auftrag anzunehmen.
Sie können an zwei Stellen den Text ändern, um sich die Übersetzung zu erleichtern:

Vers 32, drittletztes Wort: Lesen Sie יָרַטְתָּ statt יָרַט.

Vers 33 b: Lesen Sie לוּלֵי statt אוּלַי.

17.4 Übungen zu 17.3

17.4.1 Zur Formenanalyse

17.4.1.1 Analysieren Sie parallel zur Übersetzung alle schwachen Verbformen ל״ה.

17.4.1.2 Stellen Sie allen Kurzformen die regelmäßigen Vollformen gegenüber.

17.4.1.3 Stellen Sie die Formen von נכה und נטה gesondert zusammen.

17.4.2 Zur Syntax

17.4.2.1 Finden Sie für die Nominalsatz-Einschübe in 22b, 23 und 31 die angemessene Übersetzung.

17.4.2.2 Finden Sie in 28 und 29 die richtige Übersetzung für die Partikel כִּי. Gehen Sie aus von der Grundfunktion „ja / gewiß“.

17.4.2.3 Vergleichen Sie die parallel gebauten Satzgefüge 29b und 33b. Beschreiben Sie den Satzbau. Was für Sätze müssen im Deutschen stehen?

17.5 Die Fluch-Reihe von Sichem — Dtn 27,14-26

V.14:	הַלְוִיִּם	Die Leviten
V.15:	וְשָׂם	[שִׂים] perf cons Qal (Vok 13)
V.17:	מַסִּיג	[סוּג] Ptz Hi
V.26:	יָקִים	[קוּם] impf Hi

17.6 Übungen zu 17.5

17.6.1 Zur Formenanalyse

17.6.1.1 Stellen Sie alle Partizip-Formen zusammen, und ordnen Sie sie nach Qal und Hif`il.

17.6.1.2 Achten Sie auf die Partizipien מַטֶּה und מַכֶּה.
Bilden Sie zu diesen Verben auch den Narrativ Hif`il (Voll- und Kurzform 3 m s).
Bilden Sie dazu auch den Imperativ Hif`il (Voll- und Kurzform). Kontrollieren Sie die Formen in Gr § 39.7.
Prägen Sie sich von נטה auch die Qal-Formen ein.

17.6.1.3 Wie hätten Sie - wäre nichts anderes angegeben gewesen - die Formen מַסִּיג (V.17) und וַיִּקֹּד (Num 22,31) analysiert?
Erweitern Sie Ihren Merkmalkatalog bzw. Ihre Analyseregel aus 15.5. (Zum Glück kommt קדד zwar nur 15 mal, aber immer nur zusammen mit הִשְׁתַּחֲוָה vor.)

17.6.2 Zur Wiederholung

Wie unterscheiden sich Absolutus- und Constructus-Formen der Nomina ל״ה? Vergleichen Sie V.19 mit V.24. (➔ Gr § 19)

17.6.3 Zur Syntax

Vergleichen Sie den Gebrauch des Partizips in den Versen 16, 18, 19 mit dem in Vers 24.
Erläutern Sie die unterschiedliche Satzstruktur.

17.6.4 Zur Gliederung des Textes

Welchen Unterschied sehen Sie in der Formulierung des fluchwürdigen Verhaltens in 15 und 26 im Vergleich zu den Versen 16 bis 25?

Könnte dem formalen Unterschied auch ein inhaltlicher entsprechen?

17.7 Übung zur Wortkunde

Stellen Sie zur Wiederholung von Vokabeln ein Wortfeld „Familie und tägliches Leben“ zusammen, z.B.:

17.7.1 Mann, Frau, Vater, Mutter, Sohn usw. (unregelmäßige Nomina), männlich, weiblich, Großfamilie → Gr § 21

17.7.2 Freund, junger Mann, junge Frau, Diener, Sklave, Sklavin, Erbe, Arbeit, Werk, Handwerker, bauen, dienen,

17.7.3 Vieh, Rind, Schafe und Ziegen, Esel, Kamel, Widder, Weinberg, Feld, Garten, Samen, weiden, schlachten,

17.7.4 gebären, leben, sterben, begraben, unfruchtbar, essen, trinken, lieben, sich legen, aufstehen, stehen, ruhen, sitzen, anziehen, waschen,

17.7.5 Haus, Dach, Mauer, Tür, Tor, Garten, Hof, Gerät, Zelt, Kleid, Eisen, Holz, Brot, Wein, Frucht, Hunger, Feuer, Wasser, Quelle, Brunnen, Zisterne.

17.8 Unpunktierter Text — Dtn 27,15-26

(15) ארור האיש אשר יעשה פסל ומסכה תועבת יהוה
מעשה ידי חרש ושם בסתר וענו כל־העם ואמרו אמן׃
(16) ארור מקלה אביו ואמו ואמר כל־העם אמן׃
(17) ארור מסיג גבול רעהו ואמר כל־העם אמן׃
(18) ארור משגה עור בדרך ואמר כל־העם אמן׃
(19) ארור מטה משפט גר־יתום
ואלמנה ואמר כל־העם אמן׃
(20) ארור שוכב עם־אשת אביו
כי גלה כנף אביו ואמר כל־העם אמן׃
(21) ארור שוכב עם־כל־בהמה ואמר כל־העם אמן׃
(22) ארור שוכב עם־אחותו

בת־אביו או בת־אמו ואמר כל־העם אמן׃
(23) ארור שוכב עם־חותנתו ואמר כל־העם אמן׃
(24) ארור מכה רעהו בסתר ואמר כל־העם אמן׃
(25) ארור לוקח שחד להכות נפש
דם נקי ואמר כל־העם אמן׃
(26) ארור אשר לא־יקים את־דברי
התורה־הזאת לעשות אותם ואמר כל־העם אמן׃

Grammatik-Paragraphen

Schlagen Sie den grammatischen Stoff dieser Lektion nach in den Paragraphen: 39 (Verben ל״ה) und 19 (Nomina ל״ה).

Tabelle der Verbformen ל״ה in Gr § 39.5 und im Beiheft, S. 187

Lektion Achtzehn

Wenn Sie diese Lektion bearbeitet haben, sollen Sie

- Schwache Infinitiv- und Imperativformen der Verben פ״נ, פ״ו, ל״ה und ע״וי als solche erkennen und ihren Wurzeln zuordnen können,
- וְהָיָה als Einleitungs- und Gliederungsformel im Text erkennen, die Struktur der Sätze beschreiben und solche Sätze übersetzen können.

18.1 Einführung: Imperative

18.1.1 Wiederholung

18.1.1.1 Wiederholen Sie die Faustregel aus Lektion 9: Wie verhalten sich Imperfekt und Imperativ zueinander?

➔ Lektion 9.2.2

18.1.1.2 Nennen Sie zu den folgenden Imperfekten die Imperative:

תַּעֲזֹב - תִּשְׁכַּב - תְּחַזֵּק - תִּשְׁאַל - תְּבַקְּשׁוּ -
תְּהַלְלוּ - תְּשַׁלְּחוּ

18.1.1.3 ebenso:

תִּקַּח - תִּקְחוּ - תִּתֵּן - תִּתְּנוּ - תֵּלֵךְ - תֵּלְכוּ -

und weiter, immer Imperativ Singular und Plural:

תֵּשֵׁב - תֵּצֵא - תֵּרֵד - תֵּדַע - תִּגַּשׁ - תִּשָּׂא

18.1.1.4 ebenso (Plural-Endung וּ ist hier unbetont):

תָּקוּם - תָּשׁוּב - תָּשִׂים - תָּבוֹא

18.1.1.5 Im Qal der Verben ל״ה trifft die Faustregel nicht zu (➔ Übg. 17.1.4), wohl aber bei Kurzformen des Pi`el. Nennen SIe die Imperative (s und pl) zu:

תִּשְׁבֶּה - תִּבְנֶה - תַּעֲשֶׂה - תַּעֲלֶה - תִּפְנֶה - תִּגְלֶה
וַיְגַל - וַיְכַס - וַיְצַו

18.1.1.6 Welchen Verbklassen gehören die Verben in Aufgabe 18.1.1.3 an? (➔ Gr §§ 36 und 38)

18.1.2 Formulieren Sie, wenn nicht jetzt, dann nach der Bearbeitung des Textes Jer 29, Analyseregeln, indem Sie die folgenden Sätze ergänzen:

Zweiradikalige Imperative (m s) vom Typ שֵׁב oder גַּשׁ gehören zu Verben der Klassen .... oder .... Zweiradikalige Imperative (m pl) vom Typ שְׁבוּ gehören zu Verben der Klassen .... oder .... oder	**Analyseregeln**

18.2 „Suchet der Stadt Bestes!" — Jer 29,1-7

Brief Jeremias an die Deportierten in Babel

Analysieren Sie alle Verbformen. Achten Sie besonders auf Imperativformen.

Zu Vers 2: צֵאת [יצא] inf Qal

18.3 Texte zur Einführung der Infinitivformen

18.3.1 Alles hat seine Zeit — Kohelet 3,1-9

Lesen Sie den Text in der Biblia Hebraica. Bearbeiten Sie ihn vor allem unter dem Gesichtspunkt, daß Sie ein schönes und berühmtes Beispiel hebräischer Dichtung vor sich haben.
Achten Sie aber auch auf Verbformen, vor allem auf die Infinitive (s.u. Übung 18.4).

18.3.2 Was gut ist — Mi 6,8

הֻגַּד לְךָ אָדָם מַה־טּוֹב   וּמָה־יְהוָה דּוֹרֵשׁ מִמְּךָ
כִּי אִם־עֲשׂוֹת מִשְׁפָּט וְאַהֲבַת חֶסֶד   וְהַצְנֵעַ לֶכֶת עִם־
אֱלֹהֶיךָ׃

18.3.3 Ein Segen für den Wallfahrer — Ps 121,7f

(7) יְהוָה יִשְׁמָרְךָ מִכָּל־רָע יִשְׁמֹר אֶת־נַפְשֶׁךָ׃

(8) יְהוָה יִשְׁמָר־צֵאתְךָ וּבוֹאֶךָ מֵעַתָּה וְעַד־עוֹלָם׃

18.4 Aufgaben zur Einführung

18.4.1 Achten Sie beim Lesen und Übersetzen der Texte auf die Infinitiv-Formen. Legen Sie eine Tabelle nach folgendem Muster an:

ע״ו	פ״ו	פ״נ	ל״ה	
מות	ילד	נטע	בנה	Wurzel
			בְּנוֹת	Infinitiv

18.4.2 Tragen Sie die schwachen Infinitiv-Formen (ohne das Präfix) zusammen mit der zugehörigen Wurzel in die Tabelle ein.

18.4.3 Wenn Infinitive mit Suffixen auftreten, schreiben Sie auch die suffixlose Form auf.

18.4.4 Wie müssen nach Analogie Ihrer Beispiele die Infinitive lauten zu:

הלך - ידע - ירד - ישׁב - נגשׁ - נגע ?

18.4.5 Formulieren Sie auch für die schwachen Infinitive Analyseregeln (wie 18.1.2):

Analyseregeln

Infinitive wie שֶׁבֶת oder גֶּשֶׁת , die auf ת ausgehen und als Segolata vokalisiert sind, gehören zu Verben der Klassen .... oder ....

Infinitive, die wie בְּנוֹת auf וֹת ausgehen, gehören zu Verben der Klasse ....

18.5 „Der HERR ist Einer“ — Dtn 6,4-12

יְבִיאֲךָ (V.10) = Hif`il von בוא

18.6 Übungen zu 18.5

18.6.1 Formen

18.6.1.1 Analysieren Sie die Infinitive in V. 7-10.

Zu לָתֵת לָךְ [נתן] → Gr §§ 10.5 und 36.4

18.6.1.2 Nehmen Sie in Ihre Zusammenstellung von 18.4 noch die Infinitive der folgenden Verben auf:

Pi`el צוה - עשׂה - שׁבה - שׁוב - שׂים

Beschreiben Sie, an welchen Merkmalen die verschiedenen Klassen schwacher Verben zu erkennen sind und wo sich Formübereinstimmungen ergeben.

18.6.2 Syntax

18.6.2.1 In V.10 ist וְהָיָה Einleitungsformel. Beschreiben Sie die Konstruktion:

Wie ist der Einschub formuliert?

Wie ist hier der „Hauptsatz" angeschlossen?

18.6.2.2 Welche „Hauptsatz"-Verknüpfung wäre sonst noch möglich?

→ Gr § 53.2

Woraufhin sind also Perf.-cons.-Verbindungen in einer solchen Konstruktion immer zu befragen?

18.6.2.3 Wie steht es hier mit dem Anschluß der beiden Verbformen am Ende von V.11?

18.7 Zur Wortkunde

18.7.1 Verben der Bewegung

18.7.1.1 Wiederholen Sie die Verben der Bewegung, die Sie bisher gelernt haben, wie z.B.:
abwenden, sich zuwenden, sich nähern, laufen, reiten, fliehen, verfolgen, gefangen wegführen, gehen.

18.7.1.2 Verben, die im Deutschen mit „gehen" zusammengesetzt werden, sind im Hebräischen selbständige Verben, wie z.B.: בוא - עלה - עבר - יצא - ירד - שׁוב
Letztere können Sie sich an nebenstehender Figur veranschaulichen. Schreiben Sie die Verben an die Pfeile.

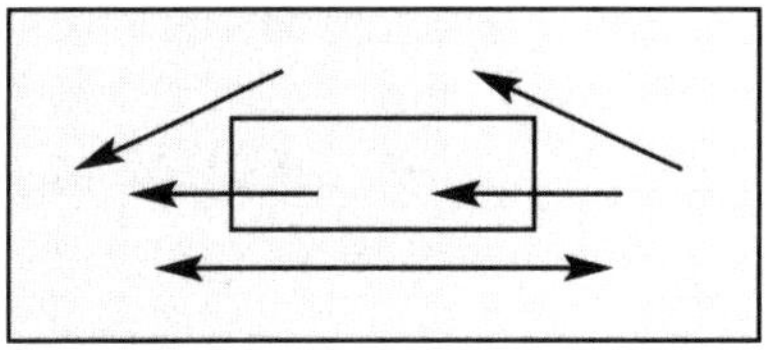

18.7.1.3 Stellen Sie auch die Verben zusammen, die das Ende einer Lage oder Bewegung bezeichnen, z.B.:
ruhen, aufstehen, aufheben, stehen, sich niederwerfen, legen, sich legen, sich setzen, sich lagern.

18.7.2 Sechs Verben פ״ו

Sechs Verben פ״ו haben im Qal ein langens e in der Präformativsilbe und bilden schwache Imperative und Infinitive. Dazu eine Merk-Geschichte:

„Es ging ein Mann aus seinem Haus heraus,	צֵאת	צֵא	וַיֵּצֵא
ging hinab ins Tal,	רֶדֶת	רֵד	וַיֵּרֶד
ließ sich dort nieder,	שֶׁבֶת	שֵׁב	וַיֵּשֶׁב
‘erkannte’ ein Weib,	דַּעַת	דַּע	וַיֵּדַע
sie gebar einen Sohn,	לֶדֶת	-	וַתֵּלֶד
und er ging weg.“	לֶכֶת	לֵךְ	וַיֵּלֶךְ

*18.8 Texte für weitere Übungen

*18.8.1 Der leidende Gottesknecht — Jes 53,4-7

מְחֹלָל ist ein passivischer Doppelungsstamm von חלל II

*18.8.2 Sauls Sieg über die Ammoniter — 1 Sam 11,1-11a

PN: Nahasch, der Ammoniter
ON: Jabesch in Gilead, Gibea Sauls, Basek
V.2: וְשַׂמְתִּיהָ [שׂים] perf cons Qal
Worauf weist בְּזֹאת voraus, und worauf weist הָ (suf fem) zurück?
V.9: חֹם הַשֶּׁמֶשׁ, V.11: חֹם הַיּוֹם [חמם] inf Qal

18.9 Unpunktierter Text

Jer 29,5-7

(5) בנו בתים ושבו ונטעו גנות ואכלו את־פרין׃
(6) קחו נשים והולידו בנים ובנות
וקחו לבניכם נשים ואת־בנותיכם תנו לאנשים
ותלדנה בנים ובנות
ורבו־שם ואל־תמעטו׃
(7) ודרשו את־שלום העיר אשר הגליתי אתכם שמה
והתפללו בעדה אל־יהוה
כי בשלומה יהיה לכם שלום׃

Grammatik-Paragraphen

Lesen Sie den grammatischen Stoff nach in den Paragraphen:

36.2 bis 36.4 (Verben פ״נ),
38.1, 38.2, 38.4 (Verben פ״ו),
39.2 und 3 (Verben ל״ה),
41.2 (Hohle Wurzeln),
43.2 und 3 (Übersicht),
48.3, 53.2, 54.1 (וְהָיָה).

Lektion Neunzehn

Wenn Sie diese Lektion bearbeitet haben, sollen Sie

- schwache Verbformen mit a in der offenen Präformativsilbe den zweiradikaligen Wurzeln zuordnen und
- an weiteren Merkmalen die beiden Klassen der zweiradikaligen Verben unterscheiden können,
- in Texten auf Zusammenhänge zwischen Satzbau, Tempusgebrauch und Gliederung achten und so Aussagen über Form und Gattung von Texten machen können.

19.1 Zur Einführung

(1) כֹּה אָמַר יְהוָה בִּמְקוֹם אֲשֶׁר לָקְקוּ הַכְּלָבִים אֶת־דַּם
נָבוֹת יָלֹקּוּ הַכְּלָבִים אֶת־דָּמְךָ גַּם־אָתָּה׃

(1 Kön 21,19)

So spricht JHWH: „An der Stelle, wo die Hunde das Blut Nabots geleckt haben, werden die Hunde auch dein Blut lecken.“

(2) יְנַקֵּשׁ נוֹשֶׁה לְכָל־אֲשֶׁר־לוֹ
וְיָבֹזּוּ זָרִים יְגִיעוֹ׃

(Ps 109,11)

Der Wucherer umstrickt all seine Habe,
doch Fremde plündern seinen Erwerb.

(3) לֹא־יָבוּזוּ לַגַּנָּב
כִּי יִגְנֹב לְמַלֵּא נַפְשׁוֹ כִּי יִרְעָב׃

(Prov 6,30)

Man verachtet den Dieb nicht, wenn er stiehlt, um sein Leben zu erhalten, wenn er hungert.

(4) כַּחֲלוֹם מֵהָקִיץ אֵינֶנּוּ
בְּהָעִיר צַלְמוֹ תִּבְזֶה׃

(Ps 73,20)

Wie ein Traum: Beim Erwachen ist er weg;
beim Aufstehen verschmähst du sein Bild.

(5) כִּי אָשִׁיב אֶת־שְׁבוּתָם וְרִחַמְתִּים׃

(Jer 33,26)

Ja, ich wende ihr Geschick und erbarme mich ihrer.

(6) כֹּה אָמַר יְהוָה אִם־תָּפֵרוּ בְּרִיתִי אֶת־הַיּוֹם
וּבְרִיתִי אֶת־הַלָּיְלָה
לְבִלְתִּי הֱיוֹת יוֹם־וָלַיְלָה בְּעִתָּם׃

So spricht JHWH: „Wenn ihr meinen Bund mit dem Tag und meinen Bund mit der Nacht brechen könnt, daß Tag und Nacht nicht zur rechten Zeit eintreten,

גַּם־בְּרִיתִי תֻפַר אֶת־דָּוִד עַבְדִּי

(Jer 33,20f)

dann wird auch mein Bund mit David, meinem Knecht, gebrochen.“

(7) טֶרֶם יִשְׁכָּבוּ
וְאַנְשֵׁי הָעִיר נָסַבּוּ עַל־הַבַּיִת מִנַּעַר וְעַד זָקֵן

(Gen 19,4)

Noch schliefen sie nicht, als die Männer der Stadt das Haus umzingelten, vom Jüngsten bis zum Ältesten.

(8) יָדַעְתִּי כִּי־נָתַן יְהוָה לָכֶם אֶת־הָאָרֶץ
וְכִי נָמֹגוּ כָּל־יֹשְׁבֵי הָאָרֶץ מִפְּנֵיכֶם׃

(Jos 2,9)

Ich weiß, daß JHWH euch das Land gegeben hat und daß alle Bewohner des Landes vor euch verzagt sind.

(9) תָּמוֹת נַפְשִׁי מוֹת יְשָׁרִים וּתְהִי אַחֲרִיתִי כָּהֵם׃

(Num 23,10)

Es sterbe mein Leben den Tod der Gerechten, und es werde mein Ende wie ihres!

(10) וַיֹּאמֶר יִרְמְיָה הַנָּבִיא
אָמֵן כֵּן יַעֲשֶׂה יְהוָה
יָקֵם יְהוָה אֶת־דְּבָרֶיךָ אֲשֶׁר נִבֵּאתָ

(Jer 28,6)

Und der Prophet Jeremia sagte: „Wahrhaftig! so wird (könnte? / möge?) JHWH es machen! JHWH richte auf (verwirkliche) deine Worte, die du geweissagt hast.“

19.2 Aufgaben zur Einführung

19.2.1 Beschreibung der Form-Merkmale

Beschreiben, analysieren und vergleichen Sie die schwachen Verbformen:

19.2.1.1 An den Verbformen in den Beispielen (1) bis (4) können Sie Gemeinsamkeiten und Unterscheidungsmerkmale von (Qal - PK -) Formen der Verben ע״וי, ע״ע und ל״ה beobachten.

19.2.1.2 An den Formen in den Beispielen (5) und (4) können Sie die Gemeinsamkeiten und Unterschiede von Qal- und Hif`il-Formen erarbeiten. Fangen Sie an mit אָשִׁיב.

19.2.1.3 Analysieren Sie in (6) die Formen תְּפֵרוּ und תֻּפַר: Welches sind die Merkmale?

19.2.1.4 An den schwachen Formen in (7) und (8) können Sie sich nochmals die Unterschiede klar machen zwischen ע״ו, ע״ע und starken Verbformen.

19.2.1.5 In den Beispielen (9) und (10) sind Form und syntaktische Funktion von Kurzformen oder Jussiv-Formen zu beobachten.

zum Jussiv ➔ Gr §§ 26.2, 32.2, 39.3, 41.3, 51.4

19.2.2 Analyseregeln

Formulieren Sie Analyseregeln, indem Sie die folgenden Sätze ergänzen:

Analyseregeln

19.2.2.1 Langes a in der offenen Präformativsilbe haben .... Verben (...״ע und ...״ע) in den Stämmen .... (Präformativ-Konjugation), ... (Präformativ-Konjugation) und .... (Afformativ-Konjugation).

19.2.2.2 Zur Unterscheidung von ע״וי und ע״ע:

„Wenn in Formen mit Endungen der .... Radikal verdoppelt ist, handelt es sich um Verben ...."

19.2.2.3 Zur Unterscheidung von anderen schwachen Verben:

„Bei Verben ע״וי und ע״ע sind vokalische Afformative .... angefügt."

19.2.3 Überblick

Stellen Sie die Formen der zweiradikaligen Verben einander gegenüber, die die jeweiligen Besonderheiten zeigen, z.B.:

יָשׁוּב	יָסֹב
וַיָּשָׁב	וַיָּסָב
יָשׁוּבוּ	יָסֹבּוּ
תָּשֹׁבְנָה oder תְּשֻׁבֶינָה	תְּסֻבֶּינָה

Femininformen sind äußerst selten: nur von בוא (15x), שׁוב (4x) und מות (1x) sowie 1x von סבב.

19.2.3.1 Bilden Sie die entsprechenden Formen (also ohne fem pl) nebeneinander von ריב und רבה sowie von בוז, בזז und בזה.

19.2.3.2 Fügen Sie von allen Verben die entsprechenden Hif`il-Formen hinzu.

19.2.3.3 Am Ende dieser Lektion (19.8) finden Sie eine Tabelle vorbereitet, in der Sie Ihre Übersicht aus Lektion 16.6 erweitern können:
Tragen Sie aus Lektion 17 die Beispiele und Merkmale für Kurzformen ל״ה nach und aus Lektion 18 die Beispiele für Infinitive und Imperative פ״נ und פ״ו,

19.2.3.4 und tragen Sie dann die Beispiele und Merkmale für die in dieser Lektion 19 neu gelernten Analyseregeln ein.

19.2.4 Übungen zur Formenanalyse

Analysieren Sie die folgenden Formengruppen, und machen Sie sich dabei jeweils klar, woran die ähnlichen Formen zu unterscheiden sind.

(1) וַיָּבֶן - וַיִּבֶז - וַיִּבְנוּ - וַיָּבִינוּ

(2) וַיֵּשֶׁב - וַיָּשֶׁב - וַיָּשֶׁב - וַיָּסֹבּוּ - וַיָּשׁוּבוּ - וַיָּשֹׁכּוּ

(3) וַיָּרֶב - וַיֵּרֶד - וַיִּרֶב - וַיֶּרֶב

(4) וַיָּגֶל - וַיֵּגֶל - נָגִילָה - נִגְלָה

(5) יָעִיר - הָעִירוּ - וַיָּעַר - וַיָּרֵעוּ - וַיָּרַע

19.3 No`omi und ihre Schwiegertöchter — Rut 1,7b-19a

Sie können das ganze Buch bearbeiten, wenn Sie wollen. Um die Textmenge etwas einzugrenzen, wird eine Auswahl empfohlen. Der Inhalt der Einleitung V.1-7a ist folgender:
Der Betlehemit Elimelech war mit seiner Frau No`omi und mit zwei Söhnen vor einer Hungersnot ins Land Moab (שְׂדֵי מוֹאָב) ausgewichen. Dort hatten die Söhne Moabiterinnen geheiratet: Orpa und Rut. Nachdem Elimelech und seine Söhne in Moab gestorben waren, machte

sich No`omi auf den Rückweg in ihre Heimat, Betlehem in Juda. Ihre beiden Schwiegertöchter begleiteten sie. Beginnen Sie mit Vers 7b.

Hinweise zur Übersetzung:

V.8: Achten Sie auf das Ketib/Qeré.

V. 9 und 11 b: Achten Sie auf die Satzverbindungen mit וְ. → Gr § 53.1

V.10, 13 b, 17 b: Achten Sie auf die Wiedergabe von כִּי. → Gr § 53.3

V. 13: הֲלָהֵן Hier muß man nicht den Lexika folgen. Man kann das Feminin-Suffix als Neutrum verstehen: „darauf / daraufhin“.

V.11-13: No`omi spielt an auf die Ordnung der Schwagerehe (Dtn 25,5-10), die fordert, daß der nächste männliche Verwandte eines kinderlos gestorbenen Mannes dessen Witwe heiratet und der erste Sohn dieser Ehe als Sohn des Verstorbenen gilt.

V.19 a: Übersetzen Sie in Vers 19 bis zum Atnach: בֵּית לָחֶם. Woran ist zu erkennen, daß mit 19 b eine neue Szene beginnt?

19.4 Agende für das Erstlingsopfer — Dtn 26,1-11

19.4.1 Hinweise zu Verbformen

V.4:	וְהִנִּיחוֹ	→ Gr § 41.6
V.8:	נְטוּיָה	→ Gr § 39.1
V.9:	זָבַת	→ Gr § 23.2
V.10:	וְהִשְׁתַּחֲוִיתָ	→ Gr § 39.6

19.4.2 Zur Syntax

19.4.2.1 Wo beginnt nach einleitendem וְהָיָה כִּי der „Hauptsatz“ (Deutsch: „dann“)?

19.4.2.2 Das Perfekt הִגַּדְתִּי in V.3 muß man, das Perfekt הֵבֵאתִי in 10 kann man mit Präsens wiedergeben; wieso? →Gr § 48.3: „Performative Äußerungen“

19.4.2.3 Das Bekenntnis zu dem Gott der Geschichte Israels ist als eine Erzählung formuliert. Woran erkennt man, daß diese „Erzählung" in V. 9 zuende ist, der Sprecher aber V. 10 noch spricht, und zwar jetzt zu einer wichtigen Äußerung ansetzt?

19.5 Texte für weitere Übungen

Lesen und übersetzen Sie aus der Biblia Hebraica.
Achten Sie in allen Beispielen auf die Satzverbindungen mit אִם und אֲשֶׁר.

zur Wiederholung
➔ Gr § 53.4; 53.5

19.5.1 Gen 11,6-8

An zwei Stellen ist der Text zu ändern:
V.6: statt יָזְמוּ ist יָזֹמּוּ zu lesen (warum kann יָזְמוּ nicht von einer zweiradikaligen Wurzel kommen?).
V.7: statt וְנָבְלָה ist וְנָבֹלָּה zu lesen.

19.5.2 Jos 3,7

zu Jos 3,7 ➔ Gr §§ 38.4 und 26.2

19.5.3 Ps 95,6-11

19.6 Übung zur Wortkunde

Prägen Sie sich beim Neu-Lernen und beim Wiederholen von Vokabeln ganze Sätze und Redewendungen ein.
Z.B. aus den Lektionen 18 und 19:

עֵת לָלֶדֶת וְעֵת לָמוּת - עֵת לִפְרֹץ וְעֵת לִבְנוֹת -
בְּנוּ בָתִּים וְשֵׁבוּ - דִּרְשׁוּ אֶת־שְׁלוֹם הָעִיר -
אֶל־אֲשֶׁר תֵּלְכִי אֵלֵךְ וּבַאֲשֶׁר תָּלִינִי אָלִין -
אֲרַמִּי אֹבֵד אָבִי - וַיֵּרֶד מִצְרַיִם וַיָּגָר שָׁם -
וַיָּרֵעוּ אֹתָנוּ הַמִּצְרִים וַיְעַנּוּנוּ - וַיַּרְא יְהוָה אֶת עָנְיֵנוּ -
וַיַּחְדְּלוּ לִבְנוֹת הָעִיר - אֶרֶץ זָבַת חָלָב וּדְבַשׁ

19.7 Unpunktierter Text: Dtn 26,5-9

(5) ארמי אבד אבי
וירד מצרימה ויגר שם במתי מעט
ויהי־שם לגוי גדול עצום ורב:
(6) וירעו אתנו המצרים ויענונו
ויתנו עלינו עבודה קשה:
(7) ונצעק אל־יהוה אלהי אבותינו
וישמע יהוה את־קולנו
וירא את־ענינו ואת־עמלנו ואת־לחצנו:
(8) ויוציאנו יהוה ממצרים ביד חזקה ובזרע נטויה
ובמורא גדול ובאותות ובמופתים:
(9) ויביאנו אל־המקום הזה
ויתן־לנו את־הארץ הזאת ארץ זבת חלב ודבש:

Grammatik-Paragraphen

Zu dieser Lektion finden Sie den grammatischen Stoff in den §§:

41 (ע״וי), besonders 41.3,
41.3 und 41.8,
42 (ע״ע), besonders 42.2,
42.4 und 42.9,
43.1 und 2 (Übersicht),
26.2, 32.2, 39.3, 41.3 und
51.4 (Jussiv),
48.3 (Perf. consecutivum und Performative Äußerungen).

19.8 Schwache Verben - Merkmalübersicht

hinten schwach Präformativsilbe stark ל	innen schwach Präformativsilbe unregelmäßig ע	vorne schwach פ
vokal. Afformativ betont	vokal. Afformativ unbetont	
ל״א יִמְצָא		פ״א אֹמַר Qal: o im Präformativ
ל״ה [גלה] יִגֶל: Kurzf. Qal ... יָגֶל: Kurzf Hi ...... גָּלוּ גָּלִיתָ: Jod vor der Endung גְּלוֹת: Infinitiv auf -ot	ע״ו [קום] ע״י [שׂים] יָקוּם Qal .... יָשִׂים יָקִים Hi .... ע״ע [סבב] יָסֹב Qal .... יָסֵב Hi .... יָסֹבּוּ II. Radikal	פ״נ גַּשׁ .... גֶּשֶׁת .... יִפֹּל : הִגִּיד: Dagesch forte im 1. sichtbaren Radikal פ״ו [ישב] שֵׁב .... שֶׁבֶת .... הוֹשִׁיב: Hi o נוֹשַׁב: Perf Ni o הוּשַׁב: Ho u פ״י [יטב]

Diese Übersicht enthält die Merkmale, die Sie bisher kennengelernt haben.
Nach Lektion 21 können Sie sie um das Merkmal „e in der offenen Präformativsilbe" ergänzen.

Schreiben Sie die Merkmale dazu.

Lektion Zwanzig

Wenn Sie diese Lektion bearbeitet haben, sollen Sie

- schwache Verbformen ohne Präformativ, also vor allem Perfekt- und Imperativ-Qal-Formen der Verben ל״ה und der beiden zweiradikaligen Klassen voneinander unterscheiden und den richtigen Wurzeln zuordnen können.

20.1 Zur Einführung

(1) רָצִיתָ יְהוָה אַרְצֶךָ שַׁבְתָּ שְׁבוּת יַעֲקֹב׃
נָשָׂאתָ עֲוֹן עַמֶּךָ כִּסִּיתָ כָל־חַטָּאתָם׃ (Ps 85,2f.)

(2) וַיֹּאמֶר שְׁמוּאֵל אֶל־כָּל־יִשְׂרָאֵל ... הִנְנִי עֲנוּ בִי נֶגֶד יְהוָה
וְנֶגֶד מְשִׁיחוֹ אֶת־שׁוֹר מִי לָקַחְתִּי ... וְאֶת־מִי עָשַׁקְתִּי
אֶת־מִי רַצּוֹתִי וּמִיַּד־מִי לָקַחְתִּי כֹפֶר ...
וַיֹּאמְרוּ לֹא עֲשַׁקְתָּנוּ וְלֹא רַצּוֹתָנוּ וְלֹא לָקַחְתָּ מִיַּד־אִישׁ
מְאוּמָה׃ (1 Sam 12, aus 3-4)

(3) לֹא שָׁלַחְתִּי אֶת־הַנְּבִאִים וְהֵם רָצוּ לֹא־דִבַּרְתִּי אֲלֵיהֶם
וְהֵם נִבָּאוּ׃ (Jer 23,21)

20.2 Aufgaben zur Einführung

20.2.1 Zur Formenbildung

Analyieren Sie alle Verbformen und vergleichen Sie die Verben ל״א, ל״ה, ע״וי, und ע״ע:
Woran kann man „Hohle Wurzeln" von Verben ע״ע unterscheiden, woran die Formen der beiden zweiradikaligen Klassen von allen anderen schwachen Verben?

20.2.2 Analyseregeln

Formulieren Sie Analyseregeln, indem Sie die folgenden Sätze ergänzen:

	An drei Kriterien können Sie schwache Verbformen ohne Präformativ unterscheiden:	**Analyseregeln**
20.2.2.1	Vokalische Afformative sind bei .... betont, bei ....unbetont.	
20.2.2.2	Vor konsonantischen Afformativen steht bei .... ein Jod. (bei .... bisweilen ein o)	
20.2.2.3	Bei .... ist der II. Radikal verdoppelt.	

20.2.2.4 Es könnte sein, daß nicht alle (seltenen) Fälle mit diesen Regeln erfaßt sind. Es kommen auch gleiche oder doch sehr ähnliche Formen vor, bei denen Sie unter Umständen an ein oder zwei Stellen im Lexikon vergeblich nachschauen müssen.

20.2.3 Analyse-Übungen

20.2.3.1 Verschaffen Sie sich einen Überblick über die Formenbildung, indem Sie (wie in Lektion 19.2.3) nur die Formen nebeneinander stellen, die die besprochenen Merkmale aufweisen.

20.2.3.2 רבה, רבה (pi), רבב, ריב, רום

סַב

סַ֫בָּה

סַבּ֫וֹתָ

20.2.3.4 Ebenso: נתן, ישׁב, שׁבה, שׁוב, רוץ, גיל

סֹב

סֹ֫בּוּ

∅ ∅ ∅ שְׁ֫בְנָה

20.2.3.5 Achten Sie auf Übereinstimmungen und Unterscheidungsmerkmale bei den hier folgenden Formengruppen:

קָם - גַּל - דַּע - נָס - הַט - צַו - רָץ - צַר - חֹם -

קַ֫מְתִּי - קַחְתִּ֫י - בַּ֫נְתִּי - בָּנִ֫יתָ - בְּנוֹת - קָמוֹת -
בָּ֫נָה - בָּנָ֫ה - בְּנוּ - וָרָ֫צוּ - וְרָצ֫וּ - וּרְצוּ - וְנ֫וּסוּ - וָנָ֫סוּ

20.2.3.6 Wenden Sie das Gelernte auf die schwachen Verbformen in den Texten 20.3 bis 20.6 an. Achten Sie besonders auf die Formen der Verben שׁוּב und שׁבה in 1 Kön 8.

20.3 Ruf zur Umkehr — 1 Kön 8,46-51

Aus dem Tempel-Weihgebet Salomos

20.4 Jerobeams Frau geht zum Propheten — 1 Kön 14,1-12.17

Vers 12: בְּבֹאָה = בְּבוֹא

20.5 Mose will die Herrlichkeit Gottes sehen — Ex 33,18-23

*20.6 Weitere Texte und Übungen

*20.6.1 „Wenn du umkehrst" — Dtn 30,1-10

Aus Moses Abschiedsrede

*20.6.2 „Ich mache alles neu" — Jes 65,17-24

*20.6.3 Formen-Übungen

Wenn Sie weiteres Übnungsmaterial suchen, können Sie die Formen ähnlicher Verben nebeneinander betrachten und auf die Analysemerkmale hin befragen.

***20.6.3.1** Schreiben Sie z.B. Formen nebeneinander von:

כלה (zuende sein / Pi: fertig machen)

כלל (vollenden) כול (erfassen / Pilp versorgen)

יָכֹל (können) נכל (arglistig handeln) אכל (essen)

Hilfsmittel: Konkordanz oder Lexikon

*20.6.3.2 Weitere Beispiele: גִּיל / גלל / גלה;
רוּץ / רצץ / רצה;
נשׁב / ישׁב / שׁוּב / שׁבה;
רוּעַ / רעע / רעה.

*20.6.3.3 oder:

וַיָּבֹזּוּ בָּזִיתָ בַּז בֹּזּוּ בּוֹזֵי בָּזוּז בְּזוּיָה וַתָּבֶז תָּבֹז
וּבֹזִים יָבֹוזּוּ נִבְזִים בֹּזְזִים בָּזִינוּ בָּזָה בָּזָה
בָּזֱזוּ וְנָבֹזָּה תָּבוּז תִּבְזֶה בָּזַזְנוּ תָּבֹזּוּ יָבוּז וְתָבוּז
וּבָזַז וַיִּבְזוּ בָּזוּ לְהַבְּזוֹת בֹּז

20.7 Übungen zur Wortkunde

20.7.1 Stellen Sie die Verben zusammen, die eine Gemütsbewegung bezeichnen, und ordnen Sie sie nach

mehr positiven: אהב - אמן - בחר - ברך -
הלל - חנן - חפץ - נשׁק - צחק - רחם - רצה

eher negativen: בוז - בזה - בכה - חטא -
ירא - צעק - רעע - רשׁע - שׂנא - ארר

20.7.2 Wiederholen Sie sogenannte Zustandsverben, die einen Zustand, aber auch den Beginn eines Zustands bezeichnen können, z.B.:
היה „sein / werden“, אהב „lieben / sich verlieben“, und:

גדל - ידע - הרה - ישׁב - זקן - חזק - חנה -
כבד - קדשׁ - רבה - רחק - רעע - רצה - שׁכב

20.8 Unpunktierter Text

1 Kön 8,46-49

(46) כי יחטאו־לך כי אין אדם אשר לא־יחטא
ואנפת בם ונתתם לפני אויב
ושבום שביהם אל־ארץ האויב רחוקה או קרובה׃
(47) והשיבו אל־לבם בארץ אשר נשבו־שם

> **Praxistip:**
>
> **Man muß nicht alles wissen; man muß sich nur zu helfen wissen.**

ושבו והתחננו אליך בארץ שוביהם לאמר
חטאנו והעוינו רשענו:
(48) ושבו אליך בכל־לבבם ובכל־נפשם בארץ אויביהם
אשר שבו אתם
והתפללו אליך דרך ארצם אשר נתת לאבותם
העיר אשר בחרת והבית אשר־בניתי לשמך:
(49) ושמעת השמים מכון שבתך את־תפלתם ואת־תחנתם
ועשית משפטם:

Grammatik-Paragraphen

Sie finden den grammatischen Stoff dieser Lektion in den §§:

39 (ל״ה),
41 (ע״וי oder „Hohle Wurzeln“),
42 (ע״ע)
und 43 (Übersicht).

Lektion Einundzwanzig

Am Ende Ihrer Arbeit an dieser Lektion sollen Sie

- Offene Präformativsilben mit e oder i als Merkmal für die Analyse schwacher Verbformen berücksichtigen können,
- Satzverbindungen mit ו richtig übersetzen können und
- Verben modaler Bedeutung in ihrer Zusammensetzung mit anderen Verben erkennen und richtig übersetzen können.

21.1 Texte

21.1.1 Abrahams Knecht und Rebekka am Brunnen — Gen 24,10-21

21.1.2 Rebekkas Abschied — Gen 24,50-61

*21.1.3 Ein Levit in Betlehem — Ri 19,1-10

V.8: וְהִתְמַהְמְהוּ von מהה Hitpalpel

21.1.4 Jerusalem, juble über deine Rettung! — Zef 3,14-17

21.2 Übungen

21.2.1 Schwache Verbformen

Analysieren Sie in allen Texten die schwachen Verbformen:

21.2.1.1 Stellen Sie alle Fälle zusammen, in denen langes e bzw. langes i in einer offenen Präformativsilbe vorkommt.

21.2.1.2 Systematisieren Sie die Vorkommen zu einer Analyseregel mit Hilfe von Vokabeln 9A, Lektion 18.7.2, Gr §§ 37.2, 38.1 und 2, 39.3, 41.4 und 42.5.

21.2.1.3 Ergänzen Sie Ihre Merkmal-Tabelle aus Lektion 19.8 durch die Eintragungen für Verbformen mit e bzw. i in der offenen Präformativsilbe (➔ Tabelle auf S. 190).

21.2.1.4 Ergänzen Sie die folgenden Sätze:

Langes e oder langes i in offener Präformativsilbe kommen vor bei Verben .... (Qal), Verben .... (Qal und Hif`il) und bei ............................... Verben in der Afformativ-Konjugation des Hif`il. E in der Präformativsilbe auch bei Kurzformen .... und im Nif`al von Verben	**Analyseregeln**

21.2.2 Satzverbindungen

Praxistip

→ Lektion 5.5

Beobachten Sie in allen Texten, in welchen Funktionen die Partikel ו auftaucht: Geht NS oder VS voraus, Perf cons, Imperf oder Impt?
Achten Sie immer auf das inhaltliche Verhältnis der Sätze. Analysieren Sie besonders sorgfältig den etwas komplizierten Satzbau in Gen 24,12-14.

21.2.3 Modale Verben

Achten Sie auf die Zusammensetzungen mit כלה und מהר in Gen 24 sowie mit יאל und שׁוב in Ri 19.
Sie können das modale Verb durch ein Adverb wiedergeben.

21.2.4 Formen-Übungen

Analysieren Sie die folgenden Verbformen:

וַיֵּשֶׁב וַיֵּשְׁתְּ וַיֵּטִיבוּ וַיֵּשְׁבוּ וַיִּשְׁבּוּ יִירְשׁוּ וַיֵּעָשׂוּ
וַיֵּרָא וַתֵּרֶא וַיִּרָא וַיֶּרֶב וַיֵּרֶד יִרְאוּ יִקָּנוּ יִקְחוּ
מִקּוּם מֵקִים הֵסֵבּוּ הֵבִין הֵבִינוּ הָבִין לְהֵטִיב

21.3 Textbeispiele zur Syntax

21.3.1 „w^e“ nach Aufforderung, Frage und Verneinung

(1) וַיֹּאמֶר יַעֲקֹב הִנֵּה שָׁמַעְתִּי כִּי יֶשׁ־שֶׁבֶר בְּמִצְרָיִם רְדוּ־

שָׁמָּה וְשִׁבְרוּ־לָנוּ מִשָּׁם וְנִחְיֶה וְלֹא נָמוּת׃ (Gen 42,2)

(2) לֹא אִישׁ אֵל וִיכַזֵּב וּבֶן־אָדָם וְיִתְנֶחָם
הַהוּא אָמַר וְלֹא יַעֲשֶׂה וְדִבֶּר וְלֹא יְקִימֶנָּה׃ (Num 23,19)

(3) כֹּה אָמַר יְהוָה אֱלֹהֵי יִשְׂרָאֵל שַׁלַּח אֶת־עַמִּי
וְיָחֹגּוּ לִי בַּמִּדְבָּר׃ (Ex 5,1)

(4) מִי חָכָם וְיָבֵן אֵלֶּה נָבוֹן וְיֵדָעֵם (Hos 14,10a)

21.3.2 Modale Verben

(1) וַיֹּסֶף אַבְרָהָם וַיִּקַּח אִשָּׁה וּשְׁמָהּ קְטוּרָה׃ (Gen 25,1)

(2) וַיְהִי מִמָּחֳרָת וַיַּשְׁכִּימוּ הָעָם וַיִּבְנוּ שָׁם מִזְבֵּחַ (Ri 21,4)

(3) וַיֹּסֶף הַנַּעַר לַעֲנוֹת אֶת־שָׁאוּל וַיֹּאמֶר הִנֵּה נִמְצָא בְיָדִי
רֶבַע שֶׁקֶל כָּסֶף (1 Sam 9,8)

(4) אָכֵן הִשְׁכִּימוּ הִשְׁחִיתוּ כֹּל עֲלִילוֹתָם׃ (Zef 3,7)

21.4 Übung zur Wortkunde - Modale Verben

Prägen Sie sich modale Verben in charakteristischen Kontexten ein, z.B.:

וַיַּחְדְּלוּ לִבְנוֹת הָעִיר	Sie hörten auf, die Stadt zu bauen
כִּלָּה לְדַבֵּר	er hatte zuende geredet
הֵטַבְתָּ לִרְאוֹת	du hast richtig gesehen
וַיֹּסֶף וַיִּקַּח	er nahm noch einmal
וַתְּמַהֵר וַתֹּרֶד כַּדָּהּ	sie nahm schnell ihren Krug herunter
וַיֵּשֶׁב וַיָּלֶן	er blieb noch eine Nacht
וַיַּשְׁכִּימוּ וַיִּבְנוּ	sie bauten eifrig

21.5 Unpunktierter Text: Gen 24,54b-59

(54) ויקומו בבקר ויאמר שַׁלחוני לאדני׃
(55) ויאמר אחיה ואמה תשב הנערה אתנו ימים או עשור
אחר תלך׃
(56) ויאמר אליהם אל־תאחרו אותי ויהוה הצליח דרכי
שלחוני ואלכה לאדני׃
(57) ויאמרו נקרא לנערה ונשאלה את־פיה׃
(58) ויקראו לרבקָה ויאמרו אליה התלכי עם־האיש הזה
ותאמר אלך׃
(59) וישלחו את־רבקה אחותם ואת־מנקתה ואת־עבד
אברהם ואת־אנשיו׃

Grammatik-Paragraphen

Über den grammatischen Stoff dieser Lektion können Sie sich informieren in den folgenden Paragraphen:

34.2 (e im Impf Nif`al),
37 (Verben פ״י),
38.1 und 4 (Verben פ״ו),
39.3 (Kurzformen ל״ה),
41.4 und 42.5 (Verben ע״וי und ע״ע - Hif`il),
43.2 (Übersicht über schwache Verbformen)
50.5 (modale oder relative Verben),
53.1 (Partikel ו).

Lektion Zweiundzwanzig

- Auch seltenere und ungewöhnlich gebildete Verbformen sollten Sie kennengelernt haben, um im Zweifelsfall richtig nachschlagen zu können.

22.1 Zur Einführung

22.1.1 Textbeispiele

(1)
כֶּרֶם חֶמֶד עַנּוּ־לָהּ
אֲנִי יְהוָה נֹצְרָהּ
לִרְגָעִים אַשְׁקֶנָּה
פֶּן יִפְקֹד עָלֶיהָ
לַיְלָה וָיוֹם אֶצֳּרֶנָּה׃
חֵמָה אֵין לִי מִי יִתְּנֵנִי שָׁמִיר וָשַׁיִת
בַּמִּלְחָמָה אֶפְשְׂעָה בָהּ אֲצִיתֶנָּה יָּחַד׃
(Jes 27,2-4)

Ein prächtiger Weinberg! Singt ihm zu! Ich selbst, JHWH, bin sein Hüter. Jeden Augenblick tränke ich ihn. Damit niemand ihn heimsucht, hüte ich ihn Tag und Nacht.

Zorn hege ich nicht. Fände ich* Dornen und Unkraut, schritte ich im Kampf dagegen ein, zündete es an miteinander.

*(zu מִי יִתֵּן ➔ Gr § 51.4)

(2)
בְּטֶרֶם אֶצָּרְךָ בַבֶּטֶן יְדַעְתִּיךָ
וּבְטֶרֶם תֵּצֵא מֵרֶחֶם הִקְדַּשְׁתִּיךָ נָבִיא לַגּוֹיִם נְתַתִּיךָ׃
(Jer 1,5)

Bevor ich dich bildete im Mutterleib, kannte ich dich; und bevor du hervorgingst aus dem Mutterschoß, habe ich dich geheiligt, zum Völkerpropheten gesetzt.

(3)
וַיִּסְעוּ מֵאֵילִם וַיָּבֹאוּ ... אֶל־מִדְבַּר־סִין ... וַיִּלּוֹנוּ
כָּל־עֲדַת בְּנֵי יִשְׂרָאֵל עַל־מֹשֶׁה וְעַל־אַהֲרֹן בַּמִּדְבָּר׃
(Ex 16, aus 1 und 2)

ON: Elim, Sin

(4)
בַּבֹּקֶר זְרַע אֶת־זַרְעֶךָ וְלָעֶרֶב אַל־תַּנַּח יָדֶךָ
כִּי אֵינְךָ יוֹדֵעַ אֵי זֶה יִכְשַׁר הֲזֶה אוֹ־זֶה
(Koh 11,6)

(5) כִּי הַאֻמְנָם יֵשֵׁב אֱלֹהִים עַל־הָאָרֶץ
הִנֵּה הַשָּׁמַיִם וּשְׁמֵי הַשָּׁמַיִם לֹא יְכַלְכְּלוּךָ
אַף כִּי־הַבַּיִת הַזֶּה אֲשֶׁר בָּנִיתִי׃ (1 Kön 8,27)

Wohnt Gott denn wirklich auf der Erde? Siehe, der Himmel und der allerhöchste Himmel fassen dich nicht - geschweige denn dieses Haus, das ich gebaut habe.

22.1.2 Zur Formenbildung

Versuchen Sie, alle schwachen Verbformen in den einführenden Texten genau zu analysieren: Wo Sie mit den bisher bekannten Merkmalen nicht zum Ziel kommen, helfen Ihnen außer der Übersetzung die am Ende der Lektion genannten Grammatik-Paragraphen.

Praxistip
wenn jede Regel versagt:
Bei Verben ע״וי und ע״ע
gibt es vieles, was man nicht für möglich gehalten hätte.

22.2 Danklied eines vom Tode Erretteten — Psalm 30

(1) מִזְמוֹר שִׁיר־חֲנֻכַּת הַבַּיִת לְדָוִד׃
(2) אֲרוֹמִמְךָ יְהוָה כִּי דִלִּיתָנִי וְלֹא־שִׂמַּחְתָּ אֹיְבַי לִי׃
(3) יְהוָה אֱלֹהָי שִׁוַּעְתִּי אֵלֶיךָ וַתִּרְפָּאֵנִי׃
(4) יְהוָה הֶעֱלִיתָ מִן־שְׁאוֹל נַפְשִׁי חִיִּיתַנִי מִיּוֹרְדֵי־בוֹר׃
(5) זַמְּרוּ לַיהוָה חֲסִידָיו וְהוֹדוּ לְזֵכֶר קָדְשׁוֹ׃
(6) כִּי רֶגַע בְּאַפּוֹ חַיִּים בִּרְצוֹנוֹ בָּעֶרֶב בֶּכִי וְלַבֹּקֶר רִנָּה׃
(7) וַאֲנִי אָמַרְתִּי בְשַׁלְוָתִי בַּל אֶמּוֹט לְעוֹלָם׃
(8) יְהוָה בִּרְצוֹנְךָ הֶעֱמַדְתִּי בְהַרֵי עֹז
הִסְתַּרְתָּ פָנֶיךָ הָיִיתִי נִבְהָל׃
(9) אֵלֶיךָ יְהוָה אֶקְרָא וְאֶל־אֲדֹנָי אֶתְחַנָּן׃
(10) מַה־בֶּצַע בְּדָמִי בְּרִדְתִּי אֶל־שָׁחַת
הֲיוֹדְךָ עָפָר הֲיַגִּיד אֲמִתֶּךָ׃
(11) שְׁמַע יְהוָה וְחָנֵּנִי יְהוָה הֱיֵה־עֹזֵר לִי׃
(12) הָפַכְתָּ מִסְפְּדִי לְמָחוֹל לִי פִּתַּחְתָּ שַׂקִּי וַתְּאַזְּרֵנִי שִׂמְחָה׃

(13) לְמַ֫עַן יְזַמֶּרְךָ כָבוֹד וְלֹא יִדֹּם
יְהוָה אֱלֹהַי לְעוֹלָם אוֹדֶךָּ׃

22.4 David und Saul

1 Sam 17,50-54. 18,6-16

In 1 Sam 18,6 können Sie den Text erleichtern, wenn Sie statt וְהַמְּחֹלוֹת : בַּמְּחֹלוֹת lesen.

22.5 Elija bei der Witwe in Zarpat

1 Kön 17,17-24

*22.6 Das Wunder JHWHs am Meer

Psalm 114

22.7 Formen-Übungen

22.7.1 Analysieren Sie die folgenden Verbformen, und erwägen Sie dabei jeweils die verschiedenen Möglichkeiten. Im Lexikon und in der Konkordanz können Sie Ihre Ergebnisse kontrollieren:

וַיִּקֹּד וַיַּסֵּב וַיִּסֹּג מַסִּיג וַיִּמָּל יִמֹּל יִפֹּל
יַתֵּם נִתַּן יַצִּיק יִסַּךְ יֻגַּד יֻתַּן לְקַח

22.7.2 Wenn Verbformen aussehen wie Verben פ״נ, aber keine Verben פ״נ sind, kommen in Betracht (in der Reihenfolge ihrer Häufigkeit):

1. Nif'al-Formen,
2. Zweiradikalige Verben,
3. Verben פ״י mit צ als erstem Radikal.

22.7.3 Wiederholen Sie auch die „normalen" Analyseregeln. An der Tabelle auf Seite 190 können Sie sich orientieren. Und analysieren Sie zur Wiederholung die folgenden Verbformen:

וַיָּ֫שָׁב וַיֵּ֫שֶׁב וַיֵּ֫שְׁבְ וַיִּטַב וַיֵּ֫טֶב וַיִּבַשׁ וַיֵּ֫דַע
וַיֹּ֫סֶף וָאֹסַף אֹסֵף נוֹתָר הוֹתִיר הֵרִים הוּרַד

שֵׁב שֶׁב שֶׁ֫בֶת תֵּן תֵּת תִּתִּי קַ֫חַת לָקַ֫חַת לָקַ֫חַתְּ
צֵאת צְאוּ יִרְאוּ יֵרְאוּ יְרָאוּ
יִצַּת יִוָּתֵר יִדֹּם יִקֹּד יִקּוֹם וַיִּנַּח

22.8 Unpunktierter Text — Aus Psalm 30

(1) מזמור שיר־חנכת הבית לדוד:
(2) ארוממך יהוה כי דליתני ולא־שמחת איבי לי:
(3) יהוה אלהי שועתי אליך ותרפאני:
(4) יהוה העלית מן־שאול נפשי חייתני מיורדי־בור:
(5) זמרו ליהוה חסידיו והודו לזכר קדשו:
(6) כי רגע באפו חיים ברצונו בערב בכי ולבקר רנה:
(11) שמע יהוה וחנני יהוה היה־עזר לי:
(12) הפכת מספדי למחול לי פתחת שקי ותאזרני שמחה:
(13) למען יזמרך כבודי ולא ידום
יהוה אלהי לעולם אודך:

Grammatik-Paragraphen

Über den grammatischen Stoff dieser Lektion können Sie sich informieren in den folgenden Paragraphen:

29.3, Anm. 2 (Doppelungsstämme),
36.1, Anm. 1 (Dagesch forte),
38.3 (פ״ו mit צ),
40.1 (ל״א / ל״ה),
41.6, 41.7, 42.7, 42.8 (zweiradikalige Verben - Besonderheiten),
43 (Übersichten).

Lektion Dreiundzwanzig

Wenn Sie diese Lektion bearbeitet haben, sollen Sie

- Doppel-Ausdrücke mit absoluten Infinitiven in Texten erkennen und Übersetzungsmöglichkeiten finden können und
- die wichtigsten Zahlwörter als Vokabeln wiederholt haben und auch zusammengesetzte Zahlwörter verstehen können.

23.1 Das Ende der Flut — Gen 8,1-13.20-22

23.2 Simei Ben Gera verflucht David — 2 Sam 16,5-13

23.3 Textbeispiele zum absoluten Infinitiv

(1) כֹּה אָמַר יְהוָה אִם־לֹא תִשְׁמְעוּ אֵלַי לָלֶכֶת בְּתוֹרָתִי
אֲשֶׁר נָתַתִּי לִפְנֵיכֶם׃ לִשְׁמֹעַ עַל־דִּבְרֵי עֲבָדַי הַנְּבִאִים
אֲשֶׁר אָנֹכִי שֹׁלֵחַ אֲלֵיכֶם וְהַשְׁכֵּם וְשָׁלֹחַ וְלֹא שְׁמַעְתֶּם׃

ON: Silo

וְנָתַתִּי אֶת־הַבַּיִת הַזֶּה כְּשִׁלֹה וְאֶת־הָעִיר הַזֹּאת אֶתֵּן
לִקְלָלָה לְכֹל גּוֹיֵי הָאָרֶץ׃ (Jer 26,4-6)

(2) וְאִם לֹא יִשְׁמָעוּ וְנָתַשְׁתִּי אֶת־הַגּוֹי הַהוּא נָתוֹשׁ וְאַבֵּד
נְאֻם־יְהוָה׃ (Jer 12,17)

(3) וַיְהִי הֵמָּה הֹלְכִים הָלוֹךְ וְדַבֵּר וְהִנֵּה רֶכֶב־אֵשׁ וְסוּסֵי
אֵשׁ וַיַּפְרִדוּ בֵּין שְׁנֵיהֶם וַיַּעַל אֵלִיָּהוּ בַּסְּעָרָה הַשָּׁמָיִם׃
(2 Kön 2,11)

(4) וְדָוִד יוֹשֵׁב בֵּין־שְׁנֵי הַשְּׁעָרִים
וַיֵּלֶךְ הַצֹּפֶה אֶל־גַּג הַשַּׁעַר אֶל־הַחוֹמָה וַיִּשָּׂא אֶת־עֵינָיו
וַיַּרְא וְהִנֵּה־אִישׁ רָץ לְבַדּוֹ׃ וַיִּקְרָא הַצּוֹפֶה וַיַּגֵּד לַמֶּלֶךְ
וַיֹּאמֶר הַמֶּלֶךְ אִם־לְבַדּוֹ בְּשׂוֹרָה בְּפִיו
וַיֵּלֶךְ הָלוֹךְ וְקָרֵב׃
וַיַּרְא הַצֹּפֶה אִישׁ־אַחֵר רָץ (2 Sam 18,24-26)

23.4 Übungen zu den Texten

23.4.1 Absolute Infinitive

In allen Textbeispielen kommen Kombinationen von Verbformen mit absoluten Infinitiven vor.
Versuchen Sie selbst, die Ausdrücke zu verstehen. Berücksichtigen Sie dabei, daß der absolute Infinitiv nur die Verbbedeutung in den Satz einbringt, die absoluten Infinitive zweier Verben also zwei eng zusammengefügte Bedeutungen einbringen.
Lesen Sie erst nach den eigenen Übersetzungsversuchen Gr § 50.4 nach.

23.4.2 Themen für Wiederholungen

23.4.2.1 zu Gen 8:
Zahlen - He interrogativum - Kongruenz, speziell bei מַ֫יִם und שָׁמַ֫יִם und bei Zahlen - modale Verben (z.B. יסף) - Gliederung des Textes, z.B. durch וַיְהִי und durch Nominalsätze.

23.4.2.2 zu 2 Sam 16:
Ketib und Qeré - Bedeutung von דָּם und damit gebildeten Constructus-Verbindungen - Fragesätze (formal) - Rhetorische Frage mit לָ֫מָּה und מַדּ֫וּעַ als Vorwurf - Funktionen von NS und ZNS in der Erzählung.

Grammatik-Paragraphen

Schlagen Sie den Stoff dieser Lektion nach im Paragraphen: 50.4 (Absoluter Infinitiv).

Zum Wiederholen konsultieren Sie die §§: 07 (Ketib / Qeré), 22 (Zahlen), 43 (Merkmale für Verbanalysen), 44 und 54 (Gliederung von Texten), und 45.4 (Constructus-Verbindung).

Lektion Vierundzwanzig

Diese Schlußlektion bietet Material zum Wiederholen und Vertiefen. Bei der Bearbeitung der Texte können Sie

- Ihre Sicherheit in der Analyse von Verb- und Nomenformen üben und weiter entwickeln und
- die sprachlichen Mittel entdecken, erläutern und beschreiben lernen, die Texte konstituieren, abgrenzen und gliedern.

24.1 Josef träumt

Gen 37,1-11

24.1.1 Zur Gliederung des Textes

24.1.1.1 Abgrenzung

In Kapitel 37 beginnt die große Erzählung von Josef und seinen Brüdern (bis Kap. 50). Am Anfang ist die ursprünglich vermutlich selbständige Erzählung in einen größeren Rahmen eingefügt. Wo lassen sich Rahmen und eigentliche Josef-Erzählung abgrenzen? Vergleichen Sie mit Vers 2: Gen 2,4; 5,1; 6,9; 11,27; 25,19; 36,9.

24.1.1.2 Gliederung

Wie kann man an Satzbau und Tempusgebrauch in den Versen 2 bis 5 Einleitung und Erzähl-Anfang gegeneinander abgrenzen? Woran ist ein Neueinsatz erkennbar? Beobachten Sie Satzstellung und Tempora in den Sätzen 11a / 11b. Welche Funktion hat dieser Vers im Ganzen des Textes?

24.1.2 Zum Tempusgebrauch

24.1.2.1 Inwiefern erzählt Josef seine Träume anders, als man gewöhnlich erzählt? Achten Sie auf die Verbformen und auf deiktische (= auf die Sprechsituation verweisende) sprachliche Zeichen.

➔ Gr §§ 48.6, 52.4

24.1.2.2 Im erzählenden Kontext findet sich ein „fremdes“ Tempus (V.7). Übersetzen Sie versuchsweise mit deutschem Präsens, und beobachten Sie die stilistische Wirkung. Vergleichen Sie erst dann Gr § 48.7.

➔ Gr § 48.7

24.2 Eli stirbt 1 Sam 4,12-18

Der folgende Text ist ein Teil der Erzählungen am Anfang des 1. Samuelbuchs, die sich mit den Schicksalen der „Lade“ Gottes beschäftigen. Er hat in dieser Lektion zwei Funktionen:

1. können Sie aus Anlaß dieses Textes bestimmte Wiederholungsübungen machen (➔ 24.3.2f).
2. kann man an ihm die sprachlichen Mittel vorführen, die einen Text strukturieren. Aufgaben dazu ➔ 24.3.4f.

Den Text finden Sie hier satzweise abgedruckt und mit einigen Randbemerkungen zur Gliederung versehen: (Eine solche Schreibweise „Satz für Satz“ ist überhaupt zu empfehlen, wenn Sie einen Text analysieren wollen.)

וַיָּרָץ אִישׁ־בִּנְיָמִין מֵהַמַּעֲרָכָה	(12)	Eröffnungsszene:	1. Person
וַיָּבֹא שִׁלֹה בַּיּוֹם הַהוּא			Ort, Zeit
וּמַדָּיו קְרֻעִים			
וַאֲדָמָה עַל־רֹאשׁוֹ׃			
וַיָּבֹא וְהִנֵּה	(13)	Situation	
עֵלִי יֹשֵׁב עַל־הַכִּסֵּא לְיַד הַדֶּרֶךְ מְצַפֶּה			2. Person
כִּי־הָיָה לִבּוֹ חָרֵד עַל אֲרוֹן הָאֱלֹהִים			
וְהָאִישׁ בָּא לְהַגִּיד בָּעִיר		1.Szene	Mann /
וַתִּזְעַק כָּל־הָעִיר׃			Stadt / Eli
וַיִּשְׁמַע עֵלִי אֶת־קוֹל הַצְּעָקָה וַיֹּאמֶר	(14)		
מֶה קוֹל הֶהָמוֹן הַזֶּה			
וְהָאִישׁ מִהַר וַיָּבֹא וַיַּגֵּד לְעֵלִי׃		2.Szene	Mann / Eli
וְעֵלִי בֶּן־תִּשְׁעִים וּשְׁמֹנֶה שָׁנָה	(15)		
וְעֵינָיו קָמוּ			
וְלֹא יָכֹל לִרְאוֹת׃			
וַיֹּאמֶר הָאִישׁ אֶל־עֵלִי	(16)		Dialog:
אָנֹכִי הַבָּא מִן־הַמַּעֲרָכָה			Vorstellung
וַאֲנִי מִן־הַמַּעֲרָכָה נַסְתִּי הַיּוֹם			

וַיֹּאמֶר		
מֶה־הָיָה הַדָּבָר בְּנִי׃		Frage
וַיַּעַן הַמְבַשֵּׂר וַיֹּאמֶר	(17)	Bericht
נָס יִשְׂרָאֵל לִפְנֵי פְלִשְׁתִּים		1.
וְגַם מַגֵּפָה גְדֹלָה הָיְתָה בָעָם		2.
וְגַם שְׁנֵי בָנֶיךָ מֵתוּ חָפְנִי וּפִנְחָס		3.
וַאֲרוֹן הָאֱלֹהִים נִלְקָחָה׃		4.: Klimax
וַיְהִי כְּהַזְכִּירוֹ אֶת־אֲרוֹן הָאֱלֹהִים	(18)	markierter Höhepunkt
וַיִּפֹּל מֵעַל־הַכִּסֵּא אֲחֹרַנִּית עַל־יַד הַשַּׁעַר		
וַתִּשָּׁבֵר מַפְרַקְתּוֹ		
וַיָּמֹת		
כִּי־זָקֵן הָאִישׁ וְכָבֵד		
וְהוּא שָׁפַט אֶת־יִשְׂרָאֵל אַרְבָּעִים שָׁנָה׃		Schlußbemerkung des Erzählers (oder Redaktors)

24.3 Übungen zum Text 24.2

24.3.1 Erstes Textverständnis und Rohübersetzung

24.3.1.1 Lesen Sie den Anfang des Kapitels (Verse 1-11) in einer Übersetzung, am besten in der „Bibel in heutigem Deutsch“, die nach Vers 11 einen Absatz macht.

24.3.1.2 Analysieren Sie die Wörter und Sätze formal, semantisch (d.h. nach ihrer Bedeutung) und syntaktisch, schreiben Sie eine (vorläufige) Übersetzung auf. Notieren Sie, was Ihnen an Verbformen, Satzbau, Wortbedeutungen auffällt und welche Übersetzungsprobleme Sie haben.

24.3.2 Wiederholung

24.3.2.1 Aus Anlaß der Verbformen in diesem Text können Sie wiederholen, was Sie über die Analyse von schwachen Verben der Klassen Pe-Nun und Pe-Waw/Jod wissen.

24.3.2.2 Weitere Themen:
Semantik (Was bedeuten Wörter „an sich“ und in diesem Text?),
Syntax (Wie werden Partizipien gebildet und verwendet? Welche Form und Funktion haben Nominalsätze?),
Textgliederung (Welche sprachlichen Mittel stehen zur Verfügung?).

24.3.3 Wortbedeutungen

24.3.3.1 Im Lexikon stehen viele Bedeutungen, welche gilt in diesem Text an dieser Stelle?

24.3.3.2 Lesen Sie laut und aufmerksam einen ganzen Lexikonartikel (ohne die angegebenen Stellen), z.B. KBL zu אֲדָמָה , GesB für כִּסֵּא. Welche Hilfe bietet er Ihnen für diese Textstelle? Was hilft Ihnen Ihre Vokabelkenntnis?

24.3.3.3 כִּסֵּא „Sessel“ - kann man da rücklings herunterfallen? Kann ein Blinder „spähen“? Ruft die Stadt „um Hilfe“? Wann bedeutet בוא „hineingehen“, wann „kommen“? Ist הַדָּבָר „das Wort“ oder „die Sache“?

24.3.4 Partizipial- und andere Nominalsätze

24.3.4.1 Partizipien als Subjekt, als Attribut, nach וְהִנֵּה, als indeterminierte oder als determinierte Prädikate im NS.,

24.3.4.2 Funktionen der einfachen NS: Umstandssätze (V.12), Personenbeschreibung (13), nachgeholte Hintergrundinformation (15); Zusammengesetzte NS: Szenenwechsel (13, 14), Übergang zum Kommentar (18),

24.3.4.3 NS in der Rede (16 und 17).

24.3.5 Textanalyse

24.3.5.1 Mit welchen sprachlichen Mitteln arbeitet die „Dramaturgie“ der Erzählung?
Wie werden Schauplätze geschaffen, Personen eingeführt, beschrieben und bewegt?
Wie werden Dialoge begonnen, geführt und zugespitzt?
Wie treibt diese Erzählung auf ihre tödlichen Pointe zu?

24.3.5.2 Ergebnisse einer solchen Textanalyse können nun in eine zweite - angemessene - Übersetzung einfließen.

24.3.5.3 Vergleichen Sie kritisch mehrere gängige deutsche Übersetzungen. Es gibt keine Alternative: „wörtliche“ oder

„freie“ Übersetzung. Es gibt nur die Alternative: richtige oder falsche Übersetzung. (Und darüber kann man auch noch geteilter Meinung sein.)

24.4 Ehud mordet — Ri 3,15-26

24.4.1 Der Text

Der Text ist wieder in einer übersichtlichen Form aufgeschrieben und mit Randbemerkungen zur Gliederung versehen.
Lesen Sie die Verse 12 bis 15a in einer Übersetzung. Der Anfang der alten Erzählung ist in V.15 mit einem Rahmen verschmolzen, der die Geschichte in einen gesamtisraelitischen Kontext stellt.
Die abgedruckte Fassung versucht den alten Anfang wiederherzustellen.

וְאֵהוּד בֶּן־גֵּרָא בֶּן־הַיְמִינִי אִישׁ אִטֵּר יַד־יְמִינוֹ	(15)	Hauptperson / Eigenschaft
וַיִּשְׁלְחוּ בְּיָדוֹ מִנְחָה לְעֶגְלוֹן מֶלֶךְ מוֹאָב׃		Gegenspieler / Abhängigkeit
וַיַּעַשׂ לוֹ אֵהוּד חֶרֶב	(16)	Waffe: Spannung
וְלָהּ שְׁנֵי פֵיוֹת גֹּמֶד אָרְכָּהּ		
וַיַּחְגֹּר אוֹתָהּ מִתַּחַת לְמַדָּיו עַל יֶרֶךְ יְמִינוֹ׃		
וַיַּקְרֵב אֶת־הַמִּנְחָה לְעֶגְלוֹן מֶלֶךְ מוֹאָב	(17)	
וְעֶגְלוֹן אִישׁ בָּרִיא מְאֹד׃		Eigenschaft der Zweitperson
וַיְהִי	(18)	Neueinsatz
כַּאֲשֶׁר כִּלָּה לְהַקְרִיב אֶת־הַמִּנְחָה		
וַיְשַׁלַּח אֶת־הָעָם נֹשְׂאֵי הַמִּנְחָה׃		
וְהוּא שָׁב מִן־הַפְּסִילִים אֲשֶׁר אֶת־הַגִּלְגָּל	(19)	Hauptperson
וַיֹּאמֶר דְּבַר־סֵתֶר לִי אֵלֶיךָ הַמֶּלֶךְ		Rede
וַיֹּאמֶר הָס		Rede
וַיֵּצְאוּ מֵעָלָיו כָּל־הָעֹמְדִים עָלָיו׃		Ergebnis

וְאֵהוּד בָּא אֵלָיו	(20)	Hauptperson
וְהוּא־יֹשֵׁב בַּעֲלִיַּת הַמְּקֵרָה אֲשֶׁר־לוֹ לְבַדּוֹ		
וַיֹּאמֶר אֵהוּד דְּבַר־אֱלֹהִים לִי אֵלֶיךָ		Rede
וַיָּקָם מֵעַל הַכִּסֵּא׃		Ergebnis
וַיִּשְׁלַח אֵהוּד אֶת־יַד שְׂמֹאלוֹ	(21)	Haupthandlung
וַיִּקַּח אֶת־הַחֶרֶב מֵעַל יֶרֶךְ יְמִינוֹ		
וַיִּתְקָעֶהָ בְּבִטְנוֹ׃		
וַיָּבֹא גַם־הַנִּצָּב אַחַר הַלַּהַב	(22)	
וַיִּסְגֹּר הַחֵלֶב בְּעַד הַלַּהַב		
כִּי לֹא שָׁלַף הַחֶרֶב מִבִּטְנוֹ		
וַיֵּצֵא הַפַּרְשְׁדֹנָה׃		
וַיֵּצֵא אֵהוּד הַמִּסְדְּרוֹנָה	(23)	
וַיִּסְגֹּר דַּלְתוֹת הָעֲלִיָּה בַּעֲדוֹ		
וְנָעָל׃		
וְהוּא יָצָא	(24)	Hauptperson
וַעֲבָדָיו בָּאוּ		Randfiguren
וַיִּרְאוּ		
וְהִנֵּה דַּלְתוֹת הָעֲלִיָּה נְעֻלוֹת		Handlung / Rede / Handlung
וַיֹּאמְרוּ אַךְ מֵסִיךְ הוּא אֶת־רַגְלָיו בַּחֲדַר הַמְּקֵרָה׃		
וַיּוֹחִלוּ עַד־בּוֹשׁ	(25)	
וְהִנֵּה אֵינֶנּוּ פֹתֵחַ דַּלְתוֹת הָעֲלִיָּה		
וַיִּקְחוּ אֶת־הַמַּפְתֵּחַ		
וַיִּפְתָּחוּ		
וְהִנֵּה אֲדֹנֵיהֶם נֹפֵל אַרְצָה מֵת׃		Ergebnis
וְאֵהוּד נִמְלַט עַד הִתְמַהְמְהָם	(26)	Hauptperson
וְהוּא עָבַר אֶת־הַפְּסִילִים		
וַיִּמָּלֵט הַשְּׂעִירָתָה׃		guter Ausgang

24.4.2 Aufgaben

Gliedern Sie den Text nach Exposition - Hauptteil - Schluß, den Hauptteil in Einzelszenen.
Dabei sind die hebräischen sprachlichen Mittel zu finden, die den Text gliedern:
Satztypen, Nennung der Personen durch Namen oder Pronomina, Wechsel: Rede / Handlung, Rückverweise, Wiederaufnahme von Wörtern und Bedeutungen, Partikeln, Eröffnungs- und Schlußformeln.

24.5 Elija ist nicht verfügbar — 2 Kön 1,1-17

Vers 13: lesen Sie שְׁלִשִׁית statt שְׁלִשִׁים.

Vers 15: אוֹתוֹ = אִתּוֹ (wie oft in Jer und Kön).

24.6 Übungen zum Text 24.5

24.6.1 zur Satzsyntax

Achten Sie auf Tempora und Satzbau in den Versen 2 und 3. Stellen Sie die Funktion der nicht-narrativen Sätze fest.
Beschreiben Sie den Satzbau in den Zusammengesetzten Nominalsätzen in V.3 und 4 und besonders im Relativsatz. Welche Funktion hat das Suffix in מִמֶּנָּה ?

24.6.2 Zur Textsyntax

24.6.2.1 Wo beginnt die eigentliche Elija-Ahasja-Erzählung? Wie unterscheidet sich der Erzählungsanfang z.B. von dem in Ri 3,15 (oder Ri 19,1 - Übg.21.1.3)? Lesen Sie die drei Verse vorher, und versuchen Sie eine Erklärung.

24.6.2.2 Wie kann man am Schluß (17) Erzählung und Rahmen abgrenzen?
Beachten Sie, wie in den Versen 2 und 3 sowie 4 und 5 Schauplätze und Personen wechseln. Formulieren Sie Ihre Übersetzung so, daß der Szenenwechsel in 4/5 deutlich bleibt.

24.6.2.3 Erstellen Sie wie in Ri 3 (24.4) eine Gliederung.
An welchen *sprachlichen* Indizien wird deutlich, daß der Text aus zwei Erzählungen zusammengefügt ist?

Wie sind die Teiltexte abzugrenzen?
Welche inhaltlichen Unterschiede fallen auf?
Hat die Zusammenfügung Eingriffe in die Struktur der Teiltexte mit sich gebracht?

24.6.3 Beobachtungen zur Gattung der Texte

24.6.3.1 Vergleichen Sie diesen Text mit 1 Sam 4 (24.3) und Ri 3 (24.4): den Gebrauch von Namen und Pronomina, das Verhältnis von Rede und Handlung, den Aufbau der Szenenfolge.

24.6.3.2 In 1 Sam 4 und Ri 3 ist jeweils eine erzählerisch gestaltete Szene als Höhepunkt herausgearbeitet. In 2 Kön 1 liegt der Nachdruck auf Textteilen anderer Art. Welche sind das? Wie sind sie sprachlich gestaltet?

24.6.3.3 Vergleichen Sie die drei Fassungen des Prophetenwortes in 2 Kön 1. Welche Elemente wechseln, welche sind konstant?

24.6.4 Themen für Wiederholungen

Verse 2-4: Nomenanalyse,
Pausaformen,
Funktionen von כִּי und אִם,
Fragesätze,
Bedeutungen von מִן,
אֲשֶׁר-Sätze,
Dagesch forte euphonicum.

Verse 5-11: Fragesatz mit זֶה,
Lexikonbenutzung,
Schwache Imperative,
Modale Verben.

Grammatik-Paragraphen

Schlagen Sie vor allem nach in den Paragraphen: 48, 52 und 54.

Wolfgang Schneider

DEBARIM

דְּבָרִים

VOKABELN
TABELLEN
REGISTER

Claudius

0.1 Namen aus den Übungen 0.2 und 0.3

Adam
Amos
Aram
Ararat
Asdod
Asaf
Baruch
Batseba
Benjamin
Bet-El
Bileam
Daniel
David
Eden
Edom
Eli
Elieser
Efraim
Esra
Ester
Gideon
Gilead
Hagar
Ham
Hermon
Israel
Jafet
Jericho
Jerusalem
Joel
Jonatan
Josef
Karmel
Lamech
Lea
Lot
Michael
Mirjam
Natan
Natanael
Nebukadnezar
Rahel
Rut
Sacharja
Salomo
Samuel
Sara
Sodom
Tel-Aviv
Ur
Zefanja

0.2 Die wichtigsten Vokabeln aus Gen 1, 1-5

- בְּ Präposition: in, an, bei (Kontakt)
- אֱלֹהִים Gott / Götter
- אֵת/אֶת־ Akkusativ-Zeichen
- הַ· Artikel: der / die / das / die (nächster Konsonant mit Dagesch forte)
- שָׁמַיִם Himmel
- וְ Konjunktion: und / aber / daß
- וּ dieselbe Konjunktion vor ב, ו, מ, פ und Schwa mobile
- אֶרֶץ (fem) Erde / Land
- הָאָרֶץ die Erde
- רוּחַ (fem) Wind / Geist / Hauch
- מַיִם Wasser
- וַיֹּאמֶר und (er) sagte
- אוֹר Licht
- וַיְהִי und (es / er) wurde / war / geschah
- וַיַּרְא und (er) sah
- כִּי bekräftigende Partikel: ja / gewiß Konjunktion: daß / weil / wenn
- טוֹב gut
- וַיִּקְרָא und (er) rief
- לְ Präposition: zu / nach / für / in bezug auf (Zuwendung)
- יוֹם Tag
- חֹשֶׁךְ Finsternis
- לַיְלָה Nacht
- עֶרֶב Abend
- בֹּקֶר Morgen
- אֶחָד ein / einer / eins

1

Die Vokabeln zu Lektion 1 sind in der Reihenfolge aufgeführt, wie sie in den Texten vorkommen.

Nur die groß gedruckten hebräischen Wörter sind Lernvokabeln. Die klein gedruckten gehören nicht zum Lernstoff der betreffenden Lektion, können aber unter Umständen später noch einmal als Lernvokabeln vorkommen.

אֶל־	Präposition: zu / nach (Ziel)
הֲלוֹא	verneinte (rhetorische) Frage: „ist nicht ...?“
זֶה	Zeigewort: dieser / dies / hier
עֶבֶד	Sklave / Knecht
מֶלֶךְ	König
יִשְׂרָאֵל	Israel
דָּבָר	Wort / Sache (von der die Rede war) / etwas
לֵאמֹר	leitet wörtl. Rede ein: nämlich / folgendermaßen
אֲנִי / אָנֹכִי	ich
יְהוָה	Gottesname: JHWH / Der HERR
קָדוֹשׁ	heilig
הוּא	Pronomen 3 m s: er
לֹא	nicht
מִי	wer?
כָּבוֹד	Gewicht / Ehre / Herrlichkeit
אֵל	Gott (nie im Pl. mit Suffixen)
גָּדוֹל	groß
עַל	Präposition: auf / über / wegen / gegen
כֹּל כָּל־	Gesamtheit / ganz / alle
אָדוֹן	Herr
אֲדֹנָי	der Herr (= Gott)
רָקִיעַ	Schüssel / Gewölbe
בְּתוֹךְ	inmitten
מַבְדִּיל	Trennung
בֵּין ... וּבֵין ..	zwischen ... und
בֵּין ... לְ	zwischen ... und
כֵּן	so
וַיַּעַשׂ	und (er) machte

2

וַיַּבְדֵּל	und (er) trennte
אֲשֶׁר	Partikel, zeigt Relativsatz an
מִתַּחַת לְ	unterhalb von
מֵעַל לְ	oberhalb von
שֵׁנִי	zweiter

2

Von Lektion 2 an sind die Vokabeln nach Wortarten und innerhalb derer alphabetisch angeordnet.

2.1 Verben

וַיְדַבֵּר (דבר)	und (er) redete
וַיִּכְתֹּב	und (er) schrieb
וַיִּקַּח (לקח)	und (er) nahm
וַיִּתֵּן (נתן)	und (er) gab
נֹתֵן	Partizip: einer, der gibt
חֹקֵק	Ptz: einer, der festsetzt

עֹשֶׂה Ptz: einer, der tut / macht

עֹשֵׂה st c zu עֹשֶׂה

עָשָׂה Perf.: er hat(te) getan / gemacht / tat

2.2 Nomina

אֶ֫בֶן (fem) Stein

אוֹת Zeichen

אִישׁ Mann / jemand / jeder

אֱלִיל nichtig

אֱמֶת Treue / Zuverlässigkeit / Wahrheit

בַּת Tochter

בָּנוֹת pl: Töchter

דָּם Blut / Bluttat / Blutschuld

חַי lebendig

חַיִּים Leben

חֹק Satzung

יָד Hand / Seite

יוֹמָם tags / am Tage

יָמִים Tage

pl zu יוֹם

יָ֫רֵחַ Mond

יָשָׁר recht / richtig

כּוֹכָב Stern

כֹּל / כָּל־ Gesamtheit / ganz / alle

מָאוֹר Lampe

מוֹעֵד Festzeit

מְלוּכָה Königtum

מִצְוָה Befehl / Gebot

מִשְׁפָּט Gesetz / Urteil / Gericht

סֵ֫פֶר Buch(rolle) / Brief

עוֹלָם Urzeit / Ewigkeit / alle Zeit

עַם Volk (mit Artikel הָעָם)

עָשׁוּק unterdrückt

צְדָקָה Gerechtigkeit

קָטֹן klein

שֵׁם Name

שֶׁ֫מֶשׁ Sonne

שָׁנָה Jahr

שָׁנִים (pl) Jahre

שְׁתַּ֫יִם zwei (fem)

3

st c שְׁתֵּי

תּוֹרָה Weisung

תְּשׁוּעָה Rettungstat

2.3 Pronomina, Partikeln

אֵ֫לֶּה diese (pl)

אַתָּה du (mask)

כֹּה so

שָׁם dort

3.1 Verben

וַיְבַקֵּשׁ und (er) suchte

וַיִּזְבַּח und (er) opferte

וַיִּכְתֹּב und (er) schrieb

נָתַן (er) hat(te) gegeben / gab - Perf. zu וַיִּתֵּן Vok.2

עֹמֵד Ptz: stehend

וַיִּשְׁלַח und (er) shickte

וַיִּשְׁמַע und (er) hörte

3

3.2 Nomina

אָדָם	Mensch(heit)
אָח	Bruder
אֲנָשִׁים	Männer (pl zu אִישׁ)
אֹמֵן	Vormund / Erzieher
בֵּן	Sohn / Angehöriger
בָּנִים	pl Söhne
בָּקָר	Rind(vieh)
בָּרוּךְ	gepriesen / geseg-net
בְּרִית	Vertrag / Ver-pflichtung / Bund
גִּבּוֹר	Held
זֶ֫בַח	Schlachtopfer
זָקֵן	alt
חַ֫יִל	Kraft / Heer
חָמֵשׁ	fünf
לוּחַ	Tafel
לִפְנֵי	vor (siehe unten)
מְאֹד	Kraft / sehr
מֵאָה	hundert
מָאוֹר	Lampe
מֶמְשֶׁ֫לֶת	Herrschaft
סֵ֫פֶר	Brief / Buch(rolle)
סְפָרִים	pl: Briefe
עִיר	Stadt
עֲשָׂרָה	zehn
עֲשֶׂ֫רֶת	st c zehn
פָּנִים	Die dem Betrachter zugewandte Seite: Gesicht / Ober-fläche
לִפְנֵי	st c + לְ : vor
צֹאן	Schafe und Ziegen
צָבָא	Heer
רְבִיעִי	vierter
רָעָב	Hunger
רָקִ֫יעַ	Schüssel / Gewölbe
שַׂר	Anführer / Beamter
שִׁבְעִים	siebzig
שָׁלֹשׁ	drei
שֵׁנִי	zweiter
שְׁנַ֫יִם	zwei (m)
שְׁנֵי	st c

3.3 Pronomina, Partikeln

אַחֲרֵי	hinter / nach
אַתֶּם	ihr (m pl)
הֵ֫מָּה	sie (m pl)

4

זֶה	dies / dieser / hier
כְּ	Präposition: wie / entsprechend (Vergleich)
עִם	mit

4.1 Verben

Die deutschen Bedeutungen werden fortan auch bei den Narrativen als Infinitive angegeben.

Wurzeln werden nur angegeben, wenn sie aus der Narrativ-Form nicht ohne weiteres ableitbar sind.

וַיָּבֹא [בּוֹא]	kommen / hinein-gehen
בָּא	Perfekt von בּוֹא
וַיָּבֹ֫זּוּ	plündern
וַיִּבְרָא	schaffen
וַיְבָ֫רֶךְ	segnen
בָּרוּךְ	gesegnet / geprie-sen (Ptz Pass)

4

וַיֵּלֶךְ gehen
[הלך]
וַיְכַל vollenden
[כלה]
וַיָּצוּמוּ fasten
[צום]
וַיִּקְבֹּר begraben
וַיְקַדֵּשׁ heiligen
וַיָּקָם aufstehen / sich aufmachen
[קום]
קָם Perf. und Ptz zu קוּם
וַיָּשֶׂם legen
[שִׂים]
וַיִּשְׂרֹף verbrennen
וַיִּשְׁבֹּת ruhen

4.2 Nomina

אָמֵן gewiß / wahr
אֵשׁ Feuer
אֵשֶׁל Tamariske
בָּקָר Rind(vieh)
גִּבּוֹר Held
גְּוִיָּה Leiche
דְּמוּת Abbild
דֶּרֶךְ Weg
זָכָר männlich
זֶרַע Nachkommenschaft / Same
חַיִל Kraft / Heer
חוֹמָה Mauer
חֲמֹר Esel
יוֹמָם am Tage / tags
יַחְדָּו zusammen
יוֹשֵׁב Einwohner (Ptz zu ישׁב)
כֹּחַ Kraft
לְבַד allein
מַאֲכֶלֶת Messer
מַלְאָךְ Bote
מְלָאכָה Arbeit
מֶמְשָׁלָה Herrschaft
מַעֲשֶׂה Werk
מִצְרַיִם Ägypten
מָקוֹם Ort / Stelle
מְשָׁרֵת Diener
נִפְלָאוֹת Wundertaten
נְקֵבָה weiblich
סֵפֶר Buch(rolle) / Brief
עִיר Stadt (fem)
עָרִים pl: Städte
עֹלָה Brandopfer
עַמּוּד Säule
עָנָן Wolke
עֵץ Baum / Holz
עֲצָמוֹת Gebeine (sing: עֶצֶם)
עֲשָׂרָה zehn
עֲשֶׂרֶת st c
צֹאן Schafe und Ziegen
רָצוֹן Gefallen
שָׂדֶה Feld
שֶׁבַע
שִׁבְעָה sieben
שְׁבִיעִי siebter
שִׁשִּׁי sechster
תּוֹלְדוֹת Genealogien / Geschichte

4.3 Partikeln

אֵת Präposition: mit (Begleitung)
אִתּוֹ mit ihm
הִנֵּה siehe / hier (ist) (zur Aufmerksamkeit auffordernd: „Paß auf!“ „Hör zu!“)

5

מִן	Präposition: von / aus / wegen / mehr als (Trennung)
שָׁם	dort
תַּחַת	unter / anstelle

5.1 Verben

Soweit es sich nicht um schwache oder sonst unregelmäßige Verben handelt, werden fortan nur die Verbwurzeln angegeben.

Für die alphabetische Anordnung der Narrative ist der erste sichtbare Wurzel-Konsonant maßgebend.

וַיַּאֲמֵן	glauben
אסף	versammeln
וַיִּבֶן [בנה]	bauen
ברח	fliehen
וַיַּגֵּד [נגד]	benachrichtigen
דִּבֶּר	(Perf) reden
וַיַּךְ [נכה]	schlagen
מלך	König sein / werden
מצא	finden
וַיְסַפֵּר	erzählen / aufzählen
וַיַּעַן [ענה]	antworten / anfangen zu reden
פגשׁ	treffen
פקד	sich kümmern um
צִוָּה	(Perf) befehlen
רֹאֶה	(Ptz) sehen
וַיִּירָא	(sich) fürchten
וַיִּרָא	(sich) fürchten
וַיֵּרֶד [ירד]	hinabgehen
שׂמח	sich freuen
וַיֵּשֶׁב [ישׁב]	s. niederlassen / sitzen / wohnen
וַיָּשָׁב [שׁוב]	umkehren / nochmals tun
שׁכב	liegen / s. legen
וַיִּשַּׁק [נשׁק]	küssen

5.2 Nomina

אָב	Vater
אֲבִי	st c
אָבִיו	+ Suffix 3 s
אָבוֹת	pl
אוֹת	Zeichen (nie im Sing. mit Suffixen)
אָחוֹת	Schwester
אָרוּר	verflucht
אִשָּׁה	Frau
אֵשֶׁת	st c
נָשִׁים	pl
בְּהֵמָה	Tier(e)
בַּיִת	Haus
בֵּית	st c
גְּבִירָה	Gebieterin
דֶּרֶךְ	(m und f) Weg
הַר	Berg
זָכָר	männlich
זֶרַע	Same / Nachkommen
חָכָם	klug / weise
חָכְמָה	Klugheit / Weisheit
חֵן	Gunst / Ansehen
לֶחֶם	Brot / Essen
מִדְבָּר	Wüste / Steppe
נָהָר	Fluß
נָחָשׁ	Schlange

נַ֫עַר Junge / Knecht (männlicher Mensch in abhängiger Stellung)

עַ֫יִן Auge / Quelle

עֵין st c

עָנָן Wolke

עֶ֫שֶׂר zehn

עֶשְׂרִים zwanzig

עֵת Zeit

צֵל Schatten

קֶ֫דֶם Osten

קוֹל Stimme / Geräusch

רֹאשׁ Kopf

רָאשִׁים pl

רַע böse / schlimm

שָׂטָן Gegner

שְׁמוֹנִים achtzig

5.3 Pronomina, Partikeln,

הִיא sie (3 f s)

הַהִיא (als Attribut) die / jene

זֹאת diese / dies hier (f s zu זֶה)

6

לִקְרַאת entgegen

עַד bis

עַתָּה jetzt

6.1 Verben

אהב lieben

אסר binden

בזה gering schätzen

היה sein / werden

הרג totschlagen

זקף ermuntern

כפף beugen

מלך König sein / werden

עשק unterdrücken

פחד (vor Schreck)beben

פקד s.kümmern um / heimsuchen / mustern

פקח (die Augen) öffnen

קרע zerreißen

ראה sehen

שׁמר hüten / bewahren / sorgfältig tun

שׁפט richten / zum Recht verhelfen

6.2 Nomina

אַדִּיר mächtig / herrlich

אַלְמָנָה Witwe

אֶ֫לֶף tausend

אַרְבַּע vier

אַשְׁרֵי Glück / wohl dem!

בֶּ֫גֶד Kleid(ungsstück)

גֵּר Fremdling

דּוֹר Geschlecht / Generation

דֶּ֫רֶךְ (m und f) Weg

חָכְמָה Weisheit / Geschicklichkeit

חֲמִשִּׁים fünfzig

חֶ֫סֶד Solidarität / Treue

יָם Meer / Westen

יַמִּים pl

הַיַּרְדֵּן der Jordan

יָתוֹם Waise

מַחֲנֶה Heer(lager)

נַחֲלָה Erbteil

נֶפֶשׁ (fem) Leben

עֵבֶר andere Seite

עִוֵּר blind

עֵזֶר Hilfe

עִקֵּשׁ verkehrt

פַּח Schlinge / Falle

צַדִּיק gerecht

צִיּוֹן Zion

צַמִּים Fallen (pl)

קֹדֶשׁ Heiligtum

קֶרֶב Inneres / Mitte

רָעָב Hunger(snot)

רָעֵב hungrig

רָשָׁע Frevel / Frevler

שֵׂבֶר Hoffnung

שֵׁבֶט Stock / Stamm

שֶׁבַע sieben

שְׁמוֹנֶה acht

שֵׁשׁ sechs

תֵּשַׁע neun

6.3 Partikel

שֶׁ· = אֲשֶׁר

7

7.1 Verben

ברח fliehen

דבר מִשְׁפָּטִים Gericht halten

חנה lagern

טמן verstecken

נסע weiterziehen

נתץ einreißen / zerstören

וַיֵּצֵא hinausgehen

[יצא]

צעק schreien

קבץ versammeln

רדף אַחֲרֵי verfolgen

וַיָּרֶם hochheben

[רום]

וַיִּשָּׂא aufheben

[נשׂא]

שׁחט schlachten

7.2 Nomina

7.2.1 Segolata

אַדֶּרֶת (fem) Festkleid

אֹהֶל Zelt

אֹזֶן (fem) Ohr

אַיִל אֵיל Widder

אַיִן אֵין Nichtvorhandensein / es gibt nicht

בַּיִת בֵּית Haus

בָּתִּים Häuser (➔ § 21)

חַיִל חֵיל Heer / Kraft

חֹמֶץ Essig

כֶּסֶף Silber

לֶחֶם Brot / Essen

מָוֶת מוֹת Tod

נְחֹשֶׁת Bronze (hier: metallene Fessel)

סֶלַע Fels

פַּעַם (fem) Schritt / Mal

קֶרֶן (fem) Horn

רֶכֶב Wagen

שַׁעַר Tor

תָּוֶךְ תּוֹךְ Mitte

7.2.2 Andere Nomina

גַּן Garten

חוֹמָה Mauer

יְרוּשָׁלַםִ Jerusalem / Jeruschalájim
➔ Qeré Gr § 7

כַּשְׂדִּים Chaldäer / Babylonier

לֵחַ Potenz

מַטֶּה Stock / Stab

מִלְחָמָה Kampf / Krieg

נוֹרָא furchtbar

סְבַךְ Gebüsch

סוּס Pferd

עֹלָה Brandopfer

עָצֵל faul

עֲרָבָה Wüste

עָשָׁן Rauch / Wolke

פָּרָשׁ Reiter

רַב viel

שֵׁן Zahn

7.3 Pronomina, Partikeln

אַחֲרֵי hinter

הַהוּא adjektivisch: der / jener (3 m s)

כִּי אִם außer / sondern

מָה
מַה־ } was?

7A

7 A Liste der bisher gelernten wichtigsten Verben

Narrativ	Partizip	Perfekt	Wurzel	Bedeutung
וַיִּכְתֹּב	כֹּתֵב	כָּתַב	כתב	schreiben
וַיֹּאמֶר	אֹמֵר	אָמַר	אמר	sagen
וַיָּבֹא	בָּא	בָּא	בוֹא	kommen
וַיְדַבֵּר		דִּבֶּר	דבר	reden
וַיְהִי		הָיָה	היה	sein / werden
וַיִּרָא	יָרֵא	יָרֵא	ירא	fürchten
וַיַּךְ			נכה	schlagen
וַיֵּלֶךְ	הֹלֵךְ	הָלַךְ	הלך	gehen
וַיַּעַן	עֹנֶה	עָנָה	ענה	antworten
וַיַּעַשׂ	עֹשֶׂה	עָשָׂה	עשׂה	tun / machen
וַיֵּצֵא	יֹצֵא	יָצָא	יצא	hinausgehen
וַיִּקַּח	לֹקֵחַ	לָקַח	לקח	nehmen
וַיָּקָם	קָם	קָם	קוּם	aufstehen
וַיִּקְרָא	קֹרֵא	קָרָא	קרא	rufen
וַיַּרְא	רֹאֶה	רָאָה	ראה	sehen
וַיֵּרֶד	יֹרֵד	יָרַד	ירד	hinabgehen
וַיִּשָּׂא	נֹשֵׂא	נָשָׂא	נשׂא	aufheben
וַיָּשָׁב	שָׁב	שָׁב	שׁוּב	zurückkehren
וַיֵּשֶׁב	יֹשֵׁב	יָשַׁב	ישׁב	sitzen
וַיִּשְׁלַח	שֹׁלֵחַ	שָׁלַח	שׁלח	schicken
וַיִּשְׁמַע	שֹׁמֵעַ	שָׁמַע	שׁמע	hören
וַיִּתֵּן	נֹתֵן	נָתַן	נתן	geben

8

8.1 Verben

אַל־תִּירָא	fürchte dich nicht!
זרע	säen
זֹרֵעַ זֶרַע	samentragend
חנה	(sich) lagern
וַיְסַפֵּר	erzählen
קרא בְּשֵׁם יְהוָה	den Namen JHWHs anrufen
רכשׁ	erwerben
שׁאל	fragen / bitten
וַיִּשַּׁק [נשק]	küssen
וַיִּשְׁתַּחוּ [חוה]	und (er) warf sich nieder (Singular!)

8.2 Nomina

אֶ֫בֶן	(fem) Stein
אֲחֻזָּה	Landbesitz
אֱמוּנָה	Zuverlässigkeit / Treue
גּוֹי	(fremdes) Volk
גֵּר	Fremder / Schutzbürger
הַר	Berg / Gebirge (m. Artikel: הָהָר)
חֵ֫פֶץ	Freude / Gefallen
חֹק	Satzung
חֹתֵן	Schwiegervater
יָשָׁר	recht / richtig
כֹּהֵן	Priester
מְגוּרִים	Fremdlingschaft
מִזְבֵּחַ	Altar
מֵיטָב	bester (Teil)
מַלְכָּה	Königin
מִסְפָּר	Zahl
מְעַט	wenig
מֵעִים	Körperinneres / Eingeweide
מִקְוֶה	Hoffnung
מִקְנֶה	Vieh(besitz)
עֵ֫שֶׂב	Grünpflanzen / Kraut
פְּרִי	Frucht
צֵל	Schatten
קָרוֹב	nahe
הָרִאשֹׁנָה	das erste Mal
רֶ֫גֶל	(fem) Fuß
רְכוּשׁ	Besitz
רֵ֫עַ / רֵעֶה	Freund / Genosse
אִישׁ ... רֵעֵ֫הוּ	einer ... dem/den anderen / einander
שָׁלוֹם	Friede / Glück / Heil / Wohlergehen
שְׁתֵּים עֶשְׂרֵה	zwölf
תּוֹשָׁב	Gast

8.3 Pronomina, Partikeln

עַל־אוֹדוֹת	wegen
אֲנַ֫חְנוּ	wir
אַתְּ	du (f s)
אַתֵּן	ihr (f pl)
גַּם	auch
הִיא	sie (f s)
הֵ֫נָּה	sie (f pl)
כַּמָּה	wieviele

9

9.1 Verben

אחז greifen / fassen

אכל essen

בחר wählen

זכר denken an / sich erinnern

וַיְחַזֵּק stärken

ידע erkennen / wissen

כרת schneiden / fällen

כרת בְּרִית s.verpflichten / einen Bund schließen

לכד ergreifen / einnehmen / fangen

לקט sammeln

מחא schlagen / klatschen

מחה abwischen

וַיָּנָס [נוס] fliehen

עבד dienen

עבר hindurch- / hinüber- / vorübergehen (engl. to pass)

עמד stehen / s.stellen

צעק schreien

רעם brausen / tosen

שׁתה trinken

שׁקד lauern

תקע ins Horn stoßen
בַּשּׁוֹפָר

9.2 Nomina

אוֹיֵב Feind

בְּאֵר Brunnen

בְּרִית Verpflichtung / Bund / Vertrag

גְּבוּל Grenze / Gebiet

גַּל Steinhaufen

זָכָר männlich

זָנָב Schwanz

חַטָּאת Verfehlung

חֶרֶב Schwert

יַחַד zusammen

יָמִין rechts

כַּף Hand(fläche)

כֶּרֶם Weinberg

מֵישָׁרִים Aufrichtigkeit

מְלֹא Fülle

מַעְבָּרָה Furt

מִשְׁנֶה zweiter

נָבִיא Prophet

נָהָר Fluß

נָחָשׁ (m) Schlange

נְעוּרִים Jugend

עֵד Zeuge

עָוֹן Schuld

פֶּשַׁע Vergehen

צֶדֶק Gerechtigkeit

קָצֶה Ende

רַחֲמִים Erbarmen

שְׂמֹאול links

שָׁוְא Nichtiges

שׁוֹפָר Widderhorn

תֵּבֵל (fem) Festland

תְּלָאָה Mühsal

9.3 Partikeln

אַחֲרֵי hinter

אַל Verneinung im Begehrssatz

אִם wenn

גַּם auch

הֵן siehe

־נָא Partikel, kennzeichnet Wunsch- oder Begehrssatz

לְמַעַן damit / um ... willen

עַד bis

פֶּן damit nicht / sonst

9A

9 A Verbklassen

Die bisher gelernten wichtigsten Verben, geordnet nach Verbklassen (siehe Übung 7.6)

Wurzel	Narrativ		Imperfekt	
אמר	וַיֹּ֫אמֶר	(er) sagte	יֹאמַ֫ר	(er) sagt
Verben mit auslautendem Vokal (ל״ה) ➔ Gr § 24.3.1				
היה	וַיְהִי	war / wurde	יִהְיֶה, יְהִי	ist / wird
נכה	וַיַּךְ	schlug	יַכֶּה	schlägt
ענה	וַיַּ֫עַן	antwortete	יַעֲנֶה, יַ֫עַן	antwortet
עשׂה	וַיַּ֫עַשׂ	tat	יַעֲשֶׂה, יַ֫עַשׂ	tut
ראה	וַיַּרְא	sah	יִרְאֶה	sieht
Verben mit langem i oder e in der Präformativsilbe (פ״ו)				
הלך	וַיֵּ֫לֶךְ	ging	יֵלֵךְ	geht
יצא	וַיֵּצֵא	ging hinaus	יֵצֵא	geht hinaus
ירא	וַיִּירָא	fürchtete	יִרָא	fürchtet
ירד	וַיֵּ֫רֶד	ging hinab	יֵרֵד	geht hinab
ישׁב	וַיֵּ֫שֶׁב	saß	יֵשֵׁב	sitzt
Verben mit Dagesch forte im ersten sichtbaren Radikal (פ״נ)				
לקח	וַיִּקַּח	nahm	יִקַּח	nimmt
נשׂא	וַיִּשָּׂא	hob auf	יִשָּׂא	hebt auf
נתן	וַיִּתֵּן	gab	יִתֵּן	gibt
Verben mit langem a in der Präformativsilbe (ע״ו)				
בוא	וַיָּבוֹא	kam	יָבוֹא	kommt
נוס	וַיָּ֫נָס	floh	יָנוּס	flieht
קום	וַיָּ֫קָם	stand auf	יָקוּם	steht auf
שׁוב	וַיָּ֫שָׁב	kehrte um	יָשׁוּב	kehrt um

10

10.1 Verben

אבל	vertrocknen
אכל	essen
אלה	fluchen
אסף	(ver)sammeln
גזל	wegnehmen
גנב	stehlen
דרשׁ	sich kümmern um
יָכֹל	können
יצר	formen
לֶ֫כֶת [הלך]	gehen (inf)
מָלֵא	voll sein / füllen
נאף	ehebrechen
נגע	berühren
עמד	stillstehen / sich stellen
פרץ	zerstören
פרשׂ	ausbreiten
קנה	kaufen
רצח	morden
שׂבע	satt werden
שׁבר	zerbrechen

10.2 Nomina

אַחֲרִית	Ende
בַּקְבֻּק	Flasche / Krug
גֵּיא	Tal
דָּג	Fisch
דָּגָן	Getreide / Ernte
דַּעַת	Erkenntnis
חַיָּה	Lebewesen
חָצֵר	Hof
חַרְסִית	Scherbe
חֶרֶשׂ	Ton
יֹצֵר חֶרֶשׂ	Töpfer
יוֹרֶה	Frühregen (Oktob.)
יִצְהָר	Öl
כֹּהֵן	Priester
כְּלִי	Gerät / Gefäß
כֵּלִים	pl: Geräte
כִּסֵּא	Sitz / Stuhl / Thron
כַּף	(fem) Hand(fläche)
לֵב / לֵבָב	Herz
מָטָר	Regen
מַלְקוֹשׁ	Spätregen (April)
עוֹד	Dauer / noch / immer
עוֹף	Vogel
עֹרֶף	Nacken
עֵשֶׂב	Kraut / Grünzeug
פֶּה	Mund
פִּי	st c und vor suf
פֶּתַח	Öffnung / Eingang
קָהָל	Versammlung / Gemeinde
רִיב	Rechtsstreit
רֵאשִׁית	Anfang
תִּירֹשׁ	Wein
תָּמִיד	ständig / dauernd

10.3. Partikeln

אִם	wenn / leitet auch Wunsch-, Schwur-, Fragesatz ein
עַל־אוֹדוֹת	wegen
בִּלְתִּי	außer / sondern
לְבִלְתִּי	*Verneinung des Infinitivs*
כָּכָה	so
כְּמוֹ	Präposition: wie (vor Suffixen)
נֶגֶד	gegenüber

11

עַתָּה	jetzt
רַק	nur

11.1 Verben

11.1.1 Formen

[נפל] וַיִּפֹּל	fallen
וַיָּרָץ [רוּץ]	laufen
רָץ [רוּץ Perf]	(➔ קָם, Vok 7A)
וַיִּשְׁתַּחוּ [חוה]	er warf sich nieder / betete an (Singular !)

11.1.2 Wurzeln

גזל	berauben
חטא	s.verfehlen / sündigen
חמס	Gewalt antun
לכד	nehmen / fangen
משח	salben
סעד לֵב	sich stärken

עשׁק unterdrücken

רחץ waschen

רכב reiten / fahren

שׁפך ausgießen

11.2 Nomina

אֵלוֹן großer Baum

אַלְמָנָה Witwe

אַרְבָּעִים vierzig

בָּשָׂר Fleisch

זַ֫יִת Ölbaum

חֹם [inf חמם „heiß sein"]

כְּחֹם הַיּוֹם in der Mittagshitze

חֵן Ansehen

חָרְבָּה Trümmerstätte

יָתוֹם Waise

לָשׁוֹן Zunge / Sprache

מְגִלָּה Buch(rolle)

מַעְבָּרָה Furt

נְאֻם יְהוָה Spruch JHWHs

נָקִי unschuldig

סוּס Pferd

פָּלִיט Entkommener

פַּת Bissen

רֶ֫כֶב Wagen

שִׁבֹּ֫לֶת Ähre

11.3 Partikel

אַחַ֫ר (da)nach

12

12.1 Verben

12.1.1 Formen

לֵךְ geh! (Impt)

[הלך]

וַיָּ֫מָת er starb

[מות]

יָמוּת (Impf) er stirbt

מֵת (Perf / Ptz) er ist gestorben / tot

12.1.2 Wurzeln

אלף Pi: belehren

אמן Ni: fest sein
Hi: fest machen / glauben

בחן prüfen

בנה bauen

בעל heiraten

גבר stark sein

הלל Pi: rühmen

הרג totschlagen

זָקֵן alt werden / sein

חיה leben

חפץ ב Gefallen haben an

חרשׁ verstummen

כָּבֵד schwer sein
Pi: ehren

כרת Hi: ausrotten

לחם Ni: kämpfen

נפל fallen

עזב verlassen

פדה erlösen

פתח öffnen

צדק Pi: gerecht sprechen

קשׁב Hi: aufmerken

רגל Pi: auskundschaften

שׂבע satt werden
Hi: satt machen

שׂבר Pi: hoffen / warten

שׁאר Ni: übrig bleiben
Hi: übrig lassen

שׁבח Pi: preisen

שׁבע Ni: schwören

שׁלח schicken
Pi: entlassen

שׁמד Hi: ausrotten

שׁמם verlassen sein

12.2 Nomina

אָחוֹת Schwester

אֹכֶל Essen

אֻמִּים Volksstämme

בָּחוּר junger Mann

בְּתוּלָה junge Frau

זַעֲקָה Geschrei

חַטָּאת Verfehlung

חַי lebendig (st c חֵי)

חָרְבָּה Trümmerstätte

חָתָן Bräutigam

יְפַת מַרְאֶה schön anzusehen

הַיַּרְדֵּן (der) Jordan

כַּלָּה Braut

כֵּן rechtschaffen

מִלִּין Worte

מָשׂוֹשׂ Freude

מִשְׁמָר Gewahrsam

צֶדֶק Gerechtigkeit

צָרָה Not

רְעָבוֹן Hunger

רָצוֹן (Wohl)gefallen

שֶׁבֶר Getreide

שְׁלִישִׁי dritter

שְׁנֵים עָשָׂר zwölf

12.3 Partikeln

הֵנָּה hier / hierher

יֵשׁ Vorhandensein / es gibt

13

13.1 Verben

13.1.1 Verbform

וַיָּשֶׂם [שׂים] setzen / stellen / legen (Vok 9A, letzte Gruppe)

13.1.2 Wurzeln

בקשׁ Pi: suchen / aussein auf

גדל groß sein / werden
Pi und Hi: groß machen

גער Hitp: s. entrüsten

גרשׁ Pi: vertreiben

הלך Hitp: hin und her gehen

חדל aufhören / unterlassen

הפך Hitp: hin und her zucken

ילד gebären

כלם Hi: beschimpfen

לָבֵשׁ anziehen / bekleiden

נבא Ni und Hitp: als Prophet auftreten

נגח Pi: stoßen

נגשׁ Q: s. nähern
Hi: darbringen

נכה Hi: schlagen

נתץ einreißen

13

סלח	vergeben
סתר	Hi: verbergen Ni u. Hitp: sich verbergen
עזב	verlassen
עלה	hinaufgehen Hi: (als Rauchopfer) darbringen
צלח	Hi: Erfolg haben
קבץ	Q und Pi: versammeln
קדשׁ	heilig sein Pi u. Hi: weihen / heiligen Hitp: sich als heilig erweisen
קטר	Pi u. Hi: als Rauch aufsteigen lassen
רעה	(Vieh) weiden
שׁגע	Pu verrückt sein Hitp: sich rasend gebärden
שׁכם	Hi: s. früh aufmachen
שׁכן	s. aufhalten Hi: hinstellen
שׁנה	Pi: entstellen

13.2 Nomina

אֲדָמָה	Ackerboden
אַרְבַּע	vier
אֲשֵׁרָה	„Aschére“ (Kultpfahl)
בֶּ֫גֶד	Kleid(ungsstück)
בַּרְזֶל	Eisen
בִּתּוֹ	בַּת + suf: seine Tochter
גֹּ֫רֶן	großer Platz / Tenne
דֶּ֫לֶת	Tür(flügel)
זָקָן	Bart
זָר	Fremder
חָזָק	fest / stark
חָסֵר	mangelnd / fehlend
חֶ֫רֶב	Schwert
טָהוֹר	rein
טַ֫עַם	Verstand
כְּרוּב	„Kerub“
לַ֫הַט	Flamme
מְא֫וּמָה	etwas
מְבוֹא שֶׁ֫מֶשׁ	Sonnenuntergang
מִזְרַח שֶׁ֫מֶשׁ	Sonnenaufgang
מְחֹלָה	Reigentanz
מָחָר	morgen (folgender Tag)
מִנְחָה	Gabe / Tribut
נָכְרִי	Fremder
עָוֹן	Schuld / Strafe
פַּר	Jungstier (m.Art.: הַפָּר)
קֶ֫דֶם	Osten
רְבָבוֹת	zehntausend
רִיר	Speichel
רָם	erhaben
רָפֶה	schwach
שָׂפָה	Lippe / Ufer
שָׁלוֹם	Wohlergehen / Glück / Heil / Friede

13.3 Partikeln

אֵי אַיֵּה	wo?
אָכֵן	fürwahr
מֵאַ֫יִן	woher?
לָ֫מָּה לָ֫מָּה	warum?

14

14.1 Verben

14.1.1 Verbformen

וַתַּהַר schwanger werden / sein
[הרה]

וַתֵּלֶד gebären
[ילד]

הִגִּיד berichten / melden (Perf Hif`il)
[נגד]

קַח nimm!
[לקח]

[נתן] תֵּן gib!

14.1.2 Wurzeln

גזר schneiden

זנה Hurerei treiben

יָשֵׁן schlafen

כמר Ni: sich regen

עלה hinaufgehen

צָמֵא durstig sein

שָׂנֵא hassen

שׁאל fragen

שׁכב liegen / sich legen

שׁקה Hi: zu trinken geben

14.2 Nomina

אַחַת eine (fem)

אֵם Mutter

אָמָה Dienerin

אֵצֶל Seite / neben

בֶּטֶן Bauch / Mutterleib

בִּי אֲדֹנִי Ach, mein Herr!

דָּנִי Daniter

הָרָה schwanger

זוּלָתִי allein

אִשָּׁה זוֹנָה Hure

זָר Fremder

חֵיק (Vorderseite des Körpers) Schoß / Brust

חָלָב Milch

חֲצִי Hälfte

חֶרֶב Schwert / Dolch

טָמֵא unrein

יַיִן Wein

יֶלֶד Kind

מוֹרָה Schermesser

מַרְאֶה Aussehen

מִשְׁפָּחָה Sippe / Großfamilie

נוֹרָא schrecklich

נֹאד Schlauch

נָזִיר Geweihter

עָנִי Elend

עֲקָרָה unfruchtbar

רֹאשׁ Kopf

רֶחֶם Mutterleib

רַחֲמִים Mutterliebe / Erbarmen

שֵׁכָר berauschendes Getränk

שַׁחַר Morgenröte

שְׁלִישִׁי dritter

שִׁפְחָה Sklavin

שְׁתַּיִם zwei (fem) ➔ Gr § 8.1.2 Anm

14.3 Partikeln

אֵי־מִזֶּה woher?

פֹּה hier

15

Von Lektion 15 an sind nur noch die Lernvokabeln aufgeführt.

Weitere unbekannte Wörter müssen im Lexikon gesucht werden.

15.1 Verben

15.1.1 Verbformen

וַיִּחַן [חנה]	sich lagern
וַיַּעַל [עלה]	hinaufgehen Hi: (Brandopfer) darbringen

15.1.2 Wurzeln

מלט	Pi: retten Ni: sich retten
נגשׁ	Q: sich nähern Hi: herbringen
נצל	Hi: herausreißen / retten
סגר	verschließen
שׁבה	gefangen wegführen
שׁלך	Hi: werfen

15.2 Nomina

אוֹיֵב	Feind
אֱנוֹשׁ	Mensch
בַּעַל	Besitzer / Herr
גַּג	Dach
מְהֵרָה	eilends
עֹז	Stärke / Macht
רֹאשׁ	Kopf / Anführer

15.3 Partikeln

אֵי־זֶה	welcher?
אַךְ	nur

16

16.1 Verben

16.1.1 Verbformen

הֵבִיא [בּוֹא]	Perf Hi: hereinbringen
יָבִיא	impf Hi

16.1.2 Wurzeln

גלה	Q u. Pi: aufdecken / offenbaren, Hi: in d. Verbannung führen
ישׁע	Hi: retten
מאן	Pi: sich weigern
עזב	verlassen
פלא	Ni: wunderbar sein
צחק	Q: lachen Pi: s. lustig machen / scherzen
שׁכב	liegen / sich legen
שׁרת	Pi: dienen
תפשׂ	anfassen

16.2 Nomina

זְרוֹעַ	(fem) Arm
חָדָשׁ	neu
חוּץ	Gasse / draußen
יָמִין	rechts
יְשׁוּעָה	Hilfe / Rettung
מִזְמוֹר	Psalm
מְלָאכָה	Arbeit
שִׁיר	Lied

16.3 Partikeln

אָז	da / damals
עִמָּדִי	mit mir [עִם + suf]

17

17.1 Verben

ארר verfluchen

חיה leben

חרה entbrennen

וַיִּחַר אַף Zorn entbrannte

יסף Hi: fortfahren / noch einmal tun

יצב / נצב – Ni und Hitp: sich hinstellen

כסה Pi: bedecken

נטה ausstrecken / abbiegen

פנה sich wenden

וַיִּקֹּד [קדד] niederknien (nur zusammen mit וַיִּשְׁתַּחוּ)

17.2 Nomina

אַף (fem) Nase / Zorn

אָתוֹן Eselin

גְּבוּל Grenze / Gebiet

דָּם Blut / Bluttat / Blutschuld

חָרָשׁ Handwerker

כָּנָף (fem) Flügel / Zipfel

מַסֵּכָה (gegossenes) Gottesbild

מַעֲשֶׂה Werk / Arbeit / Tat

סֵתֶר Versteck

פֶּסֶל (geschnitztes) Gottesbild

צַר eng / Not / Feind

קִיר Wand / Mauer

שָׂטָן Gegner / Widersacher

17.3 Partikeln

לוּ wenn (Wunsch)

לוּלֵי / לוּלֵא – wenn nicht (Wunsch)

18

18.1 Verben

אבד umherirren / verlorengehen

בכה weinen

בנה bauen

דרשׁ fragen / suchen / aus sein auf

נטע pflanzen

ספד (be)klagen

פרץ einreißen

צִוָּה Pi: befehlen

קרע zerreißen

קשׁר binden / sich verschwören

רבה zahlreich sein / werden

רחק fern sein

רפא heilen

שׂבע satt sein / werden

שָׂנֵא hassen

שׁכח vergessen

18.2 Nomina

אוֹת Zeichen (nie Singular mit Suffixen)

בּוֹר Grube / Zisterne

גּוֹלָה Exil / Exilierte

19

19.1 Verben

Von hier an werden die „Hohlen Wurzeln“, die Verben ע״וי, nur noch unpunktiert aufgeführt.

בוז / בזה — verachten

בזז — plündern

גור — als Schutzbürger / Fremder leben

דבק — kleben / anhängen

זוב — fließen

אֶרֶץ זָבַת חָלָב וּדְבַשׁ — Land, das von Milch und Honig fließt

זעק — (um Hilfe) rufen

חדל — aufhören

הִשְׁתַּחֲוָה — (Perf) s. niederwerfen / anbeten / huldigen [חוה]

חלל — Pi: entweihen
Hi: anfangen

ירש — in Besitz nehmen

לין — (über Nacht) bleiben

הֵנִּיחַ — [Hi: נוח] hinstellen

20

נשק — küssen

ענה — Pi: unterdrücken

פגע בְּ — dringend bitten

צעק — schreien

רעע — böse sein
Hi: Böses tun

שכן — sich aufhalten
Pi: wohnen lassen

19.2 Nomina

אֲדָמָה — Ackerboden / Erde

מַר — bitter

נָהָר — Fluß

עָנִי — Elend

קָשֶׁה — hart

תִּקְוָה — Hoffnung

20.1 Verben

חלה — krank sein / werden

חנן — gnädig sein

יוּכַל — (er) kann
(Impf Q יָכֹל)

סור — abweichen
Hi: wegschaffen

סלח — vergeben

פלל — Hitp: beten

רום — hoch sein
Hi: erheben

רחם — Pi: sich erbarmen

רצה — gern haben / Gefallen haben

רצץ — mißhandeln

רשע — freveln

שׁוּב שְׁבוּת — Geschick wenden

תמם — vollständig / fertig / zuende sein

20.2 Nomina

כֶּלֶב — Hund

מָשִׁיחַ — Gesalbter (König)

נָגִיד — Fürst

עוֹף — Vogel

פֶּשַׁע — Auflehnung / Verbrechen

צוּר — Fels

21

רָחוֹק fern

שׁוֹר Rind

תְּחִנָּה Flehen

תְּפִלָּה Gebet

20.3 Partikel

לָכֵן deshalb

21.1 Verben

בין verstehen

חגג Fest feiern

חרשׁ Hi: still sein

יטב gut sein / werden
Hi: gut machen

יכח Hi: zurechtweisen / bestimmen

כזב Pi: lügen

כלה Q: fertig sein
Pi: fertig machen / zuende tun

מהר Pi: eilen / schnell tun

נחם Pi: trösten
Ni und Hitp: bereuen

קרה begegnen

22

שׁכם Hi: sich früh aufmachen / früh tun / eifrig tun

שׁאב (Wasser) schöpfen

שׁקה Hi: zu trinken geben

21.2 Nomina

בְּתוּלָה junge Frau

גָּמָל Kamel

זָהָב Gold

מִחוּץ außerhalb

טֶ֫רֶם noch nicht / bevor

כַּד Krug

שְׁכֶם Schulter / Nacken

22.1 Verben

אזר gürten

חנן Hitp: um Gnade flehen

ידה Hi: preisen / danken

יצר formen / bilden

יצת Qal und Hi: verbrennen

יתר Ni: übrig bleiben
Hi: übrig lassen

מוט wanken

נ֫וּחַ Q: ruhen

הֵנִ֫יחַ Hi 1: Ruhe verschaffen

הִנִּ֫יחַ Hi 2: hinstellen / legen / ruhen lassen

נסע weiterziehen

נצר bewachen

סבב Q: sich drehen / umgeben

עזר helfen

צלח wirksam werden

שׂכל Hi: verstehen / klug machen / Erfolg haben

שׂמח sich freuen

שׁסס plündern

22.2 Nomina

גִּבּוֹר mannhaft / Held / Krieger

חֳלִי Krankheit

חֵמָה Zorn

חֲנִית Lanze / Speer

23

מַחֲנֶה	Heer(lager)
מָחָר	morgen
מִמָּחֳרָת	morgen
נְשָׁמָה	Atem
עֵדָה	Gemeinde
עָפָר	Staub
רֶ֫גַע	Augenblick
שִׂמְחָה	Freude
שְׁאוֹל	Totenreich

22.3 Partikeln

בַּל	nicht
מִי יִתֵּן	wenn (meist im irrealen Wunschsatz)
לְמַ֫עַן	um ... willen

23.1 Verben

יָבֵשׁ	trocken sein / werden
יחל	Pi und Hi: warten
כלא	zurückhalten
סקל	mit Steinen werfen
צפה	spähen
קלל	Q: gering / leicht sein Pi: verfluchen
קרב	nahe sein

23.2 Nomina

גֶּ֫שֶׁם	Regen
חֹ֫דֶשׁ	Neumond / Monat
חַלּוֹן	Fenster
יוֹנָה	Taube
עֹלָה	Brandopfer
עֹרֵב	Rabe
קְלָלָה	Fluch
קָצֶה	Ende
קָצִיר	Ernte

23.3 Partikeln

אוּלַי	vielleicht
בַּעֲבוּר	um ... willen
מַדּ֫וּעַ	warum?

24

24.1 Verben

בּוֹשׁ	sich schämen
חלם	träumen
כרע	niederknien
משׁל ב	herrschen über
ספר	Q: zählen Pi: erzählen
פשׁע	sich auflehnen
קנא	eifersüchtig sein / werden
תקע	stoßen / schlagen

24.2 Nomina

הָמוֹן	Lärm
חֶ֫דֶר	Zimmer
חֲלוֹם	Traum
מִטָּה	Bett
מָתְנַ֫יִם	Hüften / Lenden
עֲלִיָּה	„Obergemach“ / Zimmer auf d. Dach

24.3 Partikeln

בַּ֫עַד	Abstand / hinter / aus / durch
בְּלִי	*Verneinungspartikel*

Pronomina und Suffixe

Plural		Singular			Besonderheiten:	
Pronomen	Suffix	Pronomen	Suffix		beim Nomen: Jod vor Suffix = Nomen im Plural oder Dual; Sonderformen:	beim Verb:
אֲנַ֫חְנוּ	נוּ	אָנֹכִי / אֲנִי	ִי	1	1 s ַי	נִי
אַתֶּם	כֶם	אַתָּה	ךָ	2 m		
אַתֶּן	כֶן	אַתְּ	ךְ	2 f	2 f s ַיִךְ	
הֵם הֵ֫מָּה	הֶם [ם]	הוּא	הוּ [וֹ ִיו]	3 m	3 m s ָיו	ֶנּוּ = 3 m s mit Nun energicum
הֵן הֵ֫נָּה	הֶן [ן]	הִיא	הָ [ָהּ]	3 f		

Verbformen - Elemente vor oder hinter der Wurzel

hinter der Wurzel: Wurzel Vor der Wurzel:

Suffixe (Objekt)		Afformative (Subjekt) vokalisch	Afformative (Subjekt) konsonant.	Wurzel	Präformative Person	Präformative Stamm	Präfixe
	נִי	וּ	תָּ	פעל	י	ה	וְ
ךְ	ךָ	ִי	תְּ		ת	הִת	ב
ָהּ הָ	הוּ וֹ ֶ֫נּוּ	ָה	תִּי		א	נִ	כ
	נוּ		תֶם		נ		ל
כֶן	כֶם		תֶן				מִ·
ן	ם		נוּ		(Partizip) מ		הֲ
		(ה coh.) ָה	נָה				שֶׁ·
							הַ·

Merksatz: אֵלֵ֫ינוּ כָּתַב מֹשֶׁה

Starkes Verb (1) - Qal und Nif`al

Nif`al		Grundstamm (Qal)							
		Qatel	Qatol („mediae o“)		mit suf 3ms		Typ Qatal (mediae a)		A K
f	m	„med.e“	f	m	f	m	f	m	
נִקְטְלָה	נִקְטַל	זָקֵן	יָֽכְלָה	יָכֹל	קְטָלַ֫תְהוּ	קְטָלוֹ	קָטְלָה*	קָטַל	3 s
נִקְטַלְתְּ	נִקְטַ֫לְתָּ	usw.	יָכֹ֫לְתְּ	יָכֹ֫לְתָּ	קְטַלְתִּיו	קְטַלְתּוֹ	קָטַלְתְּ	קָטַ֫לְתָּ	2 s
	נִקְטַ֫לְתִּי	wie		יָכֹ֫לְתִּי		קְטַלְתִּיו		קָטַ֫לְתִּי	1 s
	נִקְטְלוּ	קָטַל		יָֽכְלוּ		קְטָל֫וּהוּ		קָטְלוּ*	3 pl
נִקְטַלְתֶּן	נִקְטַלְתֶּם		יְכָלְתֶּן	יְכָלְתֶּם		קְטַלְתּ֫וּהוּ	קְטַלְתֶּן	קְטַלְתֶּם	2 pl
	נִקְטַ֫לְנוּ			יָכֹ֫לְנוּ		קְטַלְנֻ֫הוּ		קָטַ֫לְנוּ	1 pl
		זָקֵן		יָכֹל			קֹטְלָה	קֹטֵל	Ptz akt
נִקְטָלָה	נִקְטָל						קֹטֶ֫לֶת		
								קָטוּל	Ptz pass

Nif`al*		Qal							P K
		Imperfekt-Vokal a			Imperfekt-Vokal u (o)				
f	m	+ suf	f	m	f	m	f	m	
תִּקָּטֵל	יִקָּטֵל	יִלְבָּשֵׁ֫הוּ	תִּלְבַּשׁ	יִלְבַּשׁ	תִּקְטְלֵ֫הוּ	יִקְטְלֵ֫הוּ	תִּקְטֹל	יִקְטֹל	3 s
תִּקָּטְלִי	תִּקָּטֵל		תִּלְבְּשִׁי	תִּלְבַּשׁ	תִּקְטְלִיו	תִּקְטְלֵ֫הוּ	תִּקְטְלִי	תִּקְטֹל	2 s
	אֶקָּטֵל			אֶלְבַּשׁ		אֶקְטְלֵ֫הוּ		אֶקְטֹל	1 s
תִּקָּטַ֫לְנָה	יִקָּטְלוּ	יִלְבָּשֻׁ֫הוּ	תִּלְבַּ֫שְׁנָה	יִלְבְּשׁוּ	תִּקְטְלֻ֫הוּ	יִקְטְלֻ֫הוּ	תִּקְטֹ֫לְנָה	יִקְטְלוּ	3 pl
תִּקָּטַ֫לְנָה	תִּקָּטְלוּ		תִּלְבַּ֫שְׁנָה	תִּלְבְּשׁוּ	תִּקְטְלֻ֫הוּ	תִּקְטְלֻ֫הוּ	תִּקְטֹ֫לְנָה	תִּקְטְלוּ	2 pl
	נִקָּטֵל			נִלְבַּשׁ		נִקְטְלֵ֫הוּ		נִקְטֹל	1 pl
[וַיִּלָּ֫חֶם]	וַיִּקָּטֵל			וַיִּלְבַּשׁ				וַיִּקְטֹל	Narrativ
הִקָּטְלִי	הִקָּטֵל	לָבְשֵׁ֫הוּ	לִבְשִׁי	לְבַשׁ		קָטְלֵ֫הוּ	קִטְלִי	קְטֹל	Imper s
הִקָּטַ֫לְנָה	הִקָּטְלוּ			לִבְשָׁה				קָטְלָה	+ H coh
			לְבַ֫שְׁנָה	לִבְשׁוּ			קְטֹ֫לְנָה	קִטְלוּ	pl
	הִקָּטֵל			לְבֹשׁ		קָטְלוֹ		קְטֹל	Infinitiv
[נִקְטֹל]	הִקָּטֹל			לָבֹשׁ				קָטֹל	abs inf

* Qof mit Qamez und Meteg kann der Computer nicht schreiben: Das Qamez in AK Qal und PK Nif`al ist lang (â).

Starkes Verb (2) - Doppelungsstämme und Kausativstämme

Hof`al	Hif`il			Hitpa`el	Pu`al		Pi`el		AK
	+ suf	f	m		f	m	f	m	
הָקְטַל	הִקְטִילוֹ	הִקְטִ֫ילָה	הִקְטִיל	הִתְקַטֵּל	קֻטְּלָה	קֻטַּל	קִטְּלָה	קִטֵּל	3 s
[הָקְטַל]		הִקְטַלְתְּ	הִקְטַ֫לְתָּ	הִתְקַטַּ֫לְתָּ		קֻטַּ֫לְתָּ	קִטַּלְתְּ	קִטַּ֫לְתָּ	2 s
usw.			הִקְטַ֫לְתִּי	usw.	usw.			קִטַּ֫לְתִּי	1 s
			הִקְטִ֫ילוּ	הִתְקַטְּלוּ		קֻטְּלוּ		קִטְּלוּ	3 pl
		הִקְטַלְתֶּן	הִקְטַלְתֶּם	usw.	usw.		קִטַּלְתֶּן	קִטַּלְתֶּם	2 pl
			הִקְטַ֫לְנוּ					קִטַּ֫לְנוּ	1 pl
									PK
יָקְטַל	יַקְטִילֵ֫הוּ	תַּקְטִיל	יַקְטִיל	יִתְקַטֵּל		יְקֻטַּל	תְּקַטֵּל	יְקַטֵּל	3 s
usw.		תַּקְטִ֫ילִי	תַּקְטִיל	usw.	usw.		תְּקַטְּלִי	תְּקַטֵּל	2 s
			אַקְטִיל					אֲקַטֵּל	1 s
		תַּקְטֵ֫לְנָה	יַקְטִ֫ילוּ		תְּקֻטַּ֫לְנָה	יְקֻטְּלוּ	תְּקַטֵּ֫לְנָה	יְקַטְּלוּ	3 pl
		תַּקְטֵ֫לְנָה	תַּקְטִ֫ילוּ		usw.		תְּקַטֵּ֫לְנָה	תְּקַטְּלוּ	2 pl
			נַקְטִיל					נְקַטֵּל	1 pl
			יַקְטֵל						Kurzform (Jussiv)
וַיָּקְטַל			וַיַּקְטֵל	וַיִּתְקַטֵּל		וַיְקֻטַּל		וַיְקַטֵּל	Narrativ
								וָאֲקַטֵּל	1 s
-		הַקְטִ֫ילִי	הַקְטֵל	הִתְקַטֵּל		-	קַטְּלִי	קַטֵּל	Imp s
		הַקְטֵ֫לְנָה	הַקְטִ֫ילוּ				קַטֵּ֫לְנָה	קַטְּלוּ	Imp pl
-			הַקְטִיל	הִתְקַטֵּל		-		קַטֵּל	Infinitiv
הָקְטֵל			הַקְטֵל			קֻטֹּל		קַטֹּל	inf abs
מָקְטָל		מַקְטִילָה	מַקְטִיל	מִתְקַטֵּל	מְקֻטָּלָה	מְקֻטָּל	מְקַטְּלָה מְקַטֶּ֫לֶת	מְקַטֵּל	Partizip

Schwache Verben Pe-Alef: PK Qal

	m	f
3 s	יֹאמַר	תֹּאמַר
2	תֹּאמַר	תֹּאמְרִי
1	אֹמַר	
3 pl	יֹאמְרוּ	תֹּאמַ֫רְנָה
2	תֹּאמְרוּ	תֹּאמַ֫רְנָה
1	נֹאמַר	
Narrativ	וַיֹּ֫אמֶר	
inf + ל	לֵאמֹר	

Schwache Verben Pe-Nun und Pe-Jod / Waw

	פ״נ				פ״י	פ״ו					
Perfekt **Qal**	נָפַל	נָגַשׁ	נָתַן	לָקַח	יָטַב	יָבֵשׁ	יָרֵא	יָשַׁב	יָדַע	הָלַךְ	יָצַת
			נָתַ֫תָּ								
Imperfekt	יִפֹּל	יִגַּשׁ	יִתֵּן	יִקַּח	יִיטַב	יִיבַשׁ	יִירָא	יֵשֵׁב	יֵדַע	יֵלֵךְ	יִצַּת
Narrativ								וַיֵּ֫שֶׁב	וַיֵּ֫דַע	וַיֵּ֫לֶךְ	
Imperativ s	נְפֹל	גַּשׁ	תֵּן	קַח			יְרָא	שֵׁב	דַּע	לֵךְ	
Imp m pl	נִפְלוּ	גְּשׁוּ	תְּנוּ	קְחוּ			יְראוּ	שְׁבוּ	דְּעוּ	לְכוּ	
Infinitiv		גֶּ֫שֶׁת	תֵּת	קַ֫חַת			לְיִרְאָה	שֶׁ֫בֶת	דַּ֫עַת	לֶ֫כֶת	
Inf m Suf.		גִּשְׁתִּי	תִּתִּי	קַחְתִּי				שִׁבְתִּי		לֶכְתִּי	
Nif`al											
Perfekt	נִפַּל							נוֹשַׁב			
Imperfekt	יִנָּפֵל							יִוָּשֵׁב			
Hif`il											
Perfekt	הִפִּיל				הֵיטִיב	הוֹבִישׁ		הוֹשִׁיב		הוֹלִיךְ	הִצִּית
Imperfekt	יַפִּיל				יֵיטִיב	יוֹבִישׁ		יוֹשִׁיב		יוֹלִיךְ	יַצִּית
Narrativ					וַיֵּ֫יטֶב			וַיּ֫וֹשֶׁב		וַיּ֫וֹלֶךְ	
Hof`al	הֻפַּל							הוּשַׁב			הֻצַּת

Schwache Verben Lamed-He

Hitpa'el	Pu'al	Hof'al	Hif'il	Pi'el	Nif'al	Qal				
הִתְגַּלָּה	גֻּלָּה	הָגְלָה	הִגְלָה	גִּלָּה	נִגְלָה	הָיָה	עָשָׂה	גָּלָה	Perfekt	3 m s
								גָּלְתָה		3 f s
								גָּלִיתָ		2 m s
								גָּלוּ		3 pl
יִתְגַּלֶּה	יְגֻלֶּה	יָגְלֶה	יַגְלֶה	יְגַלֶּה	יִגָּלֶה	יִהְיֶה	יַעֲשֶׂה	יִגְלֶה	Imperfekt	3 m s
								תִּגְלֶינָה		f pl
			יַגְל	יְגַל	יִגָּל	יְהִי	יַעַשׂ	יִגֶל		Kurz-
			יֶגֶל					יִגְל		for-
								יֵגֶל		men
								יֵגְל		
			וַיֶּגֶל	וַיְגַל	וַיִּגָּל	וַיְהִי	וַיַּעַשׂ	וַיֵּגֶל	Narrativ	
			הַגְלֵה	גַּלֵּה	הִגָּלֵה	הֱיֵה		גְּלֵה	Imperativ	m s
						הֲיִי	(f s)	גְּלוּ		m pl
								גְּלֶינָה		f pl
			הֶגֶל	גַּל	הִגָּל				Imperativ	Kurzf.
הִתְגַּלּוֹת	גֻּלּוֹת	הָגְלוֹת	הַגְלוֹת	גַּלּוֹת	הִגָּלוֹת	הֱיוֹת	עֲשׂוֹת	גְּלוֹת	Infinitiv	
מִתְגַּלֶּה			מַגְלֶה	מְגַלֶּה				גֹּלֶה	Partizip	aktiv
מִתְגַּלֵּה			מַגְלֵה	מְגַלֵּה				גֹּלֵה	st c	
	מְגֻלֶּה	מָגְלֶה			נִגְלֶה			גָּלוּי	Partizip	passiv
	מְגֻלֵּה	מָגְלֵה			נִגְלֵה				st c	

Schwache Verben
‘Ajin-Waw / Jod und ‘Ajin-‘Ajin - Qal und Nif`al

		ע״ו				ע״י		ע״ע	
		קום	מות	בוא	בוש	בין		סבב	רעע
Perfekt 3 m s	**Qal**	קָם	מֵת	בָּא	בּוֹשׁ	בָּן	בִּין	סַב	רַע
3 f s		קָמָה	מֵתָה	בָּאָה	בֹּושָׁה	בָּנָה	בִּינָה	סַבָּה	
2 m s		קַמְתָּ	מַתָּה	בָּאתָ	בֹּושְׁתָּ	בַּנְתָּ	בִּינֹותָ	סַבֹּותָ	-
Imperfekt 3ms		יָקוּם		יָבוֹא	יֵבוֹשׁ	יָבִין		יָסֹב [יִסֹּב]*	יֵרַע
3 m pl		יָקוּמוּ		יָבֹאוּ	יֵבֹושׁוּ	יָבִינוּ		יָסֹבּוּ	
f pl		תְּקוּמֶינָה		תָּבֹאנָה				תְּסֻבֶּינָה	
Kurzform (Jussiv)		יָקֹם				יָבֵן			
Narrativ		וַיָּקָם		וַיָּבֹוא		וַיָּבֶן		וַיָּסָב	
Imperativ m s		קוּם		בּוֹא	בּוֹשׁ	בִּין		סֹב	
m pl		קוּמוּ		בֹּאוּ	בֹּושׁוּ	בִּינוּ		סֹבּוּ	
f pl		קוֹמְנָה							
Inf cs		קוּם		בּוֹא	בּוֹשׁ	בִּין		סֹב	רֹעַ
Partizip aktiv		קָם		בָּא בָּאָה f		בָּן		סֹבֵב	
Ptz pass		[מוּל]**						סָבוּב	
Perfekt 3ms	**Nif`al**	נָקוֹם				נָבוֹן		נָסַב	
2 m s		נְקוּמֹותָ						נְסַבֹּותָ	
3 pl		נָקוֹמוּ						נָסַבּוּ	
Imperfekt		יִקּוֹם						יִסַּב	

* aramaisierende Formen

** Ptz pass Qal kommt von קוּם nicht vor, ist überhaupt sehr selten.

Schwache Verben
‘Ajin- Waw / Jod und ‘Ajin-‘Ajin - Doppelungs- und Kausativstämme

	ע״ע	ע״י			ע״ו	
רעע	סבב	בין	נוח		קום	
הֵרַע	הֵסֵב	הֵבִין	הִנִּיחַ *	הֵנִיחַ	הֵקִים	Perfekt 3 m s **Hif`il**
	הֵסֵ֫בָּה				הֵקִ֫ימָה	3 f s
הֲרֵע֫וֹתָ	הֲסִבּ֫וֹתָ				הֲקִימ֫וֹתָ	2 m s
יָרַע	יָסֵב [יַסֵּב]*	יָבִין	יַנִּיחַ	יָנִיחַ	יָקִים	Imperfekt 3ms
	יָסֵ֫בּוּ	usw			יָקִ֫ימוּ	3 m pl
	תְּסִבֶּ֫ינָה	wie			תָּקֵ֫מְנָה	f pl
		קום			יָקֵם	Kurzform (Jussiv)
וַיָּ֫רַע	וַיָּ֫סֶב		וַיַּנַּח	וַיָּ֫נַח	וַיָּ֫קָם	Narrativ
	הָסֵב		הַנַּח	הָנַח	הָקֵם	Imperativ
הָרֵ֫עַ	הָסֵב		הַנִּיחַ	הָנִיחַ	הָקִים	Infinitiv
	מֵסֵב		מַנִּיחַ		מֵקִים	Partizip
	הוּסַב				הוּקַם	Perfekt **Hof`al**
			כול			**Doppelungsstämme**
	סֹבֵב		כִּלְכֵּל	Pilpel	קוֹמֵם	**Polel** / Po`el
	סֹבַב		כָּלְכַּל	Pulpal	קוֹמַם	**Polal** / Po`al
	הִסְתּוֹבֵב		הִתְכַּלְכֵּל	Hitpalpel	הִתְקוֹמֵם	**Hitpolel** / Hitpo`el

* aramaisierende Formen

Schwache Verben - Übersicht über die wichtigsten Analysemerkmale

ל		ע		פ	
Präformative stark		Präformative unregelmäßig			
vokalische Afformative betont		vokalische Afformative unbetont		נ	
				יִגַּשׁ	1. sichtbarer Radikal verdoppelt
				גַּשׁ	imp
				גֶּשֶׁת	inf
א				א	
יִקְרָא				אֹמַר	Qal langes o
ה		ו - י		ו - י	
יִגְלֶה		יָקוּם	Qal langes a	תִּירָא	Qal langes i
יֵגֶל	Qal e	יָשִׂים	Qal langes a	יֵשֵׁב	Qal langes e
יֶגֶל	Hif`il ä	יָקִים	Hif`il langes a	שֵׁב	imp
גָּלוּ	hinten betont	הֵקִים	Perf Hi langes e	שֶׁבֶת	inf
גָּלִיתָ	vor konsonant. Afformativ Jod	ע		נוֹשַׁב	Perf Nif`al langes o
גְּלוֹת	Inf auf -ot			הוֹשִׁיב	Hif`il langes o
		יָסֹב	Qal langes a	הוּשַׁב	Hof`al langes u
		יָסֹבּוּ	2. Rad. verdoppelt		
		יָסֵב	Hi langes a	הֵיטִיב	Hif`il פ״י:
		הֵסֵב	Perf Hi langes e	וַיֵּטֶב	langes e

(Seltene Besonderheiten wie aramaisierende Formen und zweiradikalige Verben mit e im Präformativ sind nicht aufgenommen.)

Bibelstellen-Register

Lernvokabel-Register

5	Vater	אָב
18	umherirren / verlorengehen	אבד
8	Stein *(fem)*	אֶבֶן
1	Herr	אָדוֹן
1	Der Herr *(Gottesname)*	אֲדֹנָי
19	Acker(boden) / Land / Erde	אֲדָמָה
6	lieben	אהב
7	Zelt	אֹהֶל
15	Feind	אוֹיֵב
23	vielleicht	אוּלַי
0	Licht	אוֹר
18	Zeichen *(nie mit Suffixen)*	אוֹת
16	da / damals	אָז
7	Ohr *(fem)*	אֹזֶן
22	gürten	אזר
3	Bruder	אָח
0	eins / ein / einer	אֶחָד
12	Schwester	אָחוֹת
9	fassen / greifen	אחז
11	hinter / nach	אַחַר
11	anderer	אַחֵר
9	hinter / nach	אַחֲרֵי
14	eine *(fem)*	אַחַת
13	wo?	אַיֵּה , אֵי
15	welcher?	אֵי־זֶה
7	Widder	אַיִל , אֵיל
7	Nichtvorhandensein / es gibt nicht	אַיִן , אֵין
2	Mann / jemand / jeder	אִישׁ
15	nur	אַךְ
10	essen	אכל
13	fürwahr	אָכֵן
9	nicht *(im Begehrssatz)*	אַל
8	„fürchte dich nicht!“	אַל תִּירָא
1	Gott *(nie Plural mit Suffix)*	אֵל
1	zu / nach *(Richtung,Ziel)*	אֶל־
2	diese *(pl)*	אֵלֶּה
0	Gott / Götter	אֱלֹהִים
11	Witwe	אַלְמָנָה
6	tausend	אֶלֶף
10	wenn *(auch Einleitung von Wunsch-, Schwur-, Fragesätzen)*	אִם
14	Mutter	אֵם
14	Dienerin	אָמָה
8	Treue / Zuverlässigkeit	אֱמוּנָה
12	Ni: fest sein	אמן
	Hi: fest machen, glauben	
0	sagen	אמר
2	Treue / Zuverlässigkeit / Wahrheit	אֱמֶת
15	Mensch	אֱנוֹשׁ
8	wir	אֲנַחְנוּ
1	ich	אֲנִי , אָנֹכִי
3	Männer / Leute	אֲנָשִׁים
10	(ver)sammeln	אסף
6	binden	אסר
17	Nase / Zorn	אַף
14	Seite / neben	אֵצֶל
13	vier	אַרְבַּע
0	Land / Erde *(fem)*	אֶרֶץ
17	verfluchen	ארר
4	Feuer	אֵשׁ
5	Frau	אִשָּׁה
1	Relativpartikel	אֲשֶׁר
5	Frau *(st c)*	אֵשֶׁת
12	du *(fem)*	אַתְּ
0	Akkusativpartikel	אֵת , אֶת־
4	Akkusativp. m. Suffix	אֹתוֹ
4	mit *(Begleitung)*	אֵת
4	Präposition "mit" m.Suffix	אִתּוֹ
2	du *(mask)*	אַתָּה
17	Eselin	אָתוֹן
3	ihr *(mask)*	אַתֶּם
8	ihr *(fem)*	אַתֶּן
0	in / an / bei *(Kontakt)*	בְּ
4	er kam *(Perfekt von* בּוֹא *)*	בָּא
9	Brunnen	בְּאֵר
13	Kleid(ungsstück)	בֶּגֶד
5	Tier(e)	בְּהֵמָה
4	hineingehen / kommen	בּוֹא
19	verachten	בּוּז
18	Grube / Zisterne	בּוֹר
24	sich schämen	בּוֹשׁ
19	verachten	בזה
19	plündern	בזז
12	prüfen	בחן
9	wählen	בחר
14	Bauch / Mutterleib	בֶּטֶן
21	verstehen	בִּין
1	zwischen	בֵּין
7	Haus	בַּיִת , בֵּית
18	weinen	בכה
22	nicht	בַּל
24	Verneinungspartikel	בְּלִי
10	außer / sondern	בִּלְתִּי
10	Verneinung des Infinitivs	לְבִלְתִּי
3	Sohn / Angehöriger	בֵּן
18	bauen	בנה

2	Töchter	בָּנוֹת
3	Söhne	בָּנִים
23	um ... willen	בַּעֲבוּר
24	aus / durch / hinter	בְּעַד
15	Besitzer / Herr	בַּעַל
4	Rind(vieh)	בָּקָר
0	Morgen	בֹּקֶר
13	suchen / aussein auf (Pi)	בִּקֵּשׁ
4	schaffen	ברא
4	gepriesen / geseget	בָּרוּךְ
13	Eisen	בַּרְזֶל
7	fliehen	ברח
9	Verpflichtung / Bund	בְּרִית
4	segnen (Pi)	ברך
11	Fleisch	בָּשָׂר
2	Tochter	בַּת
13	seine Tochter	בִּתּוֹ
21	junge Frau	בְּתוּלָה
7	Häuser	בָּתִּים
17	Grenze / Gebiet	גְּבוּל
22	mannhaft / Krieger / Held	גִּבּוֹר
15	Dach	גָּג
13	groß sein / werden	גדל
1	groß	גָּדוֹל
8	(fremdes) Volk	גּוֹי
18	Exil / Exilierte	גּוֹלָה
19	als Schutzbürger leben	גּוּר
16	aufdecken / offenbaren	גלה
	Hi: ins Exil führen	הִגְלָה
9	auch	גַּם
21	Kamel	גָּמָל
7	Garten	גַּן

8	Schutzbürger / Fremdling	גֵּר
9	vertreiben	גרשׁ
23	Regen	גֶּשֶׁם
19	kleben / anhängen	דבק
5	reden (Pi)	דִּבֶּר
1	Wort / Sache *(von der die Rede war)* / etwas	דָּבָר
6	Generation	דּוֹר
13	Tür(flügel)	דֶּלֶת
17	Blut / Bluttat / Blutschuld	דָּם
6	Weg	דֶּרֶךְ
18	fragen / suchen	דרשׁ
0	Artikel	הַ·
16	hereinbringen *(Hi v. בּוֹא)*	הֵבִיא
14	berichten / melden	הִגִּיד
1	er	הוּא
8	sie	הִיא
7A	sein / werden / geschehen	היה
4	gehen	הלך
12	rühmen (Pi)	הִלֵּל
24	Lärm	הָמוֹן
3	sie *(mask pl)*	הֵם , הֵמָּה
8	sie *(fem pl)*	הֵנָּה
12	hier / hierher	הֵנָּה
4	siehe / hier ist	הִנֵּה
22	Ruhe verschaffen *(Hi נוּחַ)*	הֵנִיחַ
22	(etwas) niedersetzen *(Hi נוּחַ)*	הִנִּיחַ
5	Berg / Gebirge	הַר
12	totschlagen	הרג
14	schwanger sein / werden	הרה

19	sich niederwerfen / huldigen / anbeten	הִשְׁתַּחֲוָה
0	und / aber / daß	וְ , וּ
0	sagen	וַיֹּאמֶר
4	kommen / hereingehen	וַיָּבוֹא
16	hineinbringen (Hi)	וַיָּבֵא
13	suchen / aus sein auf	וַיְבַקֵּשׁ
4	schaffen	וַיִּבְרָא
4	segnen	וַיְבָרֶךְ
2	reden	וַיְדַבֵּר
9	erkennen / wissen	וַיֵּדַע
0	werden / geschehen / sein	וַיְהִי
9	stärken	וַיְחַזֵּק
19	anfangen	וַיָּחֶל
15	sich lagern	וַיִּחַן
17	Zorn entbrannte	וַיִּחַר אַף
17	ausstrecken / sich neigen	וַיֵּט
5	(sich) fürchten	וַיִּירָא
5	schlagen	וַיַּךְ
3	schreiben	וַיִּכְתֹּב
4	gehen	וַיֵּלֶךְ
12	sterben	וַיָּמָת
9	fliehen	וַיָּנָס
15	hinaufgehen	וַיַּעַל
	Hi: (Opfer) darbringen	
5	anfangen zu reden / antworten	וַיַּעַן
1	tun /machen	וַיַּעַשׂ
7	hinausgehen	וַיֵּצֵא
17	niederknien	וַיִּקֹּד
2	nehmen	וַיִּקַּח
4	aufstehen	וַיָּקָם
0	sehen	וַיַּרְא

5	(sich) fürchten	וַיִּרָא
11	erscheinen (Ni)	וַיֵּרָא
5	hinabgehen	וַיֵּרֶד
11	laufen	וַיָּרָץ
7	aufheben	וַיִּשָּׂא
13	setzen / stellen / legen	וַיָּשֶׂם
4	verbrennen	וַיִּשְׂרֹף
5	umkehren / nochmals tun	וַיָּשָׁב
5	sich niederlassen / sitzen / wohnen	וַיֵּשֶׁב
4	ruhen	וַיִּשְׁבֹּת
3	schicken	וַיִּשְׁלַח
3	hören	וַיִּשְׁמַע
11	sich niederwerfen / huldigen / anbeten	וַיִּשְׁתַּחוּ
2	geben	וַיִּתֵּן
14	schwanger werden / sein	וַתַּהַר
14	gebären	וַתֵּלֶד

5	diese *(fem s zu זֶה)*	זֹאת
19	fließend *(ptz f s זוּב)*	זָבָה
	אֶרֶץ זָבַת חָלָב וּדְבָשׁ ein Land, das von Milch und Honig fließt	
3	dieser *(m s) / dies / hier*	זֶה
21	Gold	זָהָב
14	Hure	(אִשָּׁה) זוֹנָה
11	Ölbaum	זַיִת
9	denken an / s.erinnern	זכר
9	männlich	זָכָר
19	(um Hilfe) rufen	זעק
12	alt werden / sein	זקן
3	alt	זָקֵן
14	Fremder	זָר

16	Arm	זְרוֹעַ
5	Same / Nachkommen	זֶרַע

21	ein Fest feiern	חגג
19	aufhören	חדל
24	Zimmer	חֶדֶר
16	neu	חָדָשׁ
23	Neumond / Monat	חֹדֶשׁ
11	sich niederwerfen / huldigen / anbeten	חוה
7	Mauer	חוֹמָה
16	Gasse / draußen	חוּץ
21	außerhalb	מִחוּץ
9	fest / stark sein / werden	חזק
	(Hi: ergreifen)	הֶחֱזִיק
13	fest / stark	חָזָק
11	sich verfehlen / sündigen	חטא
12	Verfehlung	חַטָּאת
12	lebendig	חַי
17	leben	חיה
7	"so wahr JHWH lebt"	חַי יהוה
10	Tier / Lebewesen	חַיָּה
2	Leben / Lebenszeit	חַיִּים
7	Kraft / Heer	חַיִל , חֵיל
14	Schoß / Brust	חֵיק
6	Geschicklichkeit / Weisheit	חָכְמָה
20	schwach, krank sein / werden	חלה
24	Traum	חֲלוֹם
23	Fenster	חַלּוֹן
22	Krankheit	חֳלִי
19	Pi: entweihen / Hi: anfangen	חלל
24	träumen	חלם

22	Zorn	חֵמָה
4	Esel	חֲמוֹר
11	Gewalt antun	חמס
3	fünf	חָמֵשׁ
6	fünfzig	חֲמִשִּׁים
11	Gunst / Ansehen	חֵן
15	sich lagern	חנה
22	Lanze / Speer	חֲנִית
20	Q: gnädig sein	חנן
22	Hitp: um Gnade flehen	חנן
6	Treue / Solidarität	חֶסֶד
8	Gefallen	חֵפֶץ
14	Hälfte	חֲצִי
10	Hof	חָצֵר
2	Satzung	חֹק
17	entbrennen	חרה
14	Schwert / Dolch	חֶרֶב
21	Hi: still sein	חרשׁ
17	Handwerker	חָרָשׁ
0	Finsternis	חֹשֶׁךְ

0	gut	טוֹב
14	unrein	טָמֵא
21	noch nicht / bevor	טֶרֶם

23	trocken werden / sein	יָבֵשׁ
2	Hand / Seite	יָד
22	Hi: preisen / danken	ידה
9	erkennen / wissen	ידע
20	er kann *(impf Qal יכל)*	יוּכַל
0	Tag	יוֹם
23	Taube	יוֹנָה

4	zusammen	יַחְדָּו
23	warten	יחל
21	gut sein / werden	יטב
14	Wein	יַיִן
21	Hi: zurechtweisen / bestimmen	יכח
10	können	יָכֹל
14	gebären	ילד
14	Kind	יֶלֶד
6	Meer plur: יַמִּים	יָם
2	Tage	יָמִים
16	rechts	יָמִין
17	Hi: fortfahren /nochmals tun	יסף
7	hinausgehen	יצא
17	Hi und Hitp: sich hinstellen	יצב
22	formen / bilden	יצר
22	verbrennen	יצת
5	(sich) fürchten	יָרֵא
5	hinabgehen	ירד
12	der Jordan	הַיַּרְדֵּן
2	Mond	יָרֵחַ
19	in Besitz nehmen	ירש
1	Israel	יִשְׂרָאֵל
12	Vorhandensein / es gibt	יֵשׁ
5	s. niederlassen / sitzen / wohnen	ישב
16	Hilfe / Rettung	יְשׁוּעָה
16	Hi: retten	ישע
8	richtig	ישר
11	Waise	יָתוֹם
22	Ni: übrig bleiben	יתר

3	wie / entsprechend *(Vergleich)*	כְּ
12	schwer (sein / werden)	כָּבֵד
1	Gewicht / Ehre / Herrlichkeit	כָּבוֹד
21	Krug	כַּד
2	so	כֹּה
10	Priester	כֹּהֵן
2	Stern	כּוֹכָב
21	Pi: lügen	כזב
4	Kraft	כֹּחַ
0	ja / wenn / weil / daß	כִּי
2	Gesamtheit	כֹּל , כָּל־
23	zurückhalten	כלא
20	Hund	כֶּלֶב
21	Q: fertig sein	כלה
	Pi: fertig machen / zuende tun	כִּלָּה
10	Gefäß / Gerät	כְּלִי
10	wie *(vor Suffixen)*	כְּמוֹ
1	so	כֵּן
12	aufrecht / richtig	כֵּן
17	Flügel / Zipfel *(fem)*	כָּנָף
10	Sitz / Stuhl / Thron	כִּסֵּא
17	Pi: bedecken	כסה
7	Silber / Geld	כֶּסֶף
10	Hand(fläche) *(fem)*	כַּף
9	Weinberg	כֶּרֶם
24	niederknien	כרע
9	schneiden / fällen	כרת
12	Hi: ausrotten	הִכְרִית
9	Vertrag schließen	כרת בְּרִית
3	schreiben	כתב

0	zu / nach / für / in bezug auf *(Zuwendung)*	לְ
1	nicht	לֹא
1	folgendermaßen *(inf אמר)*	לֵאמֹר
0	Herz	לֵב / לֵבָב
4	allein	לְבַד
13	anziehen / bekleiden	לָבֵשׁ
17	wenn *(irrealer Wunsch)*	לוּ
17	wenn nicht	לוּלֵא / לוּלֵי
12	Ni: kämpfen	לחם
7	Brot / Essen	לֶחֶם
0	Nacht	לַיְלָה
19	übernachten	לִין
12	geh! *(ipt הלך)*	לֵךְ
11	nehmen / fangen	לכד
20	deshalb	לָכֵן
10	gehen *(inf הלך)*	לֶכֶת
13	warum?	לָמָּה , לָמָּה
22	um ... willen	לְמַעַן
3	vor	לִפְנֵי
2	nehmen	לקח
5	entgegen	לִקְרַאת
11	Zunge / Sprache	לָשׁוֹן

3	Kraft / sehr	מְאֹד
3	hundert	מֵאָה
13	etwas	מְאוּמָה
16	Pi: sich weigern	מאן
11	Buch(rolle)	מְגִלָּה
5	Wüste / Steppe	מִדְבָּר
23	warum?	מַדּוּעַ
7	was?	מָה מַה־
21	Pi: eilen / schnell tun	מהר
15	eilends	מַהֵר , מְהֵרָה
22	wanken	מוט
12	sterben	מות

7	Tod	מָוֶת , מוֹת
8	Altar	מִזְבֵּחַ
16	Psalm	מִזְמוֹר
22	Heer / Lager	מַחֲנֶה
22	morgen	מָחָר
7	Stock	מַטֶּה
24	Bett	מִטָּה
1	wer?	מִי
22	wenn doch nur ...! *(Wunsch)*	מִי יִתֵּן
0	Wasser	מַיִם
10	voll sein / füllen	מָלֵא
4	Bote	מַלְאָךְ
16	Arbeit	מְלָאכָה
7	Kampf	מִלְחָמָה
15	Pi: retten, Ni: sich retten	מלט
6	König sein / werden	מלך
1	König	מֶלֶךְ
22	am nächsten Tag	מִמָּחֳרָת
4	von / aus / wegen / mehr als *(Trennung)*	מִן
13	Gabe / Tribut	מִנְחָה
17	(gegossenes) Gottesbild	מַסֵּכָה
8	Zahl	מִסְפָּר
8	wenig	מְעַט
8	Körperinneres / Eingeweide	מֵעִים
17	Werk / Arbeit / Tat	מַעֲשֶׂה
5	finden	מצא
2	Befehl / Gebot	מִצְוָה
4	Ägypten	מִצְרַיִם
8	Hoffnung	מִקְוֶה
4	Ort	מָקוֹם
8	Vieh(besitz)	מִקְנֶה
19	bitter	מַר
14	Aussehen	מַרְאֶה

11	salben	משח
20	Gesalbter	מָשִׁיחַ
24	herrschen über	משל ב
14	Sippe / Großfamilie	מִשְׁפָּחָה
2	Gesetz / Urteil / Gericht	מִשְׁפָּט
12	tot *(pf / ptz מוּת)*	מֵת
24	Hüften / Lenden / Kreuz	מָתְנַיִם

9	*kennzeichnet Wunschsatz*	־נָא
11	Ausspruch JHWHs	נְאֻם יְהוָה
13	Ni. und Hitp: als Prophet auftreten	נבא
9	Prophet	נָבִיא
14	Hi: berichten / melden	נגד
10	gegenüber	נֶגֶד
20	Fürst	נָגִיד
10	berühren	נגע
15	sich nähern	נגשׁ
19	Fluß	נָהָר
22	ruhen	נוּחַ
9	fliehen	נוּס
6	Erbteil	נַחֲלָה
21	Ni: bereuen, Pi und Hitp: trösten	נחם
9	Schlange (m)	נָחָשׁ
17	ausstrecken / abbiegen	נטה
18	pflanzen	נטע
7A	Hi: schlagen	נכה
22	weiterziehen	נסע
5	Junge / Knecht *(männlicher Mensch in abhängiger Stellung)*	נַעַר
12	fallen	נפל
6	Leben *(fem)*	נֶפֶשׁ
17	Ni. und Hitp: sich hinstellen	נצב
15	Hi: retten	נצל
22	bewachen	נצר
11	unschuldig	נָקִי
7	heben	נשׂא
5	Frauen	נָשִׁים
22	Atem	נֶשֶׁם / נְשָׁמָה
19	küssen	נשׁק
2	geben	נתן

22	sich drehen / umgeben	סבב
15	verschließen	סגר
11	Pferd	סוּס
20	abweichen, Hi: wegschaffen	סוּר
20	vergeben	סלח
7	Fels	סֶלַע
18	(be)klagen	ספד
24	zählen, Pi: erzählen	ספר
4	Buch(rolle) / Brief	סֵפֶר
23	mit Steinen werfen	סקל
13	Hi: verbergen, Pi und Hitp: sich verbergen	סתר
17	Versteck	סֵתֶר

9	dienen	עבד
1	Sklave / Diener	עֶבֶד
9	hindurch- / hinüber- / vorübergehen *(engl. to pass)*	עבר
9	bis	עַד
22	Gemeinde	עֵדָה
10	Dauer / noch / immer	עוֹד
2	Urzeit / Ewigkeit / alle Zeit	עוֹלָם
13	Schuld / Strafe	עָוֹן
20	Vogel	עוֹף

15	Stärke / Macht	עֹז
16	verlassen	עזב
22	helfen	עזר
5	Auge / Quelle	עַ֫יִן , עֵין
4	Stadt	עִיר
1	auf / über / wegen / gegen	עַל
14	hinaufgehen	עלה
23	Brandopfer	עֹלָה
24	Obergemach	עֲלִיָּה
2	Volk	עָם
3	mit	עִם
10	stillstehen / s.stellen	עמד
16	mit mir	עִמָּדִי
5	anfangen zu reden / antworten	ענה
19	Pi: unterdrücken	עִנָּה
19	Elend	עֳנִי
22	Staub	עָפָר
4	Holz / Baum	עֵץ
14	unfruchtbar	עֲקָרָה
0	Abend	עֶ֫רֶב
23	Rabe	עֹרֵב
4	Städte	עָרִים
2	machen / tun	עשׂה
5	zehn	עֶ֫שֶׂר
5	zwanzig	עֶשְׂרִים
11	unterdrücken	עשׁק
5	Zeit	עֵת
10	jetzt	עַתָּה

19	dringend bitten	פגע ב
10	Mund	פֶּה / פִּי
14	hier	פֹּה
16	Ni: wunderbar sein	פלא
20	Hitp: beten	פלל
9	damit nicht / sonst	פֶּן
17	sich wenden	פנה
3	Gesicht / dem Betrachter zugewandte Seite	פָּנִים
17	(geschnitztes) Gottesbild	פֶּ֫סֶל
7	Schritt / Mal *(fem)*	פַּ֫עַם
6	sich kümmern um / heimsuchen / mustern	פקד
8	Frucht	פְּרִי
18	einreißen	פרץ
24	sich auflehnen	פשׁע
20	Auflehnung / Verbrechen	פֶּ֫שַׁע
11	Bissen	פַּת
12	öffnen	פתח
10	Öffnung / Eingang	פֶּ֫תַח

18	hinausgehen *(Infinitiv)*	צֵאת
4	Schafe und Ziegen	צֹאן
3	Heer	צָבָא
6	gerecht	צַדִּיק
12	Gerechtigkeit	צֶ֫דֶק
2	Gerechtigkeit	צְדָקָה
18	Pi: befehlen	צִוָּה
20	Fels	צוּר
16	lachen	צחק
8	Schatten	צֵל
22	Qal: wirksam werden	צלח
13	Hi: Erfolg haben	צלח
19	schreiên	צעק
23	spähen	צפה
17	eng / Not / Feind	צָר
12	Not	צָרָה

13	versammeln	קבץ
4	begraben	קבר
17	niederknien	קדד
1	heilig	קָדוֹשׁ
13	heilig sein	קדשׁ
10	Gemeinde / Versammlung	קָהָל
5	Stimme / Geräusch	קוֹל
4	aufstehen	קוּם
14	nimm! *(impt לקח)*	קַח
18	nehmen *(inf לקח)*	קַ֫חַת
2	klein	קָטֹן / קָטָן
17	Wand	קִיר
23	gering / leicht sein, Pi: verfluchen	קלל
23	Fluch	קְלָלָה
4	er stand auf *(Pf u.Ptz קום)*	קָם
24	Pi: eifersüchtig sein / werden	קנא
10	kaufen	קנה
23	Ende	קָצֶה
23	Ernte	קָצִיר
0	rufen	קרא
8	den Namen JHWHs anrufen	קרא בְּשֵׁם יְהוָה
23	nahe sein	קרב
6	Mitte / Inneres	קֶ֫רֶב
21	begegnen	קרה
8	nahe	קָרוֹב
7	Horn	קֶ֫רֶן
18	zerreißen	קרע
19	hart	קָשֶׁה
18	binden / sich verschwören	קשׁר

6	sehen	ראה
15	Kopf / Anführer	רֹאשׁ

8	erster	רִאשׁוֹן
7	zahlreich	רַב
18	zahlreich sein	רבה
8	Fuß *(fem)*	רֶגֶל
22	Augenblick	רֶגַע
7	verfolgen	רדף אַחֲרֵי
0	Wind / Hauch / Geist *(fem)*	רוּחַ
20	Q: hoch sein Hi: erheben	רום
11	laufen	רוץ
20	ferne	רָחוֹק
20	Pi: sich erbarmen	רחם
14	Mutterleib	רֶחֶם
14	Mutterliebe / Erbarmen	רַחֲמִים
11	waschen	רחץ
18	fern sein	רחק
11	reiten / fahren	רכב
11	Wagen	רֶכֶב
13	erhaben	רָם
5	böse / schlimm	רַע
8	Freund / Genosse	רֵעַ
6	Hunger(snot)	רָעָב
13	weiden	רעה
8	Freund / Genosse	רֵעֶה
8	einander	אִישׁ ... רֵעֵהוּ
19	böse sein, Hi: Böses tun	רעע
18	heilen	רפא
20	gern haben / Gefallen haben / freundlich sein	רצה
20	mißhandeln	רצץ
10	nur	רַק
20	freveln	רשע
6	Frevel / Frevler	רָשָׁע

18	heb auf! *(ipt נשׂא)*	שָׂא
18	satt werden / sein	שׂבע
4	Feld	שָׂדֶה
17	Widersacher	שָׂטָן
13	setzen / stellen / legen	שׂים
22	Hi: verstehen / klug machen / Erfolg haben	שׂכל
9	links	שְׂמֹאול
22	sich freuen	שׂמח
22	Freude	שִׂמְחָה
18	hassen	שָׂנֵא
13	Lippe / Ufer	שָׂפָה
3	Anführer / Beamter	שַׂר
4	verbrennen	שׂרף

6	*Relativpartikel (= אֲשֶׁר)*	שֶׁ·
21	Wasser schöpfen	שׁאב
22	Totenreich	שְׁאוֹל
14	fragen	שׁאל
12	Ni: übrig bleiben, Hi: übrig lassen	שׁאר
15	gefangen wegführen	שׁבה
6	Stock / Stamm	שֵׁבֶט
12	Ni: schwören	שׁבע
6	sieben (= 7)	שֶׁבַע
10	zerbrechen	שׁבר
4	ruhen	שׁבת
5	umkehren / noch einmal tun	שׁוב
20	Geschick wenden	שׁוּב שְׁבוּת
7	schlachten	שׁחט
20	Rind	שׁוֹר
16	Lied	שִׁיר
16	liegen / sich legen	שׁכב
18	vergessen	שׁכח
21	Hi: sich früh aufmachen / früh tun / eifrig tun	שׁכם
21	Nacken / Schulter	שְׁכֶם
19	sich aufhalten Pi: wohnen lassen	שׁכן
13	Wohlergehen / Glück Heil / Friede	שָׁלוֹם
3	schicken	שׁלח
12	Pi: entlassen	שִׁלַּח
15	Hi: werfen	שׁלך
3	drei	שָׁלֹשׁ
4	dort	שָׁם
2	Name	שֵׁם
12	Hi: ausrotten	שׁמד
0	Himmel	שָׁמַיִם
6	acht	שְׁמֹנֶה
3	hören	שׁמע
6	hüten / bewahren	שׁמר
2	Sonne	שֶׁמֶשׁ
7	Zahn	שֵׁן
2	Jahr	שָׁנָה
2	Jahre	שָׁנִים
3	zwei *(mask)*	שְׁנַיִם
22	plündern	שׁסס
7	Tor	שַׁעַר
6	richten	שׁפט
11	ausgießen	שׁפך
21	Hi: zu trinken geben	שׁקה
16	Pi: dienen	שׁרת
6	sechs	שֵׁשׁ
9	trinken	שׁתה
14	zwei *(fem)*	שְׁתַּיִם / שְׁתֵּי

7	Mitte	תָּוֶךְ / תּוֹךְ
2	Weisung	תּוֹרָה

20	Flehen	תְּחִנָּה
4	unter / anstelle	תַּ֫חַת
10	beständig	תָּמִיד
20	vollständig / fertig sein	תמם
14	gib! *(impt נתן)*	תֵּן
20	Gebet	תְּפִלָּה
16	fassen	תפשׂ
19	Hoffnung	תִּקְוָה
24	stoßen / schlagen	תקע
6	neun	תֵּ֫שַׁע
18	geben *(inf נתן)*	תֵּת